PUTONG GAOZHONG BANZHUREN GONGZUO XIAOBENHUA SHIJIAN

# 普通高中班主任工作校本化实践

王 瑞 谢 悦 吴鹏起 著

河南大学出版社
HENAN UNIVERSITY PRESS
·郑州·

**图书在版编目（CIP）数据**

普通高中班主任工作校本化实践 / 王瑞，谢悦，吴鹏起著. -- 郑州 : 河南大学出版社，2024. 8. -- ISBN 978-7-5649-6046-9

Ⅰ. G635.16

中国国家版本馆 CIP 数据核字第 2024NG7497 号

**责任编辑** 杨光辉 薛建立
**责任校对** 郑 鑫 柴桂玲
**封面设计** 马 龙

---

**出版发行** 河南大学出版社
地址：郑州市郑东新区商务外环中华大厦 2401 号
电话：0371-86059701（营销部）
网址：hupress.henu.edu.cn 邮 编：450046

| | | | |
|---|---|---|---|
| **排 版** | 河南大学出版社设计排版部 | | |
| **印 刷** | 广东虎彩云印刷有限公司 | | |
| **版 次** | 2024 年 8 月第 1 版 | **印 次** | 2024 年 8 月第 1 次印刷 |
| **开 本** | 787 mm × 1092 mm 1/16 | **印 张** | 14.75 |
| **字 数** | 249 千字 | **定 价** | 55.00 元 |

---

# 前　言

郑州市第二高级中学（以下简称“郑州二高”）是一所具有82年校史和光荣革命传统的历史名校，现为河南省示范性高中、首批河南省普通高中多样化发展示范校、普通高中新课程新教材实施国家级示范校、河南省基础教育教师培训基地（其中班主任队伍建设为培训领域）。学校班主任案例和德育案例入选教育部基础教育典型案例。2017年，学校被评为河南省中小学德育工作优秀集体。

学校从2011年开始对加强和改进班主任队伍建设工作进行了顶层设计和系统规划，确定了以大幅度提高班主任待遇为切入点，以系统推进班主任队伍建设为路径，整体提升班级管理质量和水平，从而促进学校教育教学质量全面提升的解决方案。经过10年来的探索和实践，学校创新机制、激发活力，逐步形成了校本化的班主任队伍建设的新样态。2021年2月17日，《2020中国基础教育年度报告——2020中国基础教育典型案例》发布，郑州二高的班主任队伍建设工作案例上榜，标题为《郑州二中（高）：班主任岗位成“香饽饽”》。

在中小学育人方式改革的大背景下重新审视班主任工作，能够提升我们的思路、开阔我们的眼界，能够让我们充分认识传统班级管理与现代班级治理的区别与优劣，从而自觉参与到班级育人方式改革的探索和实践中来。

中小学育人方式改革对班主任的育人角色提出了新要求，要求班主任不只是一位高权威的班级管理与组织者，同时也应当成为学生发展的指导者、家庭教育的指导者、走班制下班级教学的协调者。在班级组织关系中，班主任是主导者，学生是主体，学生既是受教育者，同时也是教育者；在班级教育价值追求中，从育分走向育人，成才比成功更重要，成为师生的共识。学生在自我教育、自我管理、自主发展中健康成长，形成正确的世界观、人生观、价值观，逐渐提升学习力、创新力、创造力。

学校基于以上认识，在全面开展普通高中育人方式改革和新课程新教材实施的大背景下，在班主任队伍建设领域进行了深入研究和实践，取得了显著成效，班主任助力学生全面发展，促进学校教育教学高质量发展的新格局逐渐形成。

为总结梳理学校班主任队伍建设的经验，进一步提升学校班级治理水平，完善学校立德树人落实机制和德智体美劳全面培养体系，同时作为新课程新教材实施国家级示范校也有责任和义务推广辐射学校经验，让更多的学校及其教师、班主任能够从中受到启发，产生新的认识，提升班主任教师的教育格局、教育视野和专业水平，从而促进全省班主任工作整体水平的提升，学校决定编纂出版《普通高中班主任工作的校本实践》一书。希望本书能够对中小学班主任和学校校长有所帮助。

由于作者认识水平和实践能力有限，写作水平和表达能力有待提升，本书在内容和形式等方面肯定存在很多问题，希望得到广大读者的批评指导和谅解包容。

真诚感谢河南大学出版社领导和编辑老师的大力支持和倾力帮助。

谢谢大家！

作　者

2024年6月21日

# 目　　录

# 第一章　学校历史文化与教育思想

## 第一节　郑州二高的创建与发展

### 一、历史沿革

郑州二高坐落于天地之中、黄河之滨的中国八大古都之一的郑州市中心城区，是在战火纷飞的抗日战争中诞生的，具有光荣的革命传统。它创办于1941年，前身是“河南省战区二中”；1945年11月，更名为“河南省立郑县中学”，为郑州历史上第一所省立中学；1950年6月，高中部外迁，学校更名为“郑州市第一初级中学”；1958年1月，学校迁至现址（桃源路43号），定名为“郑州市第二中学”。1963年4月，学校被确定为省重点初中；1978年，学校被确定为市重点中学；2005年8月，学校购置原郑州师范专科学校校区为学校的南校区；2005年12月，学校被确定为河南省示范性高中；2011年12月，改建后的政通路校区高中部启用；2020年3月，初中部分级管理，改名为“郑州市第二初级中学”，高中部名称为“郑州市第二高级中学”。

光阴荏苒，岁月如梭，郑州二高已经走过了83年的光辉历程。83年沧桑巨变，83年薪火相传，郑州二高人在探索与奋斗中前行，在继承与开拓中提升，走过了一段艰辛而自豪的漫长岁月。

天地之中，黄河之滨，这所历史名校以其丰厚的文化底蕴、博大的人文精神哺育出一代又一代杰出英才，有党政军的领导干部，有实业界的精英人士，有科学文化上的巨匠学者，也有教育界的达人专家……这些成绩的取得使郑州二高成为郑州市乃至中原地区闻名遐迩的历史名校、文化名校、特色名校。

### 二、高质量发展与办学特色

近年来，学校落实立德树人根本任务，坚持培育和践行社会主义核心价值观，秉承“自主发展、健康成长”的办学理念，坚持“信息化、国际化、自主化”的发展战略，坚持“培养全面而有个性的创新人才”的育人目标和树立“健康、博爱、有为”的学生形象，坚持“初心文化”，开拓进取、不断创新，各项工作都取得了显著的成绩。

郑州二高坚持实施素质教育，持续开展育人方式改革，全面提高教育教学质量，努力办好人民满意的学校，在课程建设、教育教学改革、学生综合素质评价、教师队伍建设等方面进行了持续的研究和实践，取得了显著的成效。2017 年，荣获“首批河南省普通高中多样化发展示范学校”、全国综合实践活动课程实验先进单位；2018 年，荣获“教育部首批教育信息化优秀试点学校”、“河南省普通中小学德育工作先进集体”；2019 年，荣获“全国优秀校园足球特色学校”（全国仅有 8 所中学获得）；2020 年，荣获“普通高中新课程新教材实施国家级示范学校”，被教育部校长培训中心组织的教育专家评价为“郑州市性价比最高的学校”。教育信息化、班主任队伍建设、校园足球、创客教育成为郑州二高的四张名片。

为党育人，为国育才，不忘初心，立德树人。这是郑州二高传承 83 年的校园文化，也是郑州二高永远不变的历史使命。

## 第二节　学校文化

2021 年是中国共产党迎来百年华诞之年，同时也是郑州二中建校 80 年的校庆之年。梳理学校 80 年发展形成的校园文化，可以概括为爱国报国的红色基因文化、天下为己任的责任担当文化、兼容并蓄的开放办学文化和艰苦奋斗的勤文化，这四种文化综合起来就是初心文化。

初心，就是为党育人，为国育才；初心，就是立德树人，教书育人。郑州二高历经 80 年，传承几代人，经过内忧外患的洗礼和改革开放的锤炼，已经渐渐成长起来，日益成熟起来，而这种成长和成熟体现出来的是学校独具特色的初心文化。

郑州二高的教育初心是培养一代又一代拥护中国共产党领导和我国社会主义制度、立志为中国特色社会主义奋斗终身的有用人才。要为党育人，为国育才，培养担当民族复兴大任的时代新人。这个初心是历史形成的，是时代造就的，是一代又一代郑州二高人共同选择和追求的，同时也是符合人民群众需要的、人民满意的。

时代在变，改革在变，不变的是郑州二高人的初心和使命；学生在变，教师在变，不变的是郑州二高的文化传承。为培养担当中华民族伟大复兴大任的时代新人，我们将贡献出青春和毕生。

## 一、爱国报国的红色基因文化

在 83 年的发展历程中，爱国报国成为学校贯穿始终的最基本的教育追求和文化特征。

在山河沦陷、民族危亡的抗日战争时期，培养了学生的抗战精神；在解放战争中，在中共地下党党员校长黄景星和副校长周中国的引领下，学生日益觉醒和成熟，培养了学生在国内革命战争时期正确的爱国报国精神；在社会主义建设和新时代具有中国特色的社会主义建设中，学校全面贯彻党的教育方针，教育学生爱党、爱国、爱社会主义，培养德智体美劳全面发展的社会主义建设者和接班人，积极培育和践行红色文化，使爱国报国文化具有了新的内涵，那就是“爱党报国”。

## 二、天下为己任的责任担当文化

“天下为己任”作为郑州二高的校训大致形成于 20 世纪 90 年代，将“天下为己任”作为学校校训是对学校建校以来责任担当文化的一种制度性传承和弘扬，体现了中国学生发展核心素养的关键要素，彰显了学校教育思想中宽广的教育视野和强烈的社会参与意识，成为学校社会主义核心价值观和中华优秀传统文化教育的重要内容和载体。

## 三、兼容并蓄的开放办学文化

郑州二高是一个开放的地方。只要有助于学生的健康成长，在坚守育人目标和优秀文化传统的情况下，思想观念、环境设施、管理制度、课程开发、评价体系都是开放和现代的，没有藩篱，没有界限，没有禁锢，没有“围墙”。学校社会，课内课外，线上线下，国内国外，学习即刻发生，育人没有盲区。

从战争时期建校到郑州解放期间，郑州二高的发展有着明显的被动开放特点。新中国成立以来，特别是改革开放以来，郑州二高的开放基因得到了极大的传承和发扬。从 2010 年开始，学校进入了长达 10 年的系统、创新的开放办学的理论与实践的研究，形成了具有现代学校治理理念和校本化特点的开放办学实践模式。

坚持开放办学，既体现了一所学校高瞻远瞩的视野、兼容并蓄的气度、海纳百川的胸襟，也代表了现代学校激发办学活力、拓展发展空间、实现育人目标的战略选择。在立足新发展阶段、贯彻新发展理念、构建新发展格局、推动高质量发展的新形势下，学校必将坚持和创新开放办学文化，致力于每个学生的成长和成才，让每个生命都精彩。

## 四、艰苦奋斗的勤文化

艰苦奋斗的勤文化对于郑州二高来说是与生俱来的、厚植于学校发展根基的核心文化之一，成为激励、引领全体教师职业发展成长的精神动力和力量源泉，鼓舞着二高人无论遇到多大的困难都能够乐观面对，踔厉奋发，笃行不怠。

学校在初创时期筚路蓝缕、颠沛流离，历经抗日战争和国内革命战争，承受了居无定所、五次迁徙的艰难困苦，全体教师克服种种困难，凭借着勤文化的坚定信念和顽强作风，迎来了新中国的建立和新学校的诞生。在新中国成立初期遇到了师资、资金、校舍、设施等困难，在“文化大革命”中经受了动荡的考验，改革开放以后经历了多轮课改的洗礼，新时代构建新发展格局，学校又迎来了新课程新教材实施的机遇和挑战。八十年风雨兼程，勤文化始终与郑州二高人相伴相随，艰苦奋斗已经深深地铭刻在郑州二高人的心中。

习近平主席在2017年新年贺词中指出："上下同欲者胜。只要我们13亿多人民和衷共济，只要我们党永远同人民站在一起，大家撸起袖子加油干，我们就一定能够走好我们这一代人的长征路。"习近平主席的这段讲话鲜明地揭示了"勤"文化的两个核心要素"同心同德"和"埋头苦干"，即习近平主席所说的"上下同欲"和"撸起袖子加油干"。"上下同欲"指的是"勤"文化的共同的目标、愿景意识和团队、团结意识。因为"勤"文化作为一种文化现象，就是社会性的、群体性的、组织性的，而相同的目标追求和强大的凝聚力、向心力是形成良性文化的基础要素，因此"上下同欲"是"勤"文化的一个核心要素。"撸起袖子加油干"指的是"勤"文化的苦干、实干意识和勤勉、勤谨意识，这是"勤"文化的第二个核心要素。

## 第三节　学校育人目标和教育思想

### 一、育人目标：培养全面而有个性的创新人才

学校最核心的任务就是立德树人、教书育人，育人目标的确立是学校教育价值追求的具体体现，因此在学校办学思想体系中具有先导性。

郑州二高育人目标的确立是一个动态发展的过程，体现了时代性和发展性，在2016－2018学校三年发展规划中第一次明确了"培养全面而有个性的创新人才"的育人目标。

学校确立的育人目标与国家的育人目标相比具有相同和不同之处。

国家的育人目标是"培养德智体美劳全面发展的社会主义建设者和接班人"，其依据是2018年习近平总书记《在全国教育大会上的讲话》（以下简称《讲话》）和《国务院办公厅关于新时代推进普通高中育人方式改革的指导意

见》（以下简称《意见》）（国办发〔2019〕29号）。《讲话》和《意见》均明确提出了“培养德智体美劳全面发展的社会主义建设者和接班人”的育人目标。

作为学校的育人目标，我们保留了国家育人目标中“全面发展”的“全面”的意蕴内涵，增加了“个性”和“创新人才”的要素。这个育人目标的特点，一是在办学定位上学校的育人目标的标准“高于”国家的基本标准，这是由郑州二高“河南省示范性高中”“首批河南省普通高中多样化发展示范学校”的办学层次以及地处国家中心城市郑州的区域地位决定的；二是由学校的教育思想、办学理念和办学特色决定的，体现了中国特色社会主义在新时代发展的现实需要和教育现代化的发展方向，体现了“面向现代化，面向世界，面向未来”的教育主张。

学校的育人目标“培养全面而有个性的创新人才”中，“全面”发展是指培养受教育者在德、智、体、美、劳等方面都得到发展；“个性”发展是指个体在需求、生活习惯、性格、能力、兴趣、价值观等方面形成稳定的心理特征。全面发展不是全才发展，不影响个性发展。全面发展与个性发展之间在逻辑和哲学上不是对立关系，而是辩证统一的关系：全面发展是个性发展的基础与前提，个性发展是在全面发展基础上的选择性发展。创新人才是在全面发展基础上的个性发展的结晶。

我们对创新人才也进行了界定：仅有创新意识和创新能力还不能算是创新人才，创新人才首先是全面发展的人才；个性的自由独立发展是创新人才成长与发展的前提，作为工具的人、模式化的人和被套以种种条条框框的人不可能成为创新型人才；当代社会的创新人才是立足于现实而又面向未来的创新人才。

## 二、学生形象：健康、博爱、有为

学校育人目标的确立体现了学校的教育思想和价值追求，而学生形象的确立是对育人目标的形象化表达，是从学生基本素质和关键能力角度对育人目标进行操作性、实践性解读，是对学校育人目标的多角度阐释。我们把学生形象“健康、博爱、有为”与中国学生发展核心素养进行了比较和关联，认为“健康、博爱、有为”涵盖了核心素养的全部内容，是对核心素养的高度提炼和校本化、特色化的表达。

学生形象是对学校育人目标的形象化描述，体现了学生的核心素养，是学校价值追求的具体落地。其具体定义表述为：

“健康”是指身体健康和心理健康以及智力、人格、情感、意志等方面的健康。健康是基础性素养。

“博爱”是品质、境界，也是能力、胸怀。博爱以爱人为基础，涵盖爱祖国、爱集体、爱人民、爱生命、爱人类的生存环境、爱大自然、爱人类的劳动创造、爱文明进步、爱一切真善美的事物。博爱是健康基础上的升华。

“有为”的核心内涵是自立自强、主动进取、勇于担当。“有为”的逻辑内涵是：“有为”的观念、意志、品质一“有为”的能力、本领；“有为”的行动目标应该是有层次的：有所作为的人一大有作为的人一改变世界的人。“有为”是在“健康”和“博爱”基础之上的行动表达，强调了社会参与的精神，

## 三、核心办学思想：开放办学

郑州市第二高级中学校长王瑞在《人民教育》2021 年第 6 期发表《在开放办学中迈向现代化》一文，认为：开放是中国教育现代化的必然选择，开放直抵当代教育的本质内核，开放也是学校变革创生的实践形态；郑州二高通过开放办学实现了学校变革发展、迭代创生；我们需要加快步伐，发展面向每个人、适合每个人的更加开放灵活的教育。

开放办学是学校具有统领作用的核心办学思想，开放办学是相对于传统的封闭办学模式而提出的一种办学理念，是以开放的思维、开放的行动来谋划和开展学校教育教学工作，使教育系统内外和内部诸多元素之间不断地进行相互作用、相互渗透、相互交流。我们坚持通过开放办学，促进学校教育系统与环境、学校内部诸系统之间的交流、融合、创新，激发办学活力，以最大限度促进学生全面而有个性的发展。

开放是胸怀，也是战略，中国教育的发展史是从封闭走向开放的漫长历程。坚持开放办学，既体现了一所学校高瞻远瞩的视野、兼容并蓄的气度、海纳百川的胸襟，也代表了现代学校激发办学活力、拓展发展空间、实现育

人目标的战略选择。

开放办学是一个相对于封闭办学而言的老话题，人们习惯理解为走出去、请进来和对外交流等；其实这些只是开放办学的部分手段或形式，在当今基础教育日趋国际化和信息化的新形势下，我们必须以立德树人价值观为指导，从更宽广的视角和更深的层次上把握其本质内涵，以便更好地指导我们的办学实践。

“教育”的英文单词 education 是苏格拉底发明出来的，是三个词根的拼写，前面那个“e”是向外的意思，“duce”是引导的意思，即引导出来。所谓的教育就是把一个人的内心真正引导出来，帮助他成长成自己的样子。

因此，教育的本质实际上就是引导学生从封闭走向开放，从认识自我到认识他人、认识自然和世界。与其说开放办学的实施是一种教育的创新，不如说开放办学的实施是一种教育的回归。

从 2010 年开始实施开放办学活动，从最初的“天天开放日”的“开门办学”到“移动自主学堂”的“开放课堂”，再到后来的“做中学、创中学”的“创客教育”，郑州二高开放办学的思想和行动越来越成熟，越来越具有统领性、指导性和可操作性。

## 四、办学理念：自主发展，健康成长

郑州二高“自主发展，健康成长”的办学理念以学生的发展和成长为最终价值追求，以“自主”为成长和发展的主要途径，以“健康”为学生发展和成长的生存状态。这种办学理念实际上是一种培养学生核心素养的教育思想的校本化呈现方式，体现了“立德树人”的基本思想以及高度的社会责任感和使命感，是“从育分走向育人”的具体实践。

“自主发展，健康成长”的办学理念尊重体现的是教育的人文精神，引领体现的是教育的科学精神，是健康理念和发展目标的统一。

教育是为了促进人的发展，个体的能动性是人的发展的重要因素，教育工作者的主要责任就在于挖掘、激发和调动每一个受教育个体的能动性，使他们能够成为自主发展的人。

我们相信“每一个学生都是核燃料”。我们提出教育的价值追求致力于每一位学生的发展，让每一位学生成为他自己。学生在个性发展中培养自主人格和创新精神。我们要给每一位学生装上自主发展的发动机。

具体来说，就是培养学生自我认知的观念、自我控制的习惯、自强不息的志向，树立自主精神；使学生具备“学会做人、学会生存、学会学习”的自主能力，掌握合作学习、探究学习、研究性学习等自主学习方法；使学生学会自主选择，追求自主发展，促成自主发展的行动；帮助学生形成自主人格和创新精神，为学生今后自我实现打下基础。

郑州二高坚持最好的学校是自主发展的学校、最好的学生是自主发展的学生、最好的老师是自主发展的教师的基本理念。

## 五、发展战略：信息化、国际化、自主化

“信息化、国际化、自主化”是根据邓小平“三个面向”的教育理论而提出的郑州二高的发展战略，也是三大行动方案，“信息化”对应的是“面向现代化”，“国际化”对应的是“面向世界”，“自主化”对应的是“面向未来”。三个面向就是我们追求的未来教育的发展方向。

在这三大行动方案里，我们把“信息化”放在首位，就是要通过教育信息化来带动教育的现代化。教育信息化的核心内容是教学信息化。教学是教育领域的中心工作，教学信息化就是要使教学手段科技化、教育传播信息化、教学方式现代化。教育信息化，要求在教育过程中较全面地运用以计算机、多媒体和网络通信为基础的现代信息技术，促进教育改革，从而适应正在到来的信息化社会提出的新要求，对深化教育改革、实施素质教育具有重大的意义。我们构建了数字化学习环境下的移动自主学堂，形成了“四课型渐进式自主学堂”的有效教学形态，转变教师的教学方式和学生的学习方式，实现了课堂教学的变革；我们的网络学习空间人人通工程实现了学生正式学习与非正式学习、拓展学习与深度学习的常态化进行；我们建设了未来教室、智慧广场等数字化环境的新型教室；我们开展创客教育、生涯教育，提升了学生的创新精神和实践能力。

“国际化”从目标上讲是要培养具有国际视野的现代公民，从方式和途径上讲是加强国际交流与合作。在科技与信息迅速发展的今天，国际化已经成

为教育发展的一种全球性趋势，它不仅是一种教育理想，而且是一种正在全球范围内展开的教育实践活动。教育的国际化是时代发展到全球化、一体化的今天，教育人的必然选择。我们现在培养的孩子将来必定要走向国际社会，今天的基础教育必须具有预见性和可持续性。让我们的孩子将来能够更好地融入国际社会，具备国际视野和知识，通晓国际规则，积极参与国际事务和国际竞争，中小学教育作为基础性教育，责无旁贷。

“自主化”有两层含义，一是学校要坚持独立自主的办学思想，二是在教育教学中要树立学生主体意识。实际上就是学校如何自主发展，以及学生如何自主发展。

学校的自主化就是指学校自主性的发挥过程，就是学校自觉地利用自身内部条件独立支配和合理调控自身行为的过程，即学校独立开展教育和管理活动并合理进行自我设计、自我组织、自我评价、自我调控的过程。学校自主发展是学校能动性和创造性得以发挥的前提。学校不能实现自主发展，就会失去活力，就会僵化和封闭，就会失去主动性和创造性，也就不可能培养出适应社会发展需要的创新人才。优化学校自身发展的内外环境是学校自主发展的重要实现途径。学校自主发展首先要求学校妥善处理好与外部环境的关系，将客观环境对自身的发展制约于自己的掌控之下，通过选择与调控，将外部因素转化为促使学校自主发展的内部因素。学校的自主发展离不开外部环境支持，学校自主发展的权利需要外部环境予以确认；学校履行自主发展义务的意识与能力，只有在与外部环境的相互作用过程中，才能逐渐形成。

学生的自主化就是指学生在逐步学会自我教育的基础上的主动发展，学生的独立性、主动性和创造性得到充分发挥，产生自觉接受教育的内在动机，实现主动、和谐、全面的发展，为学生的终身发展奠定良好的基础。郑州二高围绕学生终身发展，围绕学生主体地位，在教学中进行了学生自主学习的课堂教学转型探索。在“自主发展，健康成长”理念引领下，学生社团风生水起，TED 大会享誉中原，学生管乐团声名鹊起，校园足球长盛不衰，微电影、创客成为学生成就自我的绚丽舞台。在自主发展的大旗下，郑州二高焕发出勃勃生机。

# 第二章　班主任专业发展

## 第一节　贯彻新发展理念：班主任专业发展的思想基础

### 一、“三问”：班主任工作的永恒主题

班主任，天底下最小的主任，是怎样的一群人，担负着什么样的职责？教育部2009年8月12日印发了《中小学班主任工作规定》，对班主任这一工作岗位和职责给出了明确界定。其中，第二条规定：“班主任是中小学日常思想道德教育和学生管理工作的主要实施者，是中小学生健康成长的引领者，班主任要努力成为中小学生的人生导师。”

作为班集体的核心人物，班主任是学校班级工作的教育者、组织者和领导者，是教学工作的协调者，也是学校目标管理的具体实施者，是沟通学校、家庭和社会的桥梁和纽带。在学生管理过程中，班主任是日常思想道德教育的主要实施者，是学生健康成长的引领者，也是学生成长过程中重要的人生导师。

青少年是祖国的未来、民族的希望。作为最贴近学生的一线守护者，在班主任工作过程中，全面贯彻党的教育方针，有三个贯穿始终的根本问题：培养什么人，怎样培养人，为谁培养人？这三问，在育人的过程中要始终铭记。

2018年9月10日，党中央召开全国教育大会，习近平总书记在大会上发表重要讲话，对加快教育现代化、建设教育强国、办好人民满意的教育作出

了全面部署，为新时代教育提供了根本遵循。

2020 年 10 月，党的十九届五中全会深入分析了我国发展环境面临的深刻复杂的变化，认为当前和今后一个时期，我国发展仍然处于重要战略机遇期，这是对我国“十四五”期间和长远发展形势的新论断。

从国际形势来看，当今世界正经历百年未有之大变局，竞争与融合并存，不稳定性、不确定性明显增加；近期的俄乌战争、欧洲局势牵动着人们的关注。新型冠状病毒疫情在全球大流行给世界经济带来严重影响。在战争与和平、动乱与治理、进步与倒退、合作与对抗、开放与封闭、疾病与健康的反复较量中，人类社会前进的脚步从未停止。

新一轮科技革命突飞猛进，物质科学、生命科学、地球和宇宙科学等领域不断取得重大原创性突破，信息技术、生物技术、制造技术、新材料技术、新能源技术等领域的颠覆性技术不断涌现，人工智能、互联网、大数据等新兴技术与传统技术相结合，孕育出以绿色、智能、泛在为特征的群体性重大技术变革。由此带动新一轮产业变革，创造出新产业新业态，传统产业得到革命性重塑，产业更新换代不断加快。网络主播、酒店医生、职业游戏玩家、智能家居、职业差评师、健康管理师、段子手等新兴行业者层出不穷。对未来人才培养、综合素质发展带来了新的思考。

重大科技创新正在引领社会生产新变革，互联网、人工智能等新技术的发展正在不断重塑教育形态，知识获取方式和传授方式、教和学关系正在发生深刻变革。

从国内形势来看，我国发展不平衡、不充分的问题仍然突出，创新能力尚不适应高质量发展的要求。党的十九届五中全会明确提出了 2035 年基本实现社会主义现代化远景目标，包括：建成教育强国，国民素质和社会文明程度达到新高度，人的全面发展、全体人民共同富裕取得更为明显的实质性进展等等。全会提出了“十四五”时期经济社会发展的主要目标，其中包括民生福祉达到新水平、全民受教育程度不断提升等。人民群众对教育的需求更为多样，对更高质量、更加公平、更具个性的教育需求也更为迫切。

2020 年以来，在线教育全面推开。全世界有 194 个国家的将近 16 亿受教育者，因为新型冠状病毒疫情的影响，受教育和教育的形态发生了重大的变化。从线下到线上，从老师到主播，班级管理由面对面到隔空喊话。2021 年 9 月，郑州市起始年级的新生更是遭遇了没见过同桌而先进入钉钉班级群上课的先例，班主任没见过新生，已开始班级管理。这给班主任的工作带来巨大的挑战。

经历了这场史无前例的在线教育，我们也许该深入思考，身为教育者哪些需要坚守，哪些需要改变？我们为什么要坚守，又为什么要改变？

任何一个国家的教育，都是为了培养人，那么，培养什么人（目标），怎样培养人（方法），为谁培养人（目的），是任何教育都避不开的终极追问。

我们来看看习近平总书记的回答：培养什么人？培养社会主义建设者和接班人，是我国各级各类学校的共同使命。教育方针：培养德智体美劳全面发展的建设者和接班人。2016 年，国家发布了《中国学生发展核心素养》。

2022 年 5 月 23 日，山东省实验中学 2022 年推荐生选拔综合素质面试结束。在选答题中，有一道西红柿炒鸡蛋的考题：

“请同学们扎好围裙走入厨房，为你的家人做一道美味可口、充满亲情的‘西红柿炒鸡蛋’菜吧。”题目要求简要描述制作过程，并分析可能涉及的至少 5 种化学物质和至少 1 种化学反应。

这道看似有点“奇葩”的考题正是今年推荐生考试中最具特殊意义的考题。在教育部近期发布的《义务教育劳动课程标准（2022 年版）》中，要求五六年级学生学会制作 2—3 道家常菜，“西红柿炒鸡蛋”就是示例之一。

考试不拘泥于教材，考查和培养学生知识迁移能力与综合应用能力，这是学校的育人方向。

怎样培养人？立德树人。以文化人，以德育人。义务教育“双减”、高中教育“双新”（育人方式改革）、大学的双一流高校建设是国家擘画的教育方向。为谁培养人？为党育人，为国育才。

教育中不变的还有人与人之间的交往和互动，这个基本原则是不变的。

德国教育学家第斯多惠说：教学艺术的本质不在于传授本领，而在于激励、唤醒、鼓舞。另一位德国哲学家雅斯贝尔斯在《什么是教育》一书中说：教育的本质意味着，一棵树摇动另一棵树，一朵云推动另一朵云，一个灵魂唤醒另一个灵魂。教育离不开人与人之间的互动，这样的互动越直接、越清晰越好。所以，虽然过去两年在线教育成功进行，但在线教育难以替代实体的学校，一旦形势允许，人们就迫不及待地重返校园。为什么？因为我们培养的是人，人是需要在真实的环境、面对面地交往中成长的。

人工智能势头迅猛，很多职业在未来会消失，有一项来自牛津大学的研究表明，教师这一职业很难被人工智能代替。虽然人工智能在数据处理和批量处理上具有很大的优势，但分析人类情感方面却是人工智能的一大短板，所以在与人类沟通的时候，人工智能目前只能完成在内容库中选择合适的内容回应人类的交流，而无法根据人类的情感创造出交流内容。教师的工作不仅仅是知识的传输，更重要的是与学生的相处和交流，根据不同的学生情况改变自己的教学和育人方式，这恰恰是目前人工智能难以达到的。因为教育的互动交往和因人而异的无限创意使得它很难被取代。可以说，人类独有的、被视为最后堡垒的能力都恰恰是机器所无法传授的。这也正是教育的独特魅力。

## 二、“五观”：班主任工作的新理念

理念是行动的先导。思想理念决定我们的工作实践。

我们来观看两段视频（班主任用1000张照片为46位学生做日历；第一个因“双减”被开除的班主任）。这两段视频形成了对比，表现出来的是与家长的交流方式，背后却是如何看待学生、如何看待班主任这份工作。这其实就是理念。

班主任工作的新理念主要体现在以下五方面：新学生观、新班级观、新班主任观、新德育观、新评价观。

### （一）新学生观

始于21世纪初的第八次课程改革持续深化。2020年，新修订的《普通高中课程标准（2017版）》颁布；2021年，河南省高中学段使用新教材；2022年9月秋季入学的新高一学生将在三年后迎来新高考，新的高考综合改革方案即将发布。2022年4月21日，教育部印发义务教育课程方案和语文等16个课程标准（2022版），对义务教育课程进行了整体设计和系统完善，深化了课程改革，强化了课程育人功能，着眼于人的全面发展，描绘时代新人画像，从有理想、有本领、有担当三个方面系统构建了“五育”并举的目标体系。同时，将全面启动相关教材修订工作。

新课程改变了过去过于注重知识传授的倾向，加强道德教育和人文教育，强调形成积极主动的学习态度，使获得基础知识与基本技能的过程同时成为学会学习和形成正确价值观、必备品格和关键能力的过程。“关注每一位学生的发展”是新课改的核心理念，作为班主任，也要形成新的学生观。

### 1. 学生是发展的人

学生的身心发展是有规律的。它要求班主任努力学习、掌握学生身心发展的规律，熟悉不同年龄阶段学生身心发展的特点，并依据学生身心发展的规律和特点开展教育教学活动，从而促进学生身心健康发展。

学生具有巨大的发展潜能。应该相信学生的确潜藏着巨大的发展能量，坚信每个学生都是可以积极成长的，是有培养前途的，是追求进步和完善的，是可以获得成功的。

学生是处在发展过程中的人。作为发展的人，就意味着学生还不成熟，是在班主任指导下健康、幸福、快乐成长起来的。这同时也意味着，在班主任与学生发生误会、矛盾，甚至冲突时，我们要更冷静、更包容，用教育的智慧引导还不成熟的学生，以免酿成“悲剧”。

### 2. 学生是独特的人

学生是有着丰富个性的完整的人。在教育活动中，必须反对那种割裂人的完整性的做法，还学生完整的生活世界，丰富学生的精神生活，给予学生全面展现个性的时间和空间。在培养的学生的过程中，我们看到的是分数还是人？育分还是育人？

每个学生都有自身的特性。每个人由于遗传素质、社会环境、家庭条件和生活经历的不同，形成了个人独特的“心理世界”，他们在兴趣、爱好、动机、气质、性格、智能和特长等方面是各不相同、各有侧重的。珍视学生的独特性，尊重学生个性和差异性，应成为班主任对待学生的基本态度；将之视为一种财富而珍惜开发，使每个学生都在原有的基础上得到自由的发展。

### 3. 学生是具有独立意义的人

学生是学习的主体。每个学生都有自己的躯体、自己的感官、自己的头脑、自己的性格、自己的意愿、自己的知识和思想基础、自己的思想和行动规律。班主任不可能代替学生读书，代替学生感知，代替学生观察、分析、思考，代替学生明白任何一个道理和掌握任何一条规律。班主任只能让学生自己读书，自己感受事物，自己观察、分析、思考，从而使他们明白事理，主动掌握事物发展变化的规律。

学生是权责主体。学生是权利主体，学校和班主任要保护学生的合法权利；学生是任责主体，学校和班主任要引导学生学会对学习、对生活、对自己、对他人负责，学会承担责任。

范谷雨是我校国际部的学生，2015 年被纽约大学阿布扎比分校的计算机科学专业录取，获得 30 万美元的奖学金。这所学校的申请成功率仅为 0.97%，相比较，哈佛大学的录取率为 7%，哥伦比亚大学的录取率为 9% 左右。该校被誉为世界最难考上的大学。

学霸、演说家、计算机高手、琴棋书画全能……这所有的词汇集中在范谷雨身上。托福成绩 119 分（满分 120 分），美国学术能力评估测试 SAT2320 分（满分 2400 分），美国大学预修课程中四门课程 5 分（5 分制）。他在 2013 年全球青少年领袖高峰论坛中获得“最佳辩手”称号，在首场 TEDX 郑州二高大会中担任主持人。他是一个计算机高手，高中期间他曾帮助北卡罗来纳州立大学及南开中学研发计算机软件，协助北卡罗来纳州立大学教授面试北京大学研究生。在国际部的各项活动中，他也是积极的策划者和组织者，如英语演讲比赛、对外交流、学生社团等活动。在业余时间，他喜欢练习武术、书法、钢琴，并且也都具备一定的水准。拿到纽约大学阿布扎比分校录取通知书的那一年，他参加了“安利杯”围棋赛，成绩优异。

说起范谷雨的中学经历，还有一番波折。范谷雨初中、高中均在郑州二高就读。他初中毕业后考上了郑州另一所高分名校，入学不足一个月，转回郑州二高，选择了国际部。在范谷雨看来，没有时间和空间发展自己的爱好，令他很痛苦。

面对各不相同的生命个体，如何做到尊重而不是压制，成就而不是扼杀，值得思考。

## （二）新班级观

### 1. 班级是学生幸福成长的家园

班集体是一个由无数个鲜活生命所构成的动感十足的生命体，其生命源于学生，存在于积极、健康、合作、创新的精神中。班级的意义是促进学生生命要素的协调发展，班主任自然就是学生鲜活生命个体阶段性目标实现的达成者。因此，当学生的学习成为一种生活时，班集体是否使学生拥有幸福感就成为评定优秀班集体的重要标尺。如果从“知识本位”的视角俯瞰学生、审视学生、评判学生，以“班主任本位”的心态去管束学生、训导学生、监控学生，不少班级只能演化成学生想极力挣脱而又无法挣脱的“心狱”，学生毫无幸福感可言，学习的自主性和创造性更是无从谈起。因此，班主任只有变“知识本位”为“生命本位”，变“班主任本位”为“学生本位”，从只关注学生智能的提高与发展转移到更关注学生生命的发展，才能使班集体变成生命与生命的交相辉映、心智与心智的相互碰撞，才能形成和谐的班级氛围、融洽的师生和生生关系，学生也才会有幸福的感觉。幸福感不断生成和弥散，班集体的凝聚力和创造力才会不断增强。

### 2. 学生是实施班级管理的主体

无数教育实践证明：在大多数情况下，他律是比不上自律的。自主教育是体现现代教育理念的教育实践，它不仅能使学生的自我意识、自我教育得到提高，还能使学生的能力得到锻炼，学业更优秀，特别是个性能得到较好的发展。在班级管理中，有意识地调动学生参与到管理中来，使学生成为班级制度的建设者、班级制度的执行者和制度执行的评价者，改变过去学生总是被约束、永远处于“被动”境地的局面，就会取得事半功倍的管理效应。

周士良老师是全国优秀班主任，2011 年受邀来到郑州二高，组建“老周班”。“老周班”教育的核心是“责任、诚信、感恩、集体”，通过一系列的活动来提升学生各项素质和能力。在这里每个学生都有充分展示自己特点和能力的机会。在“老周班”的日常教学与管理中，学生能逐渐认识到“将简单的事每天认真做好就是不简单，将容易的事每天认真做好就是不容易”。人人参与班级建设，让学生学会做事做人。

### 3. 良好的班级生态是优秀班集体的标尺

班级内部的生态环境对整个教育、教学活动，对青少年的身心发展，产生着广泛而深刻的影响。班级生态是班级生命力的体现，也是教育生命力的所在。具体来讲，“班级生态”应包含以下基本要素：班级成员个体思想的品质特质、群体认同心理、共同理想追求、群体人格风貌、管理机制、集体精神、班级文化等。优秀的班集体应是上述诸因素的有机生成和良性互动，其外在表现为宽松的氛围、平等的关系、开放的管理，学生以自己喜欢的方式自主学习，班主任在实现教学目标的过程中实现自我发展。无数事实证明，具有良好的班级生态是优秀班集体共同的特征。班主任的责任自然就是良好班级生态的策划者、推动者、维护者和建设者。要建设良好的班级生态，必须基于对班集体成员个体生命特征的准确把握，对集体共同生命特质优化的正确引导，并在此基础上有目的、有计划地开展班级生态创建活动，从而形成良好的班集体群体形象。

## （三）新班主任观

新时代班主任担负的角色有以下几个方面。

### 1. 学科目标整合的促进者

新的课程标准中，各学科均有学科核心素养目标，班主任应全面了解，采取有效措施，结合学生的个体特征，通过各种活动，促进学生建立科学合理的知识结构；同时，班主任要协调各学科，通过教学信息的收集、过滤与传递，把各学科教学的着力点统一到培养学生可持续发展的素质能力上来。

### 2. 班级创新活动的协作者

班级活动是实现德育目标的主要载体。班主任要注重引导学生，培养学生健康的生活情趣和才艺，丰富学生的精神世界。作为班级活动的协作者和参与者，班主任要放手放心，鼓励学生大胆设计、谨慎实施，让学生在丰富多彩的自主活动中体验和感悟道德的境界，使学生在活动设计中培养开阔的视野和思维，在活动实施中锻炼创新与自我发展能力。

**3. 班级文化氛围的变革者**

当新课程在学校全面铺开时，它带来的不仅仅是教材、教学内容、教学方式的改变，有时整个学校从思想观念到内部组织结构也会发生重大变革。班主任除了完成自身的变化外，还应有意识地引导或者通过制度建设促进班级文化的有效性，通过养成教育，形成交流、合作、探究的班级文化氛围，使学生在一种健康、民主、进取的氛围中快乐学习。

**4. 学生人生之旅的引领者**

“教育是对生命发展的一种达成”，学生作为一个鲜活的生命个体，其所有的生命活动实际上都是对人生之旅的不懈探索。班主任是学生除了家长以外的十分重要的引领者，应侧重引导学生不断树立更高层次的崇拜对象与追求目标，内化学生的道德修养，导航学生的人生旅程。

### （四）新德育观

随着新课程的深入、新课标的实施，班主任的日常德育工作也会有调整和变化，这种变化与课程改革的总体目标一致，与立德树人的方向一致。

**1. 学生正确“三观”的引导**

班主任引导学生学会生活、做人、做事和学习，把学生培养成为有灵魂、有头脑、有专长的人，有胆有识的人，有情有义、有趣有味的人，珍爱生命、敬畏生命的人，富有理想、朝气蓬勃、德才兼备的人。

**2. 学生成长烦恼的消解**

成长的烦恼是生命本质的体现，也是学生的“生长痛”。班主任可以通过耐心“倾听”，全面了解学生的需求、情感、思想、疾苦与人际关系等，准确把握学生成长过程中的个体特征；为学生建立情感宣泄的健康通道，帮助学生化解生活中的困惑与烦恼。

**3. 班级文化的建构**

要形成有鲜明特色的班级文化，班级要有建设的具体目标，并建立相关制度，及时纠正不健康的言行和习惯。开展各项活动，逐步形成由一定文化内核所构成的班级精神，并不断提炼与升华，使学生在一定的主体精神熏陶和感染下，形成积极向上的道德人格和精神风貌。

### （五）新评价观

把学生当作单一的认知体，用固定的统一标准评价学生，是一些班主任在管理中存在的问题，某些班主任甚至形成了以批评、抱怨为内核的德育习惯，这种评价的负面作用相当大。我们要养成善于发现和欣赏学生的习惯，更多地关注学生的优点和长处，使学生充满自信，品尝成功的快乐，这应成为班主任对学生进行评价的策略基础。

#### 1. 多样性评价

从多方面评价学生是基于多元智能理论的基本理念。学生智能的多元性决定了评价从内容到形式的多样性。2021 年 3 月 1 日，教育部等六部门印发《义务教育质量评价指南》，学生发展质量评价围绕学生品德发展、学业发展、身心发展、审美素养、劳动与社会实践等 5 个方面提出了 12 项关键指标。因此，班主任的评价思维中要涉及学生生命的诸要素，通过鲜活的语言激发学生学习和生活的健康情绪。

#### 2. 阶段性评价

作为生命个体，学生各方面的发展都是一个阶段性渐进的过程，不同的时期，不同的阶段，都会有不同的个体表现特征，而且因个体差异等原因，每个学生的发展规律又各不相同。班主任要通过细致的观察研究，准确把握学生发展阶段的特征表现，既因材施教，又因材施评 ，以促进学生全面健康地发展。

#### 3. 发展性评价

在中学阶段，学生智能及生命要素都处在发展之中，学生的可塑性空间很大。班主任切不可凭学生的现时表现，主观臆断，武断评价学生，要以发展性眼光来看待学生的成长过程。班主任的评语或话语，要着眼于学生各方面的素质发展特征，为学生指出前进的方向，让学生强烈地感受到奋斗努力的希望，使学生在无尽的期冀中不懈地追求，不断地完善自我。

## 第二节　班主任专业发展的阶段进程

### 一、班主任专业发展的三个阶段

根据班主任专业化发展水平的程度不同，体现在班级管理上就显示出认识的层次问题，而对问题认识的层次不同，决定了班主任工作的不同层次，也就形成了班主任专业发展的三个阶段。

第一个阶段：班级管理追求有秩序。

在这一阶段，班主任往往把自己定位为班级的管理者，具体到班级建设实践中则表现为班级秩序的维护者和班级生态的掌控者。可以说，集“权”是这一层次的典型管理特征。由于班主任的管理策略不同，这种集“权”的管理模式又可以分为两类：一是人治，班主任是班级管理的领导，掌握绝对的话语权。班主任的主观意志就是班级规则，班主任的个人喜好就是班级准则。二是权治，班主任是班级制度的制定者和仲裁者，这类班主任通过制定周密的班级管理制度，来保证班级管理的正常运转。看起来，班主任似乎是在“依法”管理班级，但实际上，班主任高居班级管理层级的最顶端，所有的规章制度也都是出自一人之手，这样的班级管理依然是班主任的个人权威在起作用。本质上来看，就是借用现代社会管理的外壳去实现权力的“增值与扩张”。

无论是人治还是权治，说到底是管理本位的治理模式，追求的是控制住学生的身体和自由，其基本渠道就是让学生“害怕”。换言之，班级秩序的获得是通过强有力的控制得来的。在这一治理理念下，学生是被管理、被整治的群体，班级是框住学生的外壳和道具，无论从身体上还是精神上，对学生都是一种“戕害”。但是，由于这样的管理成本低，简单易操作，也更符合人的惰性和随意性需求，所以一直是广为盛行的班级管理模式。从当前的教育现实来看，还有不少班主任仍然有意无意地存留在这一层次，做着几十年来未曾改变过的管人、管事的工作。在具体的教育实践中，学校管理者往往也会有这样的误区：哪个班级安安静静就是好班级，哪个班级不惹一点麻烦就是好班级……正是这样的误区，误导了班主任的信念追求，也就更加剧了班主任对秩序的渴望和追求。

第二个阶段：班级建设追求有活力。

在这个阶段，班主任也会注重班级制度建设，所不同的是，班级制度是由全体同学共同完成，而不是班主任的一家之言，班主任也不是制度顶端的仲裁者，而是和学生一样的遵守者、执行者。这个层次的班级制度和管理团队存在的目的，不是为了获得某种权威感，也不是为了控制住全体学生，而是为了营造一种有秩序的环境，以激发和调动学生的激情与活力。更准确地说，这个层次的班主任需要秩序，但不把秩序作为最终追求目标，而是在追求秩序的过程中实现班级管理的人文和特色。这个阶段的明显特征是班主任开始注重班集体建设，注重集体活力的激发和培养，希望集体力量为班级学生的成长提供动力支持。

举个例子，当学校要求学生在校期间必须穿校服时，追求秩序的班主任可能会直接传达学校的规定，并直接将其作为一项班规附加在学生身上，通过苛刻的检查和严厉的批评来落实这一制度。而追求活力的班主任，则可能会先在班级里开展“什么是美”的讨论，让学生意识到“整齐”也是一种美，并且是集体美中最重要的一种美。这样就激活了学生的规则意识，并激发出学生创造规则之美的热情，从而让“穿校服”不再是单纯的约束和纪律，而成为追求美、制造美和享受美的“寻美”之旅。从这一点来看，第一层次和第二层次的班主任都会追求秩序，只不过第一层次的班主任把秩序作为了最终目标，第二层次的班主任则是借助秩序不断激发学生的生命活力。

这个层次的明显特征是班主任开始注重班集体建设，注重集体活力的激发和培养，希望集体力量为班级学生的成长提供动力支持。其中，比较典型的实施策略有两个：一是有意识地抓班风建设。比如，在促使学生参与学习活动时，班主任不是仅仅靠检查作业、惩罚个别不完成作业的学生来实现，而是在督促检查的基础上，发现学生的共性问题，通过调动学生积极性、教给学生学习方法等教育措施，确保班级整体学习氛围浓厚，以此来促使不愿意学习的学生主动融入班级学习活动之中。二是关注班级凝聚力的涵养，积极营造班级学生共同的价值追求，通过班级活动来促进班级人与人之间的情感交往，让班级成为一支具有裹挟力的前进团队。比如，在对待特殊学生问题上，除了注重施以个别辅导以外，班主任还会关注班级整体氛围的营造，希望通过良好的班级氛围来影响和改变个体；具有班级集体意识的班主任，不是靠眼睛盯死某个学生，也不是靠嘴巴呵斥住某个学生，更不是靠僵化的制度管住学生，而是靠班级活力实现全班同学的有机团结，把各种特质、不同水平的学生团结为一个整体。

第三个阶段：班集体建设追求有意义。

在这个阶段，班级制度建设和管理体制架构的意义就不再是为了获得秩序，而是为了培养学生的规则意识和民主能力，并进一步帮助学生赢得理性精神。当学生拥有了足够的规则意识和理性精神之后，制度就不再是约束，而是规则理性下的人性自由。自由是获得意义的第一步，一个精神和身体都高度自由的人也就获得了开启人生意义的可能。接下来，班级建设所注重的就是学生价值感的建立，这是一种很有意义的教育。这个阶段的班主任会重视班级文化建设，会把班级建设的目标朝向人性和意义。

以班级岗位建设为例，常规的班级管理中往往会根据需要设置一些固定的班级管理岗位，然后分配给不同的学生。而一个追求意义的班级岗位建设则具有以下特点：一是设置班级岗位时既考虑班级建设需要，也考虑班级学生个性特点，尽可能提供充足的班级岗位；二是组织学生就班级公布的岗位进行竞争性认领，尽可能让学生特长与认领岗位相一致；三是就部分学生定制专属岗位。魏书生在班级管理中提出“人人有事做，事事有人做”，就是让每位同学获得价值感。价值感的获得会激发学生的归属感和创造力，会对自己和所处的班级表现出系列的满足。比如，感到愉快，体会到自身的价值，希望自己变得更好等等。

其实，关注学生的价值感就是关注学生的精神生活质量，就是帮助学生在集体生活中赢得生命质地的庄严和华美。这个层次的班主任会重视班级文化建设，会把班级建设的目标朝向人性和意义。这是班级建设的高级层次，也是班主任工作的理想境界。

秩序、活力和意义，既是班级建设的三个层次，也是班主任专业发展的三个阶段。从单纯地追求秩序之美到共享活力之美，再到生命意义之美，体现了班主任工作从管理到教育的转变过程，也是班主任工作专业化的成长与升华。

## 二、班主任专业化发展的进阶策略

随着时代的发展和素质教育的不断深入，社会对教师的专业化要求越来越高，作为教师专业化发展的延伸，班主任专业化的研究与探索也为大家所重视。班主任工作应把握时代脉搏，顺应教育发展趋势，以追求改革创新为动力，以优良的教育质量为目标，实现班级每一个学生的优质均衡发展。因此，为了更好地带领班级成长与进步，班主任需要提升自己的专业化水平。

教育的发展离不开教师，如果教师得不到发展，学校发展、学生发展、教育发展都将成为一句空话。班主任的管理水平决定班集体建设的质量，一个好班主任就有一个好班集体。那么，如何提高班主任专业素质、促进班集体建设健康和谐发展？从班主任教师自身来讲，如何才能找到促进专业化发展的有效途径？班主任必须在学习和工作中反思，在反思和合作中发展。

一是树立终身学习观，在学习中求发展。树立终身学习观是社会发展的客观要求，也是教师专业发展的现实要求。要永葆教育的青春与活力，教师必须树立终身学习的观念，不断更新知识，提高自己。班主任实现终身学习既是个体发展的需要，又是做好班级工作的需要。

二是搞好教育和科研，在工作中求发展。班主任工作包括教育和科研两部分，这是班主任专业发展的两大基石和依托。教育活动不仅是具体的实践活动，同时也是一项创造性劳动；班级不仅是教育的园地，也是绝佳的研究场所。大量的教育现象就在我们身边，我们可以通过参加课题研究、撰写教育论文，把教育教学实践中纯经验的东西上升到理性和专业化的高度。

三是制定个人发展规划，在反思中求发展。个人发展规划不仅是对班主任自身发展的引领和督促，也是班主任教师走专业化可持续发展的必要手段。反思是促进班主任发展的不可或缺的环节，反思会使人养成对日常工作与学习的一种敏感和探索习惯，保持一种积极探究的心态，不断改进自己的工作并形成理性的认识。

四是建设学习型组织，在合作中求发展。非洲有句谚语：独行快，众行远。说的是一个人干事创业，没有什么负担和牵绊，心无旁骛，走得可能很快，但走不远，做不大；一群人共同去做一件事，相互帮助，会走得更远，做得更大。教师的发展离不开学校的培养、专家的指导，更离不开教研这块沃土。学校可以通过名班主任工作室、班主任论坛、班主任读书交流活动、班主任合作共同体建设等形式，建设学习型组织，促进班主任在合作中求发展。

### 三、班主任专业化成长的路径

一是通过日常班务管理工作中的自然积累，班主任逐渐具有某些班集体建设管理的专业知识与专业能力，成为有实际经验的实践工作者。二是通过读书学习、跟师学习、参加培训、交流研讨及听专家讲座等方式的业务学习，班主任较快地认清教育改革发展形势，开阔视野，获得班级管理专业理论知识，学到某些专业技能。三是通过不断地对日常教育管理工作的理性思考，班主任从中发现工作中的可取与不可取的做法，特别形成自己对某一实践工作的深刻认识。四是班主任在实践中积极主动大胆地实施自己新想法、新思路，体现出改革创新的精神。五是班主任要采取以实践为基础、以专题研究为主、以个案研究为辅的工作方式。

班主任专业化水平的提升既指向班主任自身素养和班主任工作专业水平的发展，也指向班级领导力的发展。班主任专业化发展与成长路径是多方面的，班主任要注意在各种活动、各种场合、各种交往中锻炼和提升自己的专业化水平，每一个班主任都应把自己定位为班级的引领者，带领班级健康发展。

## 第三节　提升专业能力：班主任专业发展的核心之本

习近平总书记说：“一个人遇到好老师是人生的幸运，一个学校拥有好老师是学校的光荣，一个民族源源不断涌现出一批又一批好老师则是民族的希望。”当前的中学生思想活跃，乐于接受新事物，喜欢追求个性发展，追求独立自主，但常常意志薄弱，缺乏钻研精神以及吃苦耐劳精神。作为老师中非常重要的群体，班主任需紧跟时代步伐，更新工作理念，创新工作方法，努力提高工作能力，更加有效地服务于学生健康、快乐、全面的发展。

结合新时代的要求和学生特点，学校开展了研究讨论，我们认为，新时代班主任应具备七种能力：一是政策理解和执行能力，二是组织管理和协同能力，三是洞察力与换位思考能力，四是学习反思与创新能力，五是心理疏导与沟通能力，六是突发应变与处置能力，七是新媒体与大数据应用能力。新时代提升班主任专业发展能力要重点提升这七种能力。

## 一、政策理解和执行能力

### （一）内涵解读

政策理解与执行能力主要是对党的路线方针、政策理论的理解领悟深度和贯彻执行情况，既包括及时了解和把握政策动态、吃透政策精神、领会政策实质的态度与能力，也包括贯彻落实上级决策、履行职能职责、及时有效解决问题、持续推动工作的态度与能力。作为班主任教师，既要将党的政策学深悟透，也要树立责任担当意识，确保将各项决策部署落到实处、取得实效。

班主任担负着教书育人、培养社会主义事业的建设者和接班人的重要使命，要坚定不移地全面贯彻执行党的教育方针，要教育和引导学生热爱中国共产党、热爱祖国、热爱人民，要拥护中国特色社会主义道路，要做学生锤炼品格的引路人，做学生学习知识的引路人，做学生创新思维的引路人，做学生奉献祖国的引路人。

作为班级管理者、课程实施者、学生引领者，班主任要学习国家大政方针，学习教育政策法规，首先严格要求自己，做法律法规的模范践行者，做学生守法合格公民的示范者。同时，还要在班级管理中坚持依法治教，坚守主旋律，传播正能量。

## （二）提升路径

### 1. 高屋建瓴，方能横看成岭侧成峰

我们是在为国家培养人。小班级大责任，践行“立德树人”理念的最好办法是先立自己为国育才的师德，先树自己高尚的人格，才能承担好这沉甸甸的责任。

弘扬高尚师德，潜心立德树人，以赤诚之心、奉献之心、仁爱之心投身教育事业，明确班主任的使命和工作方向。

具体学习内容有习近平总书记关于教育的重要论述、“四史”（党史、新中国史、改革开放史、社会主义发展史）、教育方针政策、时政要闻等。

2021年以来的义务教育重要政策规定和制度文件：《教育部办公厅关于做好2021年中小学幼儿园安全管理工作的通知》（2021-01-20）、《教育部等六部门关于印发〈义务教育质量评价指南〉的通知》（2021-03-18）、“加强五项管理”（作业、睡眠、手机、读物、体质管理）、“双减”（减轻课业负担、减轻课外培训负担）、“教材方面”（习近平新时代中国特色社会主义思想进课程教材、“党的领导”相关内容进大中小学课程教材、生命安全与健康教育进中小学课程教材）、2022年4月8日印发的《义务教育课程方案和课程标准（2022版）》。义务教育的总体目标是：优质均衡。从这些政策规定和制度文件中，可以寻出我们工作的指导方向和努力脉络。

2022年，人教版数学教材插图引发争议。网传图片显示，这些插画中的孩子们存在眼距过宽、塌鼻梁、发际线过高等情况。5月26日10时许，《四川观察》发文《人教版数学教材插图引争议》，舆情开始发酵。截至5月27日11时，相关舆情信息量共计1819578篇（微博1518622篇，客户端152053篇，视频136865篇，互动论坛4137篇，网站4076篇，微信3756篇，数字报69篇）。其中，微博为本次舆情信息的主要来源，占比为83.46%。多数网民对此表示不满，纷纷吐槽插画人物眼神奇怪、毫无美感，“不忍直视”，并希望尽快对其进行替换；还有部分网民则表示，作为教材的一部分，教材中插图同样应得到相关部门重视，并建议教材插图选取应广泛征求大众意见，提高教材的编写质量。

针对“人教版数学教材插图引争议”一事，有媒体发表相关评论。

《人民日报》发表评论表示：小学数学教材插图被吐槽，人教社回应将“改进画法画风”。教材里有真理，有家国，也有灵魂塑造，哪怕配图也要契合大众审美，符合民族气质。一字一句、一图一画都应精益求精。高标准严要求，以敬畏之心编写教材，以精品教材启智增慧、培根铸魂。这个热搜事件表现出公众对教育的高度关注，也提醒我们班主任在工作中要加强政策的学习、理解和把握。

学习渠道有很多：“学习强国”平台，资源丰富，点开“教育”板块，分为教育新闻、思政与德育、亲子课堂、中小学课堂、校园风光、教师等。在教育新闻板块，有每日教育早新闻、全国教育新闻联播，分别以音频、视频方式呈现，可听可看。中小学课堂板块分小学、初中、高中不同学段，教材、慕课、直播、点播、精品课均有，内容有课堂讲授、教材分析、亲子课堂、家庭教育、艺术教育、心理健康教育、安全教育等，与国家中小学智慧教育平台关联，有很多非常好的素材，可自我提升，也可推荐给学生和家长。

**2. 多种资源，方能不畏浮云遮望眼**

（1）多样化优秀文化资源。电视纪录片《为了和平》、电视专题片《人民的小康》《百年风华》《红船》、电视剧《跨过鸭绿江》《山海情》《觉醒年代》《大决战》《功勋》等“献礼中国共产党成立 100 周年”重点剧目。

（2）模范教师榜样在身边。以身边的榜样传递师德的力量，勉励自己见贤思齐，从“被感动”到“见行动”。

## 二、组织管理与协同能力

### （一）内涵解读

组织管理——培养学生，引领学生，成就学生。

协同育人——集体教育，家校合作，凝聚力量。

作为班级的管理核心，班主任要加强班集体科学化、精细化管理，要全面了解学生，制定班级民主管理制度，形成学生自我教育、民主管理的班级治理模式。

班级管理中，班主任要善于组织协调，协同任课教师，强化集体教育，建设良好班风，增强班级凝聚力；通过多种形式加强与学生家长的沟通联系，关爱特殊群体，积极争取家庭、社会共同参与和支持学校德育工作，引导家长注重家庭、注重家教、注重家风，营造积极向上的良好育人氛围。

## （二）提升路径

### 1. 精细管理，科学施育

（1）精细管理

老师们，我们的班主任工作日常会遇到哪些问题呢？

跑操时，有下队系鞋带的，有左右脚步调不齐的、第二圈找不着人的、喊口号不张嘴的……

收作业时，有落家里的，有桌斗书包到处乱翻的，有抄作业的……

查卫生时，有教室扫了就不扫讲台的，有两张桌子中间不干净的，有每次大检查都扣分的……

课堂上，谁谁谁又在一直不停地说小话被任课老师点名批评了，谁谁谁又听课听睡着了……

课间时，哪几个学生在教室里追打了，斗嘴的时候斗着斗着骂起来了，谁谁谁又在传那谁谁的绯闻了……

忙碌、问题重重——班主任们的日常。

如何超脱出来——发现问题之后进行精细化管理。精准地发现班级存在的一系列问题，就一定能够找到解决问题的方法和策略。

**〔案例〕作业风波**

国庆假期结束后，周一开学第一天，早读已经结束，各科作业均未收齐，甚至有些科目的课代表还没有开始组织学生收作业。第一节下课进班发现这种情况依然存在，大声吆喝之后，收效甚微。询问课代表之后，有课代表纷纷表示，他们都写完了就是不主动交，催半天都不知道交；有些同学的作业找不着了，甚至还夹带到其他科目作业里“失踪”了；有些同学的作业没有写完；还有些同学竟然还不知道有这一科目的作业......

怎么办?

（一）问题

假期后作业难以收齐。

（二）分析并解决问题的流程

（1）问题是什么——交作业效率低。

（2）为什么出问题——要求不明确，职责分工不到位。

（3）怎么办——思考解决方案。

（三）解决措施

1. 管理制度方面

2021 届七（11）班管理规章制度第二章“学习管理章程”的第一大类：学习管理规则中第 6 条明确规定：作业要及时完成，早晨入班后及时上交，无故在早读结束之后上交行为被默认为没有交作业，按照班级量化考核制度扣除相应分值。

2. 督查工作方面

（1）成立作业检查值日小组，每天早晨六点半之前，在班级门口检查学生入班前作业完成情况。

（2）要求全体同学务必在头一天完成所有科目作业，头一天晚上分类整理上交作业和课本；并把所要上交作业展开，入班前由值日班长一一检查，不合格者不能进入教室，待合格后方可进入。进入班级，第一时间给组长上交作业，并主动开始一天的学习。课代表汇总作业收缴表格，反馈给班主任和老师。

精细化管理：分解一细化一落实。

（2）科学育人

仅仅有爱心、耐心、责任心，想把班级管好是不够的，我们的班级管理还需要科学智慧。

**〔案例〕“双减”后的硝烟**

小明同学（男）是小学六年级的学生，从“双减”政策开始，家里的“硝烟”从没有停止。一方面，妈妈认为不管怎样减，学习成绩还是首位，更何况是毕业班学生，必须按照原来的学习计划进行，寸步不让。另一方面，小明认为妈妈不按照要求执行“双减”，作业太多，影响他的个人时间。

问：小明把自己的苦恼向班主任倾诉，如果你是小明的班主任，你会怎么做？

作为班主任，首先自己要明确“双减”的内涵。“双减”的实质是回归教育初心，“双减”不是减质量，而是更高质量地做好教育，构建学生、教师、家长三位一体的教育新生态，彻底改变“校内减负、校外增负”。

针对小明的苦恼，作为班主任，我将从以下三个角度进行分析。

第一，与小明妈妈进行沟通，帮助明确“双减”背景下家庭教育的职责。

（1）与小明妈妈进行沟通，对小明妈妈的做法表示理解，但要提醒避免“压力失度”。德智体美劳全面发展是孩子健康成长的根本保证，建议家长要破除焦虑，在学业上可以“减”去大量的“做”，增“加”亲子互动的“讲”。

（2）让小明妈妈深入理解“双减”的实质是回归教育初心，引导家长转变教育理念和教育方法。“双减”政策下的家庭教育之“变”就在于培养孩子的学习意愿、自控能力，找到属于自己的学习方法。

目前，小明妈妈家庭教育的问题在于：对小明的学习，妈妈没有把握住重点，也没帮在点上。只一味地在追求小明学科上面的补习、培优，而忽略如何抓住小明学习的本质问题，小明学习本质的意愿、学习的兴趣、自控能力、学习的方法是制约孩子成绩的关键。

小明妈妈要转变教育理念，教育引导小明明白为什么要学习，有了学习意愿，有了学习兴趣，有了学习的成就感，再加上能够做到自我控制、自我管理，基本上学习成绩就不会差。如果小明再能够找到适合自己的学习方法，那一定能找到学习之门。

（3）与小明妈妈一起配合，家校携手，引导小明深刻理解学习的“内涵”。

“双减”政策的目的是促进学生的全面发展，健康成长。小明妈妈要关注小明的心理健康，保障小明的睡眠时间，加强体育运动，鼓励孩子拥有艺术、体育类的兴趣爱好。建议小明妈妈在家开展多样化的活动，提升孩子的综合素质，如课外阅读、美文朗诵、手工制作、体育运动、红色研学、帮助父母做家务等，让小明养成阅读的习惯，同时增加书籍的广度，以便小明开阔视野，认识更广阔的世界。如果条件和时间允许的话，可以让小明多体验体验生活。

（4）帮助小明制订课余时间管理计划，做自己时间管理的主人。

小明妈妈引导小明做好课余时间的管理，同时结合目标和计划管理，培养小明的自我管理能力。小明有了学习意愿，又能够做到自我管理，那么成绩自然也就不会差。

第二，与小明进行沟通，了解小明的心理状态，促成小明改变认知。

（1）与小明进行沟通，倾听他的真实想法，和他产生共情，并引导小明正确认识“双减”。

（2）引导小明学会换位思考，理解妈妈的做法，并促成小明和妈妈在相互理解的基础上进行有效沟通。

（3）引导小明合理规划时间，养成良好的学习习惯，真正成为学习的主体。

“双减”后，小明自主支配的时间会明显增多，如何利用好这些自由时间？首先应从习惯的养成入手，小明妈妈的监督尤为重要，帮助小明真正成为学习主体，更好发挥学习的能动性，实现全面发展。

第三，作为班主任，要做到家校共育，共助小明成长。

（1）及时主动地和小明妈妈联系，了解小明的在家情况，耐心地做好小明的思想工作，鼓励小明全面发展，促其健康成长。

（2）与任课教师进行沟通，鼓励老师设计分层作业，针对各班级不同学生的特点，设计一些必做题和选做题，学生可以根据自己的爱好和能力选做作业。

（3）引导小明养成自律的习惯，不定时地进行家访，或者采用电话家访的形式，协助家长，监督小明养成良好的学习习惯，提高自主学习能力。

（4）引导小明树立理想，制定适合自己的学习目标。

（5）在班级召开主题班会，通过积极正能量的典型事例，来引导全班学生正确认识“双减”，合理规划自己的课余时间。

**2. 集体教育，协同育人**

我们都希望自己所带的班级是一个班风正、学风浓的班级，班风正、学风浓的班级一定是在班主任、任课老师和全体学生的共同努力下形成的。如何让班风越来越正，让学风越来越浓？一群人，一条心，一起拼，一定赢。班级不仅仅是班主任的，也是每一位任何老师的，班主任一定要协同任课教师，建设良好班风，增强班级凝聚力。

（1）做一个善于发现的班主任：观察身边每一位任课老师的闪光点，把老师们身上的可爱点传达给学生。学生就极有可能因为喜欢上一位老师而喜欢上一门学科，我们也就有了更强大的育人团队：

诗词歌赋尽显雅士风度的语文老师；

指点方圆巧解生活方程的数学老师；

教语言培桃李心怀星辰的英语老师；

巧点政治舞台风云变幻万事的政治老师；

知中国千年文明通古今变换的历史老师；

湖海作友日月星辰尽藏胸中的地理老师；

一腔热血做功出力放电发光的物理老师；

穷究天机巧同原子分子周旋的化学老师；

植物动物门纲科目细细分析的生物老师。

（2）做一个善于倾听的班主任：统筹协调班级组成人员工作是关键，学会倾听任课教师的心声更是最大的财富。倾听他们的心声，你能更加了解班级的个性与学生的不同侧面。

（3）做一个善于求教的班主任：要主动与科任教师互通情况，研究问题，确定方向，讨论措施，制订计划；经常诚恳地向科任教师征求意见，了解情况，发现问题，及时解决。

（4）做一个善于邀请的班主任：热情地邀请科任教师参加班级活动，比如让科任老师们参与进班会课堂中，使师生增加感情，沟通思想，配合工作。

**3. 家校合作，齐长共进**

学会借力：家长是我们不可或缺的人力资源。

（1）家长是万能的资源库：我们不是一个人在战斗，我们背后有一群战友在共同作战，他们拥有更多的时间和精力来协助我们做好班级管理。

（2）家长是温暖的小太阳：我们不要再悲情地做孤独的奉献者，我们要学会分享当下我们做的所有努力，哪怕是一句话、一段感悟、一张图片、一篇随笔……让他们走进我们的生活和工作，他们会理解，更会支持，因为他们也是一群有温度的、有爱心的同行者。

（3）家长是真诚的好伙伴：当你学会借力，学会分担、分享时，你所有的付出都会得到支持与肯定，尽管只是一句话、一段文字，却足以安抚我们疲惫的身心。

我们学校有一项特色课程“妈妈学堂”：面向家长征集问题，邀请专家作讲座，解答家长困惑；引导家长注重家庭、注重家教、注重家风，营造积极向上的良好协同育人氛围。新型冠状病毒疫情防控期间，我们开办线上“妈妈学堂”，开展线上家访，及时了解学生在家的学习和生活状态，密切家校之间的联系，收到很好的育人效果。2020 年 4 月 7 日，居家 4 个月后，高三复学，一切井然有序。高考中，我校宁博宇同学理科二七区第一名，考入北京大学，也延续了学校连续四年“清北”的辉煌。

## 三、洞察力与换位思考能力

### （一）内涵解读

班主任工作面对的是一个个鲜活的个体，每个学生都有各自的成长历程、性格特点、喜怒哀乐，班主任要善于从细微处发现问题，把握学生特点，洞察班级动态，能够对学生进行正确的判断和指导，及时引导良好班风、学风。

换位思考是指在处理各种复杂的关系、解决各种问题的过程中，应该置换思考的角度或方向，设身处地从对方的立场来看问题。换位思考既是一种分析问题的指导原则和思维方式，也是一种解决问题的具体方法。简言之，就是站在对方的立场看待问题。

## （二）提升路径

### 1. 情感连接，慧眼慧心

习近平总书记号召广大教师做“四有好老师”，即做“有理想信念、有道德情操、有扎实学识、有仁爱之心”的好老师。班主任尤其要有仁爱之心，在仁爱之心的基础上，在班级管理中做到眼勤、嘴勤、手勤、脚勤，与学生形成情感的连接，这样班主任的工作才能深入人心，讲话学生爱听，做事学生拥护，管理学生认同。班级管理无论是面向群体的，还是面对个人的，都讲究教育契机。有些教育契机是不可预测、伴有一定偶然性的，只有眼勤、嘴勤、手勤、脚勤，经常和学生接触，深入了解学生心理，注重与学生保持情感连接，学生才会对老师越加信任，才更愿意展示真实自己，这样才能更好地抓住偶然的“突发事件”，碰上非常规教育契机！

总忘不了在网上看过的一则视频：一位老师，在上课前要推门走进教室时，先迅速调整了一下面部表情，让自己本来疲惫的脸上充满了笑容，这才放心地进入教室。这一幕被走廊上的监控记录了下来，传播到网上后，让我非常感动。这个微笑就是老师与学生情感连接的一种方式，看似微不足道，实则温暖心灵。多年后，学生也许不记得我们讲的某一番大道理，但总是充满笑容的亲切却会长存他们的记忆里。

### 2. 设身处地，包容理解

每个学生来到我们身边，带着过往的生活经验，带着专属的家庭养育方式，带着独特的个性特长，虽然在同一个班级，共同学习，每天却有着各不相同的遭遇、各不相同的心情，这给教育带来很多难题，但这也恰是教育的魅力。

遇到各种问题，如果能够设身处地、换位思考，多一些包容理解，少一些自以为是、独断专行，和学生的相处会更加和谐。

**〔案例〕“北大韦神”火爆全网，高中班主任：不希望影响到他**

5 月 31 日，北京大学数学科学学院助理教授韦东奕手提馒头、水接受采访的视频走红网络。澎湃新闻专访了韦东奕高中时的班主任、现任山东师范大学附属中学教师张永华老师。

张永华老师开始关注韦东奕是从初二年级开始的。韦东奕还在读初中的时候，就是学校里的名人，数学成绩非常好。有老师向已经带了多届数学竞赛班的张永华老师推荐了他。

接触之后，张永华老师发现他不仅解答正确，而且方法也很好。便去做韦东奕家长的工作，希望韦东奕能够提前学习数学竞赛知识，韦东奕父亲韦忠礼是山东建筑大学数学系的老师，双方都是“同道中人”，结果是一拍即合。

两年后，韦东奕参加中考，分数并没有达到山东师范大学附属中学的录取标准。张永华老师极力推荐，山东师范大学附属中学对韦东奕破格录取，这在学校历史上是从未有过的事。

高一时，韦东奕陆续拿到了山东省级、国家级的奖项，入围国际数学奥林匹克竞赛国家队。2008 年、2009 年，第 49 届、50 届国际数学奥林匹克竞赛中，韦东奕连续两年以满分获得金牌。

在高中阶段，张永华老师给了韦东奕充分的自由，他的数学天赋得以张扬。有时候老师在台上讲着课，他突然就站起来，走上讲台把他的解题思路写下来、讲清楚。

“理科生大概率是在生活问题上能力不足，特别是学数学的人，就像我们的大脑思维可能分了好多功能区，那些数学天才大脑思维的功能区可能是相对单一的或不均衡的。”张永华老师早就注意到了理科生的通病，也在教学过程中对学生进行有益的引导，比如轮流当班干部、轮流做课代表等。

在张永华老师看来，韦东奕这种数学天才在生活问题上的短板是天生的，社会需要其发挥专长，就应该对其短板给予宽容和帮助。

“我们不能对其有偏见，也不能用常规的方式去培养他，应该打破原有的条条框框，比如在科研上，给予其必要的指导和充分的自由，这样才能最大限度发挥其潜力。另外，在生活问题上，北京大学可以给予其适当的照顾，这是我希望看到的。”张永华老师称。

另外，张永华老师还希望，已经 29 岁的韦东奕能够在生活中多结交些朋友：“快三十的人了，也到结婚的年龄了，该处个女朋友了。”

他说：“韦东奕数学方面确实天分出众，但是其情商并不高。现在关于他的视频在网上火了之后，各种评论很多，有正面的，也有负面的，我不希望这些评论影响到他。希望公众对其少些关注，给他一个做学术研究的安静空间。”

张永华老师在访谈中的这席话就是对换位思考的最佳诠释。

## 四、学习反思与创新能力

### （一）内涵解读

班主任老师除了有精深的专业学科知识，还应具备广博的多门学科知识，具有广泛的文化素养和兴趣爱好，这样就能在本学科以外的其他方面给学生以影响和指导，增进师生之间的感情沟通，赢得学生的信赖和尊重，促进学生德智体美劳全面发展。

这就需要班主任具备主动学习意识和课题研究意识，加强自身学习提升，乐于同伴互学互助，善于积累、整理班级管理过程性资料，具备熟练的语言表达和文字书写功底，不断总结教育管理经验，反思不足，将班级管理作为一项课题来研究、实践。还要注重创新管理方式方法，持续改进完善，从而不断提高自身的管理水平和管理艺术。

### （二）提升路径

#### 1. 阅读，丰厚生命滋养

阅读的价值自不待言，这里介绍我们学校班主任工作室开展的“共读一本书”的活动。结合班主任工作，指定书籍，每日读书打卡，定期召开读书分享会。在读《非暴力沟通》分享会中，班主任们学习了“沟通交流之术”；在读《教育向美而生》分享会中，班主任学会了“制造美、发现美的契机”……畅游于书的海洋里，去探寻班主任管理之道。

**〔案例〕读一本书后的感悟**

阅读《教育，向美而生》之后，工作室成员娄晨霞老师写出读后感《追慕美好，向美而行》。分享其中一段关于阅读的感悟：教师要热爱阅读，坚持阅读。在读这本书的过程中，我的第一感受并非关于教书育人的收获，而是荡漾在纸面上的文字之美。遇到自己不理解的词句，我会及时上网查阅，仿佛回到了学生时代，这也成了一天当中的美好时刻，我对读书的兴趣被唤醒了。在聆听工作室培训时，有位老师说道，教育最可怕的是一群不读书的老师在拼命教书。阅读是我们的生命方式、存在方式、生活方式。接下来我计划阅读《海鸥乔纳森》这本书，期待从中有所感悟。

### 2. 思考，沉淀生命精彩

反思研修是教师实现专业提升的有效途径，也是教师形成教育智慧的重要方式。

学校一直鼓励班主任们在开展班级管理工作研究的同时，积极撰写德育论文、教学案例、教育故事，发现日常行为背后内隐的思想。每到学期末，学校都会组织班主任撰写班级管理故事，汇集班主任管理智慧，汇编成册，形成班级管理案例库，为青年教师快速成长提供宝贵的“实战”经验。

以下选自赵业老师的班级管理故事。

#### 〔案例〕赵业老师在班级管理中的收获和幸福

岁末年初，对将近三年的班主任工作进行盘点，其中让自己感到欣慰的有一点，那便是对自己的情绪有了更好的管理能力。高一时，面对难以管理的、身上有“问题”的学生，我总是忍不住“炸毛”，很多次无法心平气和地与他们交流，如果学生再有顶嘴现象，我的声音就会一下子高上去，似乎只有斥责，才能宣示我的师者“尊严”，才能渗透进学生的耳中心里。可接着，他们行为上的我行我素、眼神里的轻蔑挑衅，甚至开始多次请假、不来学校的刻意逃避，都在证明着一件事——你的愤怒只是换来了对抗，而且这种对抗对解决问题并无效果。

在我并不成熟的时光里，我曾怒斥过学生——“不知道你生活的意义是什么”，也曾声泪俱下地诉说过自己的付出得不到回报，而在学生或短暂或长久的沉默中，我已经从空气中弥漫的氛围里清晰地觉察到：我失败了。这种无力感，我从一些家长那里也能感受到。只不过作为家长，他们的无助中，更多了焦虑。

从我的失败中，我觉察出了自己有限的修养，不仅是性格上的缺陷，更是知识上的匮乏。我开始有目的地在一些心理学著作中获得启示，如唐全腾的《教师不可不知的心理学》、李松蔚的《重构你的家庭亲密关系》、孙瑞雪的《完整的成长》。这些书首先教我平静下来，如果再遇到充满着对抗的师生关系，我开始跳出“引导者”的身份，尝试着接纳眼前那个愤怒的、抗拒的甚至是无助的小孩。我开始思考出现的“问题”，其实是孩子在长大，父母和老师习惯的百依百顺者已不复存在了而已。而开始从这种角度理解学生，我不会再一厢情愿地盼望“问题”被彻底解决，他们也许还有“网瘾”，也许还存在“厌学”，可是我已不再拒绝认识他们、理解他们。我只能先把“问题”作为确定的事实接受下来，然后明确地告诉学生和家长——唯一的出路，是我们一起向前走。不是学生自己要改变，而是家长和老师的思维、行动都要变。

我改变了我的语言表达。与学生的沟通，我不再以“你”开始：“你”自己怎么想的？你有没有想过你的未来？而是尝试着以“我”开头的：“我”作为你的老师，对你的行为有点担心，但“我”理解你，你愿意跟我谈谈吗？如果必要，我还会和他讲故事，讲自己上学、求职、工作中的挫折和弯路，讲以前学生的故事。我欣喜地发现，很多学生愿意开始敞开心扉了。他们甚至愿意告诉我：他们想要的改变，就是在家里可以按自己的意愿，自由地安排——比如玩游戏。我知道，他们的很多想法，老师和父母当然是不同意的，我们有很多“担心”。但是，要解决这些“担心”，不能再像以前一样简单地说声“不可以”就行，必须采取新的沟通方式——成年人对成年人的沟通，那必须是一套完全不同的沟通方式。理想状况下，学生有了更独立的想法，我们也应该相应升级我们的智慧：如何巧妙地设定行为的边界？哪些事必须坚持？哪些事可以由学生说了算？谈不拢的地方如何处理？面对自以为是的学生，除了下命令，还有哪些管理的技巧……要做到这些，我们得选择温柔，用温柔包容暂时的困惑和迷茫，即使他们的困惑在我们眼中“小事一桩”，“总会过去”；我们得选择相信，相信他们变得更好的愿望和承诺，即使他们的承诺需要更多的诚实和坚持。

我坚信，比判断更重要的是之前的聆听；比指导更重要的是之前的接纳。因为，在教育里，你是什么人比你怎么做重要。知识可以不丰厚，但心必须真诚；技巧也许待完善，但眼里要有光。只有这样，才不至于使自己失望；只有这样，才能更好地给别人方向。

这位年轻班主任在回顾三年的班主任经历中，体会到了成长和改变，体会到了职业的尊严和幸福；目前，是我校最年轻的河南省名师。

## 五、心理疏导与沟通能力

### （一）内涵解读

心理健康教育是学校德育的重要组成部分，班主任是班级工作的核心管理者，对学生的心理健康教育起着重要的引导作用。当前学生学业重、压力大，容易出现各种各样的问题。因此，提升班主任的心理疏导与沟通能力，显得尤为重要。

处在成长期的中学生，身心发展不平衡，易冲动，情绪不稳定，有时还会出现各种各样的心理问题。作为班主任，要学习了解各种心理问题的基本表象和特征，能够及时发现学生心理异常现象，做出正确心理疏导；关心关注学生，加强师生沟通，掌握良好的沟通方法和技巧，解答学生的心理困惑，缓解学生心理压力，促进学生健康成长。

**〔案例〕班级黑板报风波**

期中考试刚过，班级的板报小组的负责人与我商量，说想出一期主题板报，重点表扬在这次期中考试中表现优秀的学生。我为他们大大地点赞，内心充满欣慰。

两天后，以“前途似海，来日方长”为主题的黑板报便呈现在大家面前，心灵鸡汤、励志短语俯拾皆是：“尊严来自实力，奋斗决定价值”；“背后的拼搏，今日的成功”；“每天进步一点点，明天就是宁博宇”…… 师生感受到满满的正能量、内心足足的充实感。

又过了两天，黑板报上优秀之星和进步之星的名字开始发生着变化，学生们的名字让大家越来越看不懂了。作为一名班主任，我自认为班里出现的一些问题会慢慢自愈的。于是，我便装着毫不在意。我相信，在下一次班级板报更新前，黑板报上的名字都会慢慢恢复正常。

然而，事情并未向好的方向发展，而是愈演愈烈，黑板报上的人名越来越看不懂了：月小会、门乙羊、汤口禾、米台、长一开、办文丰……

本周五刚好是12月4日，是国家宪法日，作为班主任，我是不是该做点什么了？

走进教室，我温和地说："同学们，请大家往后看，我们这期的黑板报发生了什么变化？我怎么越来越看不懂大家的名字了？"班里很多学生抿着嘴在偷笑，有的学生已经开始哈哈大笑了，甚至有些大胆的学生把黑板报上一些名字开始大声读了出来，引得班里哄堂大笑……

我的脸色由温和变得严肃起来了：同学们，这很好笑吗？我们每个人都有自己的名字，你们知道自己名字的由来和含义吗？我们的名字一般是父辈们给我们起的，寄托着父辈们对我们的期望和祝愿。你看，老师的名字叫杰，寄寓着父母希望：虽然是个女孩子，但也希望自己未来成为一个杰出的人，对社会有用的人。老师的女儿叫乐之，老师希望自己的女儿未来做任何事，都能以之为乐。可你们是怎样对待父辈的期望和祝愿呢？我相信，这场黑板报风波不会是一个人参与，一定有不少同学参与到这场风波中，请参与这场黑板报风波的同学来我办公室，我们有重要事情要做……

真没想到，在这场风波中，来我办公室的学生竟然高达15人，里面竟然还有班干部和参与本期黑板报的编辑者。在办公室里，我首先表扬了这15个学生勇于承认自己的错误，但我希望每个学生写出参与这件事情当时的心态。接着在15人中选出负责人，主持一期以"国家宪法日"为主题的班会。最后，出一期以"国家宪法日"为主题的黑板报。

在学生们的心态反应中，我渐渐感知到黑板报愈演愈烈的背后原因。其实很多学生刚刚发现自己的名字被涂抹后，第一反应也很生气，觉得这样做很过分，是不对的，便把自己的名字恢复原样儿。但第二天发现，自己的名字又被涂抹了，接着索性也根据自己的喜好也涂抹其他孩子的名字了；慢慢地，便有更多的孩子参与到这场他们自以为很好玩的游戏风波中来……

当你把活动交给学生们时，总会产生种种惊喜：在主题班会上，学生们探究出姓氏、名字的渊源，"国家宪法日"的设立背景，第七个国家宪法日的主题及历届主题词。他们开始在法律中寻找公民的姓名权了，特别强调《中华人民共和国民法典》第1012条规定，自然人享有姓名权，有权依法决定、使用、变更或者许可他人使用自己的姓名，但是不得违背公序良俗；强调第1114条规定，任何组织或者个人不得以干涉、盗用、假冒等方式侵害他人的姓名权……

15名学生一步步完成我布置的一项项工作，我也慢慢地感知到他们的点点变化：有的学生给自己改过名的学生道歉了，有的学生给我递小纸条说自己真没想到玩笑也可能触犯一些法律和规则，有的学生给我说要成为一个懂法知法的人，还有的学生给我分享自己名字的由来和蕴意……

这是一个很成功的师生沟通案例，有教育契机的恰当选择，有名字由来的现身说法，有对学生的尊重信任，有事件背后对学生心理的感知，有相关活动的延展深化……平息了风波，纠正了学生拿姓名来开玩笑的游戏心理。这位老师是我校的省级骨干教师，也是一名二级心理咨询师。

### （二）提升路径

（1）掌握心理学知识。具备心理问题识别能力、共情能力与疏导能力。书目推荐：《蛤蟆先生去看心理医生》《接纳》《也许你该找个人聊聊》。

（2）学习表达的艺术。沟通前精心预设，沟通中敏锐察知学生的疑惑处、模糊处、偏狭处、关键处，并以自身深刻的思考、开阔的思路和清晰的逻辑启迪学生。班主任自身乐观开朗、幽默风趣，能够增强感染力。

（3）检视自身心理健康状况。多项调查显示，教师心理疾患的检出率高于社会一般常模，师源性、亲源性心理伤害是学生心理问题的主要来源。班主任可借助专业测试，形成正确的自我认知，修正认知偏差。

另外提醒一点，可以多和学生聊天，但要谨慎进行心理辅导。心理辅导是一项专业技能，如果自己不具备心理咨询资质，发现有心理疾患的学生，协助寻找专业人员。

## 六、突发应变与处置能力

### （一）内涵解读

校园安全是保障学生健康成长、全面发展的前提和基础，关系到师生平安，也关系到千万家庭的幸福和社会的和谐稳定。班主任对学生要加强国家安全教育、公共安全教育、网络安全教育等，营造良好教育环境。

除了加强日常教育和管理，面对校园霸凌、群体事件、疾病、寻衅闹事等突发事件，班主任要具备应急处置能力，掌握必备的突发事件急救知识和技能，熟悉各种突发事件应急处置流程，能够在突发事件发生时及时协调相关人员进行有效初级处理，避免事态进一步恶化。还要能够将必要的知识和技能传授给学生，增强学生面对突发事件时的应急自救能力。

### （二）提升路径

安全是学校工作的基石，我们学校制定了《郑州二高安全文明工作管理规程》《郑州二高安全工作应急预案》等安全制度，给每位班主任发放《校园安全工作手册》，注重对师生应急能力的培训，先后开展了消防、急救、心理等各方面的培训，以此来提升师生尤其是班主任的应急防范能力，促进师生身心健康发展。

具体来说，主要从以下两个方面来强化：

（1）安全教育，护航成长。班主任在每周班会课上会对学生进行消防安全、饮食安全、交通安全、防溺水、疫情防控、国家安全、反恐防暴、医学急救、常见传染病防范等方面的安全教育，每周一个主题，做到提前预警，让学生掌握必备的应急知识与能力，防患于未然。

（2）案例研讨，积累经验。案例来源分为校内、校外，校内的由当事人书写，校外的多从网络下载整理。选择一些突发事件应急处理的案例，大家共同研讨，注重经验教训的及时总结，积累更多的应急防范的经验与策略。

## 七、新媒体与大数据应用能力

### （一）内涵解读

数字化、多媒体、网络等催生了新媒体，媒介传播呈现出多元、快捷、实时、个性化的特点，吸引着中学生的好奇心和注意力，加之网络内容的良莠不齐，给中学班主任工作尤其是学生品德教育和媒介素养教育提出了更高的要求。

现代化和信息化的教育教学手段应用于班级管理，也为班主任工作开辟了新的途径和渠道。班主任要能够与时俱进，掌握信息化必备技术，利用新媒体，如微信、抖音、美篇、易企秀等，更直观、更形象、更高效地辅助教育教学，提高班级管理效能；能够利用大数据信息合理对班级进行分析，建立班级学生成长动态数据库，精准掌握学生发展过程。

### （二）提升路径

#### 1. 信息化能力提升培训

2011 年，我校确立了三大发展战略：信息化、国际化、自主化。在数字利教、数字助学方面不断探索实践，赢得了师生、家长和社会各界的广泛好评。2018 年，学校被评为教育部首批教育信息化试点优秀单位（郑州市唯一）。学校有着良好的信息化基础。

学校经常邀请相关领域专家，对班主任和其他老师在信息技术方面进行培训，内容切合教师需求，多为操作性培训，重在实用；鼓励老师们参加相关领域认证，目前我校有 50 多人次通过考核成为苹果公司 ADE，10 余人注册成为人工智能协会会员。我们通过多种方式给班主任信息管理“搭梯子”。

#### 2. 班主任常用信息化工具

（1）问卷星、班级小管家等微信小程序，在收集信息、布置作业、班级管理等方面很实用。

（2）金山文档，有在线编辑功能，可实时进行学生数据的搜集、更新，完成一些统计、计算，在日常的班级管理中灵活高效。

（3）微信公众号、微博、抖音、美篇、易企秀等，记录学生生活，在增强班级凝聚力、加强家校合作方面可以发挥很好的作用。〔案例〕班主任高歌老师的抖音— 班级日常— 宣传以及纪念意义。

## 第四节　班主任专业发展的成果与经验

自 2011 年以来，郑州市第二高级中学对加强和改进班主任队伍建设工作进行了顶层设计和系统规划，整体提升了班级管理的质量和水平。经过 10 余年来的探索和实践，学校创新机制、激发活力，逐步形成了校本化的班主任队伍建设的新样态，取得了显著成效。通过开展多层次、多形式以及有质量的学习、研修、实践等活动，各位班主任真诚地行走在班主任专业化发展的道路上。

### 一、建立以价值观为核心的精神共同体

班主任们有共同的价值认同，即用自己的教育智慧和师者之爱，致力实现学校“健康、博爱、有为”的育人目标，关注每一个学生的生命价值和心灵成长。因此，我们的共同体拥有了坚实的精神支柱，每位班主任的专业化成长成了自觉的精神追求。

在实际工作中，班主任们已经深刻认识到，在学生成长过程中，班主任对他们的三观塑造、信念养成有着非常重要的引领作用。在当下的新时代，班主任们更需要有高远的情怀、崇高的追求，才能培育学生的格局和视野。为此，班主任们不断加强政治理论学习，提高认识，坚定信念。在学校开展的党史学习教育中，班主任们明确了“学史明理、学史增信、学史崇德、学史力行”的目标。学校学生发展中心主任、河南省名班主任工作室主持人吴鹏起老师曾多次邀请学校的政治教师为班主任们讲解习近平法治思想、2021 年全国两会精神。在不断地学习提升中，班主任们强化了精神坚守，明确了价值定位，增强了担当意识，继续秉持“只有实现了教师专业发展的相互促进，才会促进学生的全方位成长”的价值理念，自觉让理想扬帆，给本领升级，为担当加码。

## 二、建立以成长互助为核心的和谐共同体

为了提升学校班主任工作的质量，为班主任们的工作搭建更完善的研究平台和成长阶梯，学校积极建立名班主任工作室制度，积极发挥优秀班主任的示范、辐射作用。吴鹏起名班主任工作室在2019年被认定为郑州市名班主任工作室，在2021年被认定为第四批河南省名班主任工作室。工作室吸收了学校班主任队伍中的优秀力量成为核心成员，激励他们发掘成长潜力，明确未来努力方向。工作室还完善和细化了各项业务管理制度，包括例会制度、学习制度、考核制度、档案制度，力求日常学习有“法”可依、有“迹”可循，用实实在在的行动，激发每一个成员的成长自觉。其中，工作室坚持开展每月至少一次的例会，每次例会都会确定中心议题，成员轮流主持主讲，其他成员参与讨论，实现观点的分享碰撞。从2020年9月起，“如何上好班会课”成为例会研讨中的一个重要议题。通过案例分析，工作室成员先后对“节约粮食，杜绝浪费”“认识‘国家宪法日’”“学习党史，牢记百年征程”“学习雷锋好榜样”等主题班会课进行研讨，每位成员都开阔了思路，提高了站位。

2020年教师节，学校成立了校内“张建伟名班主任赋能工作室”，希望借助河南省优秀班主任张建伟老师的力量，将先进的教育教学思想、班级管理理念传达给校内更多的班主任。

在两个工作室的组织和带动下，更多优秀的青年班主任进入学习队伍。名班主任工作室提升成员的综合素养，发掘成员的特质能力，使其积极担当引路人的角色。

## 三、建立以反思研修为特色的学习共同体

学校希望每位班主任通过自我分析，找准发展优势，确定发展方向与目标，制定个人发展规划；坚持以学生为本，通过多种多样的实践活动来提升班主任在立德树人、心理健康、安全防范、文明礼仪、审美情趣等多个方面的认识，进而真正落实二中“健康、博爱、有为”的育人目标。学校提倡班主任采取日常自主研习和集中合作研修的形式，为大家搭建学习、交流和展

示的平台，倡导锐于发现、善于反思、勇于创新、精于积累、勤于写作，走反思研修的专业化成长道路。

### （一）加强理论研修，提升工作室站位

一方面，名班主任工作室采取集中学习和分散自学相结合、自主研修和专家引领相结合的形式，加强对成员理论熏陶。2020 年 12 月，工作室成员参加“落实立德树人创新班主任工作艺术暨李镇西教育思想实践智慧研讨会”，学习了李镇西老师在班级建设中如何积极创设各种条件和开展各种活动来持续激发学生的成长动机，受益良多。工作室还为成员们申请、购买了“中小学德育学堂资源库”“种子班主任培养实战线上训练营”等优质资源，为大家打下坚实的理论功底。

### （二）注重发挥名班主任的示范和辐射作用

学校每学期举行两次青年班主任沙龙，每个月进行一期班主任能力提升培训，多次邀请校内优秀班主任对班主任进行培训，帮助青年班主任提升管理能力、加强理论反思，先后组织张建伟、孙志刚、陆凤云、曹书霞、张俊丽等校内优秀班主任开展传帮带活动，启发成员按照教育规律和学生的心理规律，智慧、艺术地教育学生，灵活、技巧地驾驭课堂。

### （三）以写作沉淀教育智慧

每个学期结束，每位班主任都会完成一篇班级管理故事的撰写，这些管理故事均是班主任的真实经历、真实感受，学校将其结集为《“逆袭福地”的育人密码——郑州二高班级管理故事》，以便于育人经验的沉淀和分享，截至目前已结集两册。

### （四）以阅读推动专业发展

班主任们还注重在专业阅读中厚积薄发，奠定学术根基，改进思维方式。在名班主任工作室的推荐下，学校先后向班主任们发放了《杰出青少年的七个习惯》《高效能人士的七个习惯》《信任的速度：一个可以改变一切的力量》等有影响力的书籍，制订了详细的阅读计划，定期开展读书分享活动，让班主任们用阅读撬动了专业发展。

### （五）以案例推广经验分享

学校注重挑选优秀班主任进行班会活动和社团活动的设计，每个月都会邀请班主任进行年级层面或学校层面的主题展示活动，以经验研讨、培训讲坛、公开课堂等形式，传播先进的教育理念和教学方法，把经验方法总结提升为育人理念，让班级管理更加科学、高效。同时，优秀的案例设计还会在学校官方微信公众号、名班主任工作室微信公众号上发布，让每一位参与班级管理的教育工作者有获得感和归属感，让每一位有理想的德育骨干成为有思想的教育者。

### （六）以课题研究促进成长

学校鼓励班主任们以课题研究为抓手，瞄准新课程实施和教学改革前沿，确定具有实用价值的科研课题（如劳动教育的开展、班会课程的开发、家校合作的路径等），在实践探索中破解德育工作的难题，促进全体班主任不断学习和反思，探索并形成班主任育人思想和班级管理特色，形成教育智慧。近年来，这些课题不断得到立项，在研究过程中得以顺利推进和结项，并涌现一大批获奖成果。河南省教育科学“十三五”规划电化教育专项重点课题“科技社团活动促进创客教育发展的实践研究”顺利结项，并获优秀等级；创新应用课题“科技社团活动促进创客教育发展的实践研究”获得河南省教育信息化优秀成果一等奖。课题“‘妈妈学堂’——协同育人促进新样态学校建设的实践研究”顺利结项，获得重点课题三等奖。课题“社团活动中培养学生创新精神和实践能力的行动研究”获市级课题一等奖。课题“3D 创意设计社团活动培养创新人才的实践研究”获郑州市 2018 年度中小学综合实践活动课程建设优秀成果一等奖。课题“立德树人理念下高中主题班会‘课程化’的设计与实施”“以班级文化建设促学校美育提升的实践研究”顺利结项。

## 四、建立以外部力量为保障的多元共同体

自 2011 年开始，学校逐步完善了班主任队伍建设的系统规划，目前已形成了依托“三个组织”、完善“五大系统”、培养“七项能力”的科学化、体系化、可持续化工作模式。

2020 年下半年，学校相继出台了《班主任能力提升方案》《星级班主任评选方案》，强调将政策理解与执行、组织管理与协同、洞察力与换位思考、学习反思与创新、心理疏导与沟通、突发应变与处置、新媒体与大数据应用七大能力作为班主任能力提升的重点内容。2021 年 7 月，谢悦副校长的论文《新时代的班主任应具备七种能力》发表于《河南教育》第 7 期，引发关注。2021 年 7 月，学校编写了《郑州二高班主任能力提升工作手册》，希望在实践和总结中探寻提升班主任实际工作能力的切实有效的路径。

近年来，学校每年都会发动、组织班主任们参加河南省班主任基本功大赛。为更好地衔接这项赛事，也为了让更多的班主任得到磨炼和成长，学校也会组织班主任在校内进行班级管理故事演讲、班级管理案例答辩等活动，增强他们建班育人、解决班级建设疑难问题以及运用政策法规、原理、方法等进行学生教育管理的能力。2019 年饶克老师在第二届河南省中小学班主任基本功展示活动中荣获一等奖，2021 年袁僖老师在第四届河南省中小学班主任基本功展示活动中荣获三等奖……充分展示了他们充满智慧、爱心和甘于奉献的教育风采。

2021 年 2 月 17 日，《2020 中国基础教育年度报告——2020 中国基础教育典型案例》发布，我校案例《郑州二中（高）：班主任岗位成“香饽饽”》榜上有名！这是对学校班主任工作的发展与成果的充分肯定，也对班主任工作能力的发展提出了更高质量的要求！郑州二高的全体班主任会不忘初心，继续前进，用自己的智慧和努力，落实立德树人根本任务，为学生“健康、博爱、有为”的成长继续赋能！

# 第三章　从班级管理走向班级治理

在普通高中育人方式改革背景下，班主任工作的发展方向就是建设班级生命共同体，从班级管理走向班级治理。之所以形成这样的观点，一方面是基于这样一个基本认识，在国家现代化和教育现代化的背景下，中小学教育要回到教育培养每个人的全面而有个性的发展、实现立德树人根本任务上，使中小学成为每个人身心健康、愉悦成长、个性发展、终身发展的场所，使学生更有获得感、幸福感和成就感；另一方面基于郑州市第二高级中学在完善学校内部治理结构和班级治理方面的一些实践探索。

## 第一节　普通高中育人方式改革概述

普通高中育人方式改革就是要重新审视当代普通高中的发展使命。在国家现代化和教育现代化的背景下，普通高中教育要回到教育培养每个人的全面而有个性的发展、实现立德树人的根本任务上，使高中成为每个人身心健康、愉悦成长、个性发展、终身发展的场所，使高中学生更有获得感、幸福感和成就感。

推进育人方式有效变革是一项复杂的系统工程，既需要把握学校外部环境，也需要充分认识和分析学校内部所面临的主要问题和变革基础，从而找到适合的变革路径。

## 一、全面落实以立德树人为核心的教育质量观

质量观是人们关于质量的看法和见解。教育质量观是建立在一定的价值基础之上，通过各种措施提升教育质量的一种过程，包含对教育过程和教育结果的价值判断。立德树人是教育工作的根本任务，也是促进教学改革的核心任务，更是教育质量观的价值基础与核心。立德树人根本任务应落实到各个学段、各个方面、各个环节，但在具体的落实过程中需要根据不同学段的特点找到有效落实的侧重点和突破口。

党的十八大以来，习近平总书记从确保党和国家兴旺发达、长治久安的战略高度，多次就落实立德树人根本任务作出重要指示。落实立德树人根本任务，体现了新时期贯彻党的教育方针、实施素质教育的时代要求，是教育系统坚持和发展中国特色社会主义的核心所在，是“十三五”时期提高教育质量的关键。

### （一）落实立德树人根本任务，必须全面贯彻党的教育方针

为社会主义现代化建设服务、为人民服务是教育工作的根本宗旨。衡量一个学校办得好不好，一个地方教育办得好不好，关键看给国家和社会提供了多少高质量人才和高质量成果。要把促进学生健康成长作为学校一切工作的出发点和落脚点，与生产劳动和社会实践相结合，为每个学生提供适合的教育，促进每个学生主动地、生动活泼地发展。要把服务经济社会发展作为教育的重要方向，全面适应创新发展、协调发展、绿色发展、开放发展、共享发展的需求，在服务中体现教育的地位、作用和价值。

### （二）落实立德树人根本任务，必须与加强社会主义核心价值观教育紧密结合

习近平总书记明确指出：“核心价值观，其实就是一种德，既是个人的德，也是一种大德，就是国家的德、社会的德。”青少年是国家的未来、民族的希望，他们的价值取向决定了未来整个社会的价值取向。培育和践行社会主义核心价值观必须从小抓起、从学校抓起，真正落实到教材课堂中，落实到文化育人中，落实到实践活动中，落实到政策制度中。加强社会主义核心

价值观教育，要同中华优秀传统文化教育，同公民思想道德建设和社会诚信建设，同民族团结教育，同提高法治意识、环境意识、国防意识等紧密结合，形成全员、全过程、全方位育人的强大合力。

### （三）落实立德树人根本任务，必须把增强学生社会责任感、创新精神、实践能力作为工作重点

对人才培养的质量，不应只看学生考试分数，更根本的是看学生是否具备服务国家服务人民的社会责任感、勇于探索的创新精神和善于解决问题的实践能力。要面向全体学生，牢固树立人人成才观念、多样化人才观念、终身学习观念和系统培养观念，努力形成体系开放、机制灵活、渠道互通、选择多样的人才培养体制。

## 二、整体系统构建学校课程体系

课程是学习者在学校环境中获得的全部经验。课程是学校教育教学活动的基本依据，直接影响人才培养质量，是育人方式建构的重要内容。学校课程体系需要整体系统建构，以体现学校的育人理念为主线，聚焦学习，关注和满足不同类型、不同层次学生发展的具体需求。这就要求我们在建构学校课程体系的过程中始终围绕“培养什么样的人、怎样培养人”做文章，注意把握学校课程体系的高度、整合度和适切度。所谓高度就是要始终基于立德树人去审视、思考和设计学校课程，在国家政策方针指导下合理设计学校具体的育人目标，回答好培养怎样的人的问题。所谓整合度主要是针对学校课程体系的结构而言，学校课程体系不等于校本课程，也不是国家课程、地方课程和校本课程的简单相加，而是基于课程内容和功能进行系统化梳理和整合，形成学校特有的课程逻辑结构。所谓适切度侧重于育人目标与课程目标、课程设置之间的关联性，也就是课程的结构安排是否有助于育人目标的实现，是否真正满足不同类型、不同层次学生发展的真实需要，而适切度高的学校课程体系必然会散发出较强的层次感。

# 第二节　建设班级生命共同体

在中小学育人方式改革的大背景下来重新审视班主任工作，能够提升我们的思路、开阔我们的眼界，能够让我们充分认识传统班级管理与现代班级治理的区别与优劣，从而自觉参与到班级育人方式改革的探索和实践中来。

## 一、传统班级管理与建设班级生命共同体

总体来说，传统班级管理基本上呈现“管理主义”倾向，在这种管理模式中，班主任具有绝对的权威，班级的一切事务基本上都由教师控制和操纵。形成和维持良好的课堂纪律和课间纪律是班级管理的中心任务，而纪律和秩序的构建又是为顺利开展课堂教学、学生学习成绩提高服务的。这种“师控”型的传统班级管理模式在实践中造成了许多本该避免的弊端：第一，极大地抑制了学生独立人格的生长；第二，强化了学生的等级意识；第三，异化了师生关系和生生关系；第四，加剧了学生个体之间的分化；第五，学生不能真正获得全面的发展。

中小学育人方式改革对班主任的育人角色提出了新要求，要求班主任不只是一位高权威的班级管理与组织者，同时也应当成为学生发展指导者、家庭教育指导者、走班制下班级教学的协调者。在班级组织关系中，班主任是主导，学生是主体，学生既是受教育者，同时也是教育者；在班级教育价值追求中，从育分走向育人，成才比成功更重要，成为师生的共识。学生在自我教育、自我管理、自主发展中快乐成长，形成正确的世界观、人生观、价值观，逐渐提升学习力、创新力、创造力。其中，从传统管理到现代治理变革的路径就是建设班级生命共同体，实现从班级管理到班级治理的转变。

班级生命共同体是指在学校班级划分的基础上，以班主任为主导，整合家长、学科教师、学生等教育元素形成育人合力，培养学生自我教育能力，为幸福人生奠定基础的班级治理形态。建设班级生命共同体，需加强班主任专业化能力建设，提高管理育人水平；引导学生自主管理，培养自我教育能

力；帮助教师实现学科育人；建立家校共育机制，强化家庭教育作用。

## 二、班级生命共同体的基本内涵与特征

自捷克教育家扬·阿姆斯·夸美纽斯建立班级授课制的系统化理论以来，班级授课制就成了世界各国普遍采用的教学组织形式。新中国成立后，在学校教育教学管理中我国沿用了班级授课制。因此，班级在我国不仅是课堂教学的组织形式，更是班级管理的组织形式，是学校管理的基本单元。这种班级管理为社会主义学校管理体系的完善和规范起到了很大的历史作用。班级生命共同体是基于这个历史背景，以积极心理学为视角，运用治理理论，创新班级管理而构建的班级治理形态。

### （一）班级生命共同体的界定及价值取向

#### 1. 班级生命共同体的界定

“生命共同体”是指群体具有一种特定的环境和氛围，使群体成员之间的关系更具有合作性和发展性，帮助群体成员在与同伴共同参与的活动中展示充分自我的思考和表达，如协调见解、贡献知识、承担责任等。

从某种意义上说，生命共同体是一个生态系统。一个真正意义上的生命共同体对内是一个具有强大凝聚力的“生命场”、一个充满生命活力的场。班级的本质特征是生命，是多个生命激荡、交汇而成的生命共同体。这样的共同体让每个学生生命都得到自由地表达和舒展，促进着每个学生朝着“真、善、美”的方向发展。那么，班级生命共同体应该是什么样的一个形态呢？应该具有什么样的特征呢？

#### 2. 班级生命共同体的价值取向

作为一个共同体，班级生命共同体具有一般共同体的共同特征，即每个班级成员作为独立的个体平等地参与班级生活，成员之间相互合作性是班级生活的主流，平等协商是班级生活的一个共同原则，班级成员的个人利益和目标的实现与共同体利益和目标的实现相辅相成；班级成员因为学习和发展需要这一共同的纽带而彼此深深地联结在一起。班级生命共同体是集学习共

同体、精神共同体、伦理共同体、文化共同体于一身的共同体。也正因为班级是具有多重性质的共同体，是生命与生命之间的深度联结，我们才称之为生命共同体。

具体来说，“班级生命共同体”是指在学校班级划分的基础上，以班主任为主导，整合家长、学科教师、学生等教育元素形成育人合力，培养学生自我教育能力，为幸福人生奠定基础的班级治理形态。

### （二）班级生命共同体的特征

通过对班级生命共同体的建设实践进行观察和分析，梳理出班级生命共同体的六大特征，即多元性、民主性、理解性、交互性、正向性、契约性。

（1）多元性，指班级管理的主体是多元的，包括班主任、学生、家长、学科教师等教育主体。其中，学生既是主体又是客体 。

（2）民主性，指多元主体之间是平等的、民主的关系，这是建立对话与沟通的前提 。

（3）理解性，指管理目标是共同的，价值取向是一致的，因而能够达成很好的理解性。

（4）交互性，指主体间在信息传递上是相互的，不是师生之间的单向传递，形成资源共享，信息互通。

（5）正向性，指在班级治理过程中，营造班级的积极组织文化氛围，着力培养学生的积极品质，挖掘学生潜能，促进学生的优势和美德的发展。

（6）契约性，指在班级制度建设过程中，参与者在遵循国家法律法规及各级管理制度的前提下，基于共同的目标制定的班级公约是大家共同遵守的规则，使每个人都形成规则意识，培养学生的当代教育主流价值观的需求。很多学者及班主任开展教育治理的理论研究和实践探索，形成了不少的经验，也提出了一些班级管理模式。

## 三、建设班级生命共同体的理论依据

### （一）积极心理学理论

积极心理学（positive psychology）于 20 世纪 90 年代由美国心理学家马

丁·塞利格曼提出，并逐渐发展。积极心理学以关注人类的美德和优势为目标和使命，主要研究包括积极的主观体验、积极的人格特质、积极的组织机构等内容。这三个方面是相互联系的，积极心理可以促进积极人格特质的发展和体现，进而促进积极主观体验的产生，而个体的优势和美德是实现持续的幸福的基石。积极心理学关于幸福的研究，打破了哲学史上自亚里士多德以来的“幸福一元论”观点，提出幸福包含着五元素（PERMA），即积极情绪（PositiveEmo）、参与并有交互式交流（ Engagement ）、人际关系（Relationshi ps ）、意义（Meaning）、成就（Accom）。随着积极心理学研究的深入和理论体系的完善，其在各个领域产生了广泛的影响。这个理论为班级生命共同体建设提供了心理学支持，为学生发展营造了一个积极的成长环境。

### （二）治理理论

治理作为管理学术语，不同的学者给予很多解释，其中詹姆斯 · N. 罗西瑞认为治理是一系列活动领域里的管理机制，是一种由共同的目标支持的管理活动。随着学者们从概念界定、内容、特征、方式、评估等方面开展的深入研究，逐步构建起治理理论体系并不断完善，如治理主体的多元性、主体间地位的平等性、治理手段的民主性、目标的共同性等。治理理论的建立是对传统管理学理论的继承和发展，在国家管理、公共事务、教育、经济、环境等领域得到了广泛应用和发展。在教育领域，治理理论的研究契合了“以学生为中心”的教育理念。

### （三）苏霍姆林斯基的自我教育思想

苏霍姆林斯基是苏联著名教育实践家和教育理论家。马克思主义关于人的全面发展学说是苏霍姆林斯基个性全面和谐发展教育思想的理论基础，同时又是其自我教育思想的重要来源。他认为，自我教育是培养个性全面和谐发展的人的关键性因素。如果没有或者忽视学生的自我教育，那对他们所实施的教育永远不会是全面的。只有在对学生实施教育的同时，推进学生的自我教育，通过课堂以外的多种活动和多种渠道，特别是以智力的、体力的以及智体相结合的劳动教育为辅助，才能真正实现全面发展的培养目标。同时，苏霍姆林斯基十分推崇自我教育在个性的形成和发展中的重要作用。他指出，要使学生的个性真正实现全面和谐的发展，必须重视和加强他们的自我教育。自我教育的核心是发展和充实学生的精神力量。

## 四、建设班级生命共同体的实践策略

建设班级生命共同体是多元主体形成育人合力、促进学生发展的教育活动。班主任的主导作用如何发挥，学生、家长、学科教师如何参与班级治理，是班级生命共同体建设必须回答的问题。

### （一）加强班主任专业化能力建设，提高管理育人水平

#### 1. 班主任的职业角色

班主任的职业角色不是一个孤立的班级管理者，而是班级管理者、课程实施者所组成的一个系统，这个系统内三种角色的相互作用构成班主任的班级管理能力，影响着班主任的班级管理水平。在班级生命共同体的建设实践中，需要通过自育、他育、引领、协作、育人等途径促进班主任更新教育理念，促进教育行为的改变，并最终表现为教育效果的改变，提高管理育人水平。

#### 2. 班主任专业化能力建设的内容

结合班主任的职业角色以及班级生命共同体建设实践中的经验，构建班主任综合能力、班级治理能力、学科育人能力等三大维度及30个指标的班主任专业化能力建设的内容，在班主任专业化能力建设的机制保障下，有计划有步骤地开展序列化培训，提升班主任管理育人水平。

### （二）班级生命共同体构建的原则

尽管班级具有成为生命共同体的天然倾向，但在实践中，并不是每个班级都能成为真正意义上的生命共同体。有些班级不仅不能促进生命的成长，相反极大地抑制了生命的成长；有些班级不仅不能给人一种温暖如春的家的感觉，相反许多学生在其中体验到的则是恰如严冬的寒意。相互关爱、相互帮助、相互支持、彼此信赖、真诚合作应该成为一个班级生活的主旋律，然而在许多班级中，嫉恨、冷漠、疏离、欺负就像一股股暗流每时每刻地在侵

蚀着班级。要想使一个班级成为真正意义上的生命共同体，需要师生共同精心经营和建构。而班级生命共同体的建构应该遵循以下几个原则。

**1. 建构一个全纳的场域**

所谓全纳的原则是指每个学生个体都作为一个独特的生命个体被接受。我们知道，每个生命个体都是独特的存在。由于遗传基因、家庭背景、学习经历、生活经历等的不同，个体与个体之间在性格、情感、智力、行为方式、价值观念 等各个方面都存在着这样或那样的差异，显得参差不齐，有的个体在各个方面发展得都比较好，而有的个体则在诸多方面都表现得不尽如人意。而旨在促进每个学生个体获得最好的发展而组织起来的班级，则不论学生的家庭背景如何、学生发展状况如何，都将其作为限定的存在而全盘接受，着力形成相互关爱、相互宽容的人性空间，在班级中营造一个巨大的包容空间；着力建构确保每一个个体都能平等地参与班级生活，都能平等地从班级生活中获得个人发展的机会的班级环境。

**2. 重视对话和磋商**

构成班级的每个学生个体都有着独特的个性，都有着自己与众不同的秉性、欲求、需要、兴趣爱好，学生共同生活的经验还十分有限，个体处于急速变化的时期，学生个体的理性能力还欠发达，情绪化行为占相当大的成分，这样，班级生活不可能总是风平浪静、阳光和煦，冲突和对抗的危险时时存在。对抗和冲突的存在并不是坏事，按照否定之否定的辩证法原理，事物总是在对抗和冲突中前进，因此对抗和冲突是从无序走向有序的必经之途，对抗和冲突总是孕育着新的事物因子。因此，对抗和冲突并不总是坏的东西，关键是要看如何处理对抗和冲突，将对抗和冲突转化成事物进阶的源泉和动力。是通过强力压制冲突和对抗，还是通过对话和磋商来解决冲突，在对话和磋商中寻求和谐、达成一致。前一种处理方式只能使对抗和冲突成为纯粹消极的东西，加深个体之间的隔膜和疏离，加速班级共同体的离散和解体。后一种方式，则是正确的选择，它会将对抗和冲突转化成进步的动力和契机。因此，在班级生活中，我们应该遵循对话和磋商的原则，处理共同的问题。让每个学生个体学会尊重他人的意见、善于表达自己的意见，在自我与他人的对照中，不断地调整自身，学会从集体的角度、站在他人的角度去看待事物、处理问题，学会有必要的妥协、谦让和牺牲，培育起宽广的视野和宽阔的胸怀。

#### 3. 重视集体活动的功能

人与人之间的联结关系通常是通过完成共同的任务、实现共同的目标而进行的集体性活动而得以建立和加深的。在班级生命共同体建设中，不仅要重视文体娱乐方面的集体性活动，更重要的是要把活动的思想贯穿到班级生活的各个方面，尤其要在学科学习中重视活动的思想。在学科学习中，重视采用合作性的、活动的课程。通过活动性的学习、合作性的学习在学生个体之间构筑“情结”，结成共同体。

#### 4. 充分发挥教师的引领作用

无疑，学生应该是班级生命共同体的主角。但是，教师则是班级生命共同体不可或缺的角色。一个班级能否发展成为班级生命共同体，教师起着十分重要的作用。教师的作用不在于支配和控制，而在于通过了解每个个体的个性特点，研究班级的发展动态，适时地进行角色调配，有计划、有目的地开展一些活动，引导班级形成健康民主、团结向上的气氛。

### （三）引导学生自主管理，培养自我教育能力

在班级生命共同体建设中，学生是班级治理主体和治理客体的统一体，建设的目的在于帮助学生学会自主管理、参与班级管理和接受管理，促进其“他律一自律一律他”的阶梯式发展，培养自我教育能力。

#### 1. 确立班级共同奋斗目标

班集体的共同奋斗目标是班集体的理想和前进的方向，班集体如果没有共同追求的奋斗目标，就会失去前进的动力。所以，一个良好的班集体应该有一个集体的奋斗目标，这个目标应是远期、中期、近期目标的结合，还可分为综合目标和单项目标，是班级治理工作的具体化，决定着班级治理的效率及价值，为班级潜力的发挥提示着方向，并把个人、小组与整个班级联系起来，具有强大的导向、凝聚和激励功能。班级治理必须十分重视班级共同

奋斗目标的确立，要摸清情况，摆出差距，明确主次，分析条件，科学地确立奋斗目标。

逐步实现目标的过程会产生梯次激励效应，形成强大的班级凝聚力。在实现班集体奋斗目标的过程中，要充分发挥集体每个成员的积极性，使实现目标的过程成为教育与自我教育的过程，而每一集体目标的实现，都是全体成员共同努力的结果，要让他们分享集体的欢乐和幸福，从而形成集体的荣誉感和责任感。

### 2. 组建学生自主管理机构

为了让每一位学生都成为班级治理的主体，有机会参与班级治理和评价，在班主任主导下，建立起学生自主管理机构。保留学校政教处规定的所有岗位，但赋予新的岗位职责和工作内容。另外，根据班级治理的班务内容，通过民主讨论的方式设置若干监督岗和自律岗，负责很多细节内容；然后以民主竞选的方式推选学生到相应岗位，使全班学生入岗率达 100%，做到人人有事做，事事有人做，让每一位学生都参与班级治理 。

### 3. 重构班级管理规章制度

现行的学校管理模式是班级生命共同体建设不可回避的现实。因此，凡是学校的现行制度无条件执行，凡是学校的工作要求必须尊重。在此前提下，在班主任主导下，学生参与拟定、讨论并最后形成《班级共同体管理公约》，涵盖班级管理常规、学生个性发展、小组合作学习等，并将公约内容印制到每一位学生的《学生成长手册》中，或者印发给每个学生。通过班级管理制度的重构，使同学们在进行自主管理、参与班级治理时有章可循，做到有步骤、有内容、有标准。

### 4. 学生“他律－自律－律他”的阶梯式发展

阶梯式发展是辩证唯物主义理论在实践中的发展，学生在参与班级治理的实践过程中呈现出“他律－自律－律他”的成长过程。

他律是指接受他人约束，接受他人的检查和监督，接受学校、班主任、同学、老师、家长等他人的评价和考核，不断矫正自己的行为，从而符合规

则制度的要求 。自律是指在没有监督的情况下，自觉约束自己，执行好各种制度，即在无人监管的地方和时间，自己仍然要执行管理规则和制度，养成“慎独”的品质。律他是以身作则的示范引领和指导，也是对他人或不好的行为的监督纠正，是学生发展的最高境界。在班级生命共同体建设过程中，建立全员参与的检查监督系统，形成自检、专人检查、班干部检查、班主任抽检四级监测体系，形成他律；通过实行“牵手、手拉手、放手”的习惯培养方式，实现由他律向自律的转变。一个自律的人，才能在大家的心目中有公信度，一言一行才能让人信服，才能去帮助他人，做到真正意义上的律他。

### （四）建设家校共育机制，强化家庭教育作用

家长是学生成长过程中不可替代的一个重要因素，让家长参与班级治理，使家长与班主任、学生、教师一起形成育人合力，实现家长育人是探索班级生命共同体建设路径的一个重要内容。以班主任为主导建立班级的家校共育机制，即家长会、家委会、家长志愿者队伍，并赋予不同的活动内容和功能。“家长会”作为常规工作，按学期召开或者遇重大事件时召开，实现家校沟通以及对家长提供家庭教育的培训指导。“家委会”按照《家委会工作制度》要求，从人员组成、工作内容、运行机制等方面，根据具体的分工和职责参与班级治理，对班级事务进行决策并执行。家长志愿者队伍是遵循奉献、友爱、互助、进步的志愿者精神，结合家长的学历、职业、特长等教育资源征集建立的志愿者队伍，通过专题讲座、亲子活动、职业体验等参与班级治理、学生教育，并在班主任主导下将家长教育资源转化形成班级特色课程。

## 五、班主任实施学生发展指导

《国务院办公厅关于新时代推进普通高中育人方式改革的指导意见》（国办发〔2019〕29 号）明确提出了在普通高中加强学生发展指导的意见。学生发展指导是指学校为促进学生全面而有个性地发展而向学生提供的一系列指导服务，主要是指对学生理想、心理、学业、生活和生涯等方面的指导，帮助学生正确认识自我，更好地适应高中阶段的学习与生活，并提高生涯规划能力和自主发展能力。

学生发展指导的基本原则：一是科学性原则，二是主体性原则，三是发展性原则，四是实践性原则，五是协同性原则。学生发展指导的主要内容包括自我认知指导、社会理解指导、学业发展指导、健康生活指导和生涯规划指导等方面。

随着高考改革的不断深入，随着普通高中育人方式改革进程的加快推进，高中学生生涯指导已经迫在眉睫。班主任作为中学教育的主要实施者，作为学生发展的引路人，在班级管理中系统、有序地对学生进行必要的心理、学业、行为、生涯指导，才能更加有力地促进高中学生适应高中阶段的学习，为以后适应新时代的发展打下坚实的基础。

河南省目前确定采取“3+2+1”新科目组高考改革，选课走班制还没有在全省高中普遍推行，但在普通高中全面实施选课走班制和学生发展指导制度是必然的发展趋势。2020 年 1 月河南省颁布的《河南省人民政府办公厅关于新时代推进普通高中育人方式改革的实施意见》指出：有序推进选课走班。适应普通高中新课程改革和高考综合改革，指导学校制定选课走班指南，开发课程安排信息管理系统，构建规范有序、科学高效的选课走班运行机制。学校要在保证每个学生达到共同基本要求的前提下，分类分层设计可选择的课程，满足学生不同发展需要；要加大班级编排、学生管理、教师调配、教学设施配套等方面统筹力度，为走班教学提供保障。探索行政班和教学班并存等多种教学组织形式，加强走班教学班级管理和集体主义教育，强化任课教师责任，充分发挥学生组织自主管理作用。河南省在普通高中实施选课走班制已经进行了设计和安排，我们有必要现在就学习和谋划。

### （一）革新班级教育理念，变“班级管理”为“学生发展指导”

“管理”是被动的、负面的、消极的，有时候又带有滞后性；“指导”是主动的、正面的、积极的，带有一定的前瞻性。在新高考背景下，一方面，要求学生可以按照个人兴趣自主选择高考科目，这种政策本身要求学生要主动地、积极地去探索，要求学生选择要有前瞻性；另一方面，教育的发展也要求教育者对学生的行为指导、心理指导、学业指导、思想指导具有前瞻性。例如，学生违反校规后的教育具有滞后性，惩罚是必要的，但教育应该反思的是：行为指导有没有进行，指导的效果如何？学生出现心理疾病，学校和家庭的心理指导有没有进行，指导的效果如何？学生学业成绩滞后，教师的学习指导有没有进行，是不是得当，指导的效果如何？学生的思想有问题，家庭和学校的思想指导有没有，指导的效果如何？如果没有这些指导，或者这些指导效果不好，是不是可以说惩罚式的教育只是“不教而诛”。在新高考背景下，现有的分班制度都有不同程度的走班存在，传统班级模式改变了，固定的班级淡化了或消失了。这种变化使“班级”变为“个人”，使“集体”变得“分化”，同时失去的还有“集体”的场所，德育的集体场所的变化迫使班主任更应该重视对学生个体发展的指导。因此，在新高考背景下，班级管理应该以学生发展指导为主。

### （二）明确指导学生发展的组织者和参与者的导师指导制度

在新高考背景下，不同分班模式就会产生不同的管理方式。这种看似都有组织者的管理班级模式其实存在问题。对于高中学生来说，他们的成长需要有一个过程，因此对于他们的指导最好是一致的、连贯的。班主任、任课教师、学校其他工作人员以及家长的分工协作也尤为重要。通过实践，不少学校实行承包式的导师制，每个导师负责若干学生的指导方式，对学生进行发展指导。这种尝试为学生发展指导开辟了另一条道路，有待于更多的教师实践。

### （三）加大力度培训教师的专业指导能力

在新高考背景下，每个教师都是不可替代的，学校更多的教师将成为班主任，更多的教师将大力参与学生指导，而提高教师的专业指导能力显得尤为重要。实践中，一些学校设置了专业的导师团队，种类有“学业导师”“生涯导师”等，但目前统计发现导师数量远不能满足学校和学生需求，因此需要大力培养大批具有专业指导技术的导师。

### （四）班主任导师学生发展指导策略

#### 1．在指导内容上，加强对学生专业选择、职业发展方向指导

高中阶段是学生个性形成的关键时期，学校在围绕理想、心理、学业等

方面的内容上对学生进行发展指导时，一定要兼顾学生个体发展的实际，从学生的个性特点、兴趣、特长或发展潜质出发，针对学生面临的实际问题及各种疑惑给予指导与帮助。

**2．在指导方式上，倡导实施“对话式指导”**

前期调研结果表明，尽管学校在学生发展方面做了许多工作，但效果却不够理想，原因之一就在于现行的以升学为指向的学校教育仍属于一种外控型的说教式指导，学校与学生之间、教师与学生之间是一种垂直的关系、一种居高临下的关系，由于彼此之间缺乏有效的沟通、对话，在指导内容、指导方式的选择上存在较大的“供需”矛盾，对学校的教育意图学生没有感知到，而学生的困惑与需求也没有引起学校及教师的足够重视，也就无法有效解决学生发展中面临的现实问题。因此，我们倡导“对话式指导”，通过营造一种有利于学生自由表达意愿的教育环境，打通师生之间的沟通壁垒，建立一个更加民主、平等、自由、畅快的交流通道，根据个体的现有状态，实现自我潜力的发展。这种指导不是代替学生解决困难，而是帮助学生澄清自己的状态和周围的情况，让学生自己做决定，引导学生不断地认识自我、发展自我、完善自我和超越自我，从而具备自主发展的能力，是一种适合高中学生特点的指导方式。

**3．在指导人员上，组建以导师为主、学长与同伴为辅的指导队伍**

就参与实施高中学生发展指导的人员而言，学校领导、班主任、任课教师、家长、学长等都可以成为高中学生发展的指导者，但无论是以什么身份出现的指导者，真正的指导都要以学生为中心，而不是以指导者为中心。因此，需要具有一定专业知识或接受过专业训练的教师来承担学生的指导任务，为学生配备成长导师也就被视作最为行之有效的方法。

**4．在实施途径上，与生涯规划教育相结合协同推进**

现阶段，在学生发展指导没有成为独立的学校教育职能、指导体系尚不健全的情况下，有必要运用统整的思路和方法，与现有的班主任制、导师制等管理制度相配合，将学生发展指导内容有机渗透到心理辅导课、生涯规划课、研究性学习及综合实践活动之中。随着教师指导意识的增强及指导能力的不断提升，有必要整合现有的职能机构，成立学生发展指导的专门机构——学生发展指导中心，负责指导课程的开设、导师的选配与培训、校内外资源的统筹以及管理评价等，进而形成明确的学生发展指导制度。

**5．在指导策略上，外部引导与自我反思相结合**

从人的发展实现途径来看，其主要有外塑培训与内塑自主两条道路，学生在校的学习时间毕竟是有限的，而基于自我完善的内塑自主发展则是伴随终身的。开展学生发展指导，要适时适度，防止“指导过度”。学校管理者一定要考虑如何给学生“留白”，一定要为学生提供自我反思、自主发展的时间、机会等，促使其进行自我反思与觉察、自我改进与完善。学生自我反思的过程也是学生与自我对话的过程，教师要有意识地引导和培养学生从多方位、多角度进行自我反思，这不但有利于培养学生的反思能力，提高学习质量，更有利于学生不断地提升自我、完善自我，提高自主发展能力。

## 六、建立全员育人导师制

全员育人导师制是教师全员参与、覆盖全体学生，教师对学生的学习生活、心理健康、生涯规划等进行全面指导的育人新机制。

实施全员育人导师制，是践行习近平总书记指出的“广大教师要做学生锤炼品格的引路人，做学生学习知识的引路人，做学生创新思维的引路人，做学生奉献祖国的引路人”的好老师标准的具体举措，是深入推进实施德育课程一体化的重要抓手，是促进学生健康成长、全面而有个性发展的有效手段，同时也是普通高中育人方式改革背景下班级治理的一项创新举措。

建立和实施全员育人导师制，旨在不断加强对学生的思想引导、学习辅导、生活指导、心理疏导，做到思想教育与知识传授相结合，课堂教育与课外教育相结合，共性教育与个性教育相结合，严格管理与言传身教相结合。

### （一）导师制与中学导师制

导师制起源于 19 世纪的英国牛津大学，它以言传身教的独特教育方式对学生产生深刻影响，被美国教育家、普林斯顿大学原校长亚伯拉罕·弗莱克斯纳（Abraham Flexner）赞誉为“世界上最有效的教育关系”。

导师制应用于中学教育管理，最早始于美国。美国中学在课程教学中采用了选课走班、学分结业的模式，因而在管理中以导师制取代了班主任制，之后逐渐被诸多实施学分制毕业方式的国家重视和完善。

在我国，中学导师制的研究和实践始于20世纪末，国内多所著名中学相继进行了导师制的尝试。国内中学的导师制实施主要是针对传统的班级授课制下班主任管理的缺陷、中学生的心理和学习特点，让所有任课教师都参与对学生的管理和指导，促进师生之间、教师之间、学生之间、家校之间的互动合作，形成全员育人的氛围。全员育人导师制这一途径不仅对学生的学习进行了有效指导，而且关注了学生的道德、心理的成长，能够真正实现学生的全面发展。

导师制把班主任从繁重的班级管理工作中解放出来，有利于弥补班主任工作的缺陷，关注每一名学生的健康成长和全面发展。国内的中学导师制不是对班主任管理模式的取代，而是补充与完善，这是与欧美国家中学导师制的显著区别之一。

### （二）全员育人导师制普遍实施的原因

#### 1. 内在原因是全员育人教育规律在新时代普通高中的必然呈现形式

新一轮基础教育课程改革，追求全体学生的全面发展，倡导以人为本的理念，强调满足每个学生不同的发展需要，尊重学生的个体差异，让每一个学生都成为与众不同的唯一。然而，由于高中学校学生基数过大，教师精力有限，再加上应试教育的一些弊端，关注每一个学生的思想道德状况成了当前许多学校的德育瓶颈。在这种情况下，全员育人导师制可以充分调动全体教师的积极性和能动性，能使每一个教师都参与到学生管理中来，可以改变过去班主任一力承担、力不从心的局面，挖掘出每一位教师的德育潜能，通过了解学生的生活、思想状况，及时帮助学生，从而提高德育工作的针对性和实效性。

#### 2. 时机诱因是选修课程普遍开展的客观促成

学校实施选课走班的教学模式后，学生因为选课的不同形成了不同科目、不同层次的教学班，而原有的同一行政班学生一起上课、集中管理的模式被彻底改变。

从选课角度来看，中学生在人格特征和智力结构方面都处于不稳定的发展时期。学生在选课时，面对整体性的课程结构，如果不理解其内在联系，盲目、片面地迎合个人兴趣，有可能影响其全面发展。

从学生管理的角度来看，学生所属行政班的班主任、教学班的科任教师和学生之间，可能由于负责教师接触学生少、接触学生多的教师又没有主要责任而导致管理松散。

从班主任工作的角度来看，班主任一人无法对不同选课、不同发展需要的学生都进行充分有效的指导，学生因为选课走班必然缺少集体归属感，给班主任把握学生的学习情况和思想动态增加了难度。

可见，按照学生选课的情况，从学生的志趣和意愿出发，重新结合为小的导师组，由负责导师来管理，才能更好地适应选课走班的教学模式。

#### 3. 外在原因是国家教育改革政策的推动

《国家中长期教育改革和发展规划纲要（2010—2020年）》和《国务院办公厅关于新时代推进普通高中育人方式改革的指导意见》（国办发〔2019〕29号）都明确提出了建立学生发展指导制度的具体要求。

在内因和外因的合力作用下，全员育人导师制在全国许多省域、市域和许多普通高中学校蓬勃开展起来。

### （三）全员育人导师制的基本原则和工作目标

梳理已经实施全员育人导师制的学校和区域的实施方案和实践经验，其大致有以下基本原则和工作目标。

#### 1. 基本原则

全员参与。让所有的老师都成为导师，让所有的学生都有导师。坚持导师学生结对的相对稳定性，贯穿学生高中学习全过程。

学生为本。导师要切实发挥思想引导员、课业辅导员、心理疏导员、生活指导员、成长向导员的作用，针对每个学生的个性特征，制定指导方案，关注学生日常学习生活、身心健康成长。

**2. 工作目标**

建立健全全员育人、全程育人、全面育人的工作机制。全体高中教师教书和育人一岗双责责任进一步落实，对学生予以全面关怀、因材施教。指导全体高中学生注重道德涵养、学业修养和习惯养成，培养高中学生人格健全、行为自律、学习自主、心理自强的良好品质。

### （四）导师制的指导内容

全员育人导师制的指导内容大致有以下五个方面。

**1. 思想引导**

引导学生坚定理想信念，树立正确的世界观、人生观、价值观，积极践行社会主义核心价值观，形成良好的思想道德品质。

**2. 学业辅导**

帮助学生进行学业分析，指导学生制订学习计划，端正学习态度，激发学习动力，养成良好学习习惯，改进学习方法，提高学习效率。

**3. 心理疏导**

及时了解学生心理状况，疏导不良情绪和心理压力，引导学生正确对待和处理挫折和烦恼，激发增强自尊、自爱、自强、自信意识，培养学生阳光积极、健康向上的精神风貌。

**4. 生活指导**

了解学生的家庭情况，积极与家长联系沟通。指导学生养成健康的生活习惯，科学合理安排日常生活；培养学生自立、自主、自理能力。

**5. 成长向导**

帮助学生全面认识自我，明确发展方向。根据学生自身个性特点，指导学生做好生涯规划指导和发展指导，引导学生培养发挥兴趣特长，为学生的终身发展引路和奠基。

## （五）导师制导育实施

### 1. 建立导育关系

学校结合自身实际，以班级任课教师为主、其他班级（年级）教师为辅，以师生双向自愿选择为主、指定结对为辅，指导师生建立导育关系，确保师生全员覆盖。教育行政部门加强工作指导，制定工作实施方案。学校在工作中充分发挥教师的专业特长，充分了解每位学生的个性特点、学业情况、家庭情况，科学引导教师选择学生和学生选择导师。

### 2. 创新导育形式

注重交流互动。加强导育师生之间、导师之间、导师和班主任之间的交流互动，及时全面掌握学生各方面情况表现、思想动态和需求意愿，有针对性地对学生开展指导活动。加强个体辅导。切实加强对受导学生的学习、心理状况的辅导指导，有针对性地制定个性化辅导方案，组织开展活动。导师采取座谈会、主题兴趣活动、学习活动、研学活动、实践活动等方式，组织受导学生接受教育、历练品行，培养创新精神和实践能力。

### 3. 完善导育制度

学校着眼实效性、制度化和常态化工作要求，加强全员育人导师制工作制度建设。建立成长档案制度，建立导师工作手册和学生个人成长档案。建立学情会商制度，定期召开学情分析会，以班级为单位共同会商学生整体状况和导师工作开展总体情况。健全家校联系制度，加强家校、导师与受导学生家长的合作沟通。完善班级教导会制度，班主任、班级任课教师、导师和家委会代表参与，定期研讨解决班级和学生中存在的问题。

## （六）发展趋势：专业化分类导师队伍

目前，导师的身份是学科任课教师，在职责上，大到学生的高考填报志愿，小到帮助学生解决生活问题，全部都要负责。导师在承担这些工作的同时，还要完成自己的教学工作，工作压力比较大，对学业指导有冲击。从学生的学习、活动、高考填报志愿等事宜归类考虑，可以对导师队伍进行如下专业化的分类：学术导师——专门负责选课指导、课上学习、课下辅导、考试复习等与学业相关的事宜。德育导师——专门负责学生的德育、日常考勤管理、住宿生活、实践活动等。生涯与高考指导导师——专门负责学生的生涯指导与高考填报志愿工作。

## 七、建立副班主任制度

副班主任制度是贯彻实施“全员育人”思想的重要举措之一，也是培养青年教师快速成长的有效途径，它为学校德育工作的可持续发展提供了新鲜的再生力量，青年教师通过参与班级管理工作，在实践中不断得到磨炼和充实，实现其成长、成熟、成才的飞跃。副班主任的有效工作提高了班级管理实效。青年教师的个性心理特征决定了他们的需要、信仰、情感、性格和能力。这些心理特点决定了他们行为的倾向性和活动效率。他们原本都是独生子女，刚刚从被别人“管理”的环境中出来不久，现在要让他们直接去参与到管理者队伍中去，必定要经历一个适应、冲突、融合等过程。

### （一）把好“青蓝工程”第一关

不是人人都愿意担任班主任。因此，年级组应该根据学校聘任副班主任的文件，进行广泛、深入的宣传以充分调动老师申请担任副班主任的积极性，从而把好“选副班主任的关”。同时，把好“选指导教师的关”。指导教师除了要有较好的班主任工作技巧和绩效以外，更要有帮助副班主任的真诚、无私和谦逊，否则师徒关系就不可能和谐，“老带新”的作用就不可能充分发挥。

### （二）制定副班主任工作细则

把副班主任的工作任务和工作要求具体化，让其明确班主任日常工作的内容和标准。比如，参与班级常规管理，全面协助班主任工作，服从班主任的工作安排；参与学生管理和服务工作，每周早晚自习、下午 6 点各到班级 2 次；与班主任一起认真做好学生在高三后期的心理疏导工作，每次正规考试后与学生单独交流 3 次以上；深入学生宿舍，每周至少 1 次；每学期上主题班会课 1 次，并有正规教案；每学期至少撰写 1 篇德育工作论文；班主任外出时，副班主任是班级管理的第一责任人等等。

### （三）激发副班主任工作、学习的热情

副班主任除了保质保量地完成学校、年级和班主任布置的任务外，要摆正“协助者”“求教者”的位置，要主动地、经常地与指导教师交流心得和困惑。同时，要敢于创造性地开展工作并及时总结经验教训。他人的经验固然重要，但自己亲历过的实践体会——无论是经验还是教训——都会更深刻，都是更宝贵的财富。另外，副班主任要加强学习和反思，对自我经验的反思是班主任提升教育智慧的不二法门，但自我反思有个前提就是理论的学习。理论学习＋对经验的反思＝成长。没有理论武装的反思必定是缺乏深度的、低效的，甚至可能是“瞎琢磨”。

### （四）充分发挥指导班主任领路人和护航人的作用

一是指导教师要把班主任工作的基本内容、自己的一些工作技巧和艺术比较全面、系统地介绍给副班主任，以便这些副班主任在将来担任班主任时有比较明确的工作思路。对此，要注意以下原则：循序渐进原则，即一步一步地进行，让其能充分地理解；具体化原则，即以具体的事例来进行说明，以便他们能更好地领悟；真诚交流原则，即只有真诚才能师徒融洽，只有交流才能师徒相长。二是指导班主任要给副班主任安排适当的具体的工作任务，并要提出具体的实施建议，事后要与副班主任交流工作结果与体会。三是指导教师要主动维护副班主任在学生面前正常的权威，使其工作能够顺利开展，并调动副班主任的工作积极性。如果班主任在学生面前否定副班主任的管理措施和要求，其结果是既放纵了学生又拆了副班主任的“台”。四是如果副班主任是青年教师，指导班主任还要从学科教学上帮助副班主任站稳讲台。这既是副班主任在学科教学上成长的需要，也是他在副班主任工作上有“底气”的需要。

### （五）加强过程管理与交流

每个学期召开至少 2 次副班主任工作研讨会，交流心得，并且可邀请部分优秀的班主任参与交流与指导。同时，每个学期第一次班主任例会应要求副班主任参加，以便让其明确每个学月班主任工作的基本内容和重点任务。

### （六）把培养和管理重点放在第一年

在第一年的培养和管理中，要因材施教，循序渐进，多鼓励多表扬，帮扶结合，要多关心副班主任的生活和工作。既要大胆使用，放手让副班主任施展才干，也要严格把关，及时给予指导和纠正，让他们在实践中学会管理的“套路”，去承受挫折，分享成功。

### （七）科学合理地做好副班主任的考评工作，体现人性化

考核和评价是学校对副班主任工作的阶段性总结，大多数学校都有一套非常完备的考评机制，而且非常细致量化。在对副班主任的考核和评价中，应做到科学合理、公平公正，不能靠几个人甚至一个人说了算，考评应注重过程与结果相结合，除了对那些副班主任的政治觉悟、师德修养进行评价外，还应该把那些能体现他们实际工作中能力强弱、高低的专业业务水平、组织管理能力、应变能力、协作能力等以比赛和评比的方式进行，这样既能体现公平，也更能激发副班主任的上进心和争胜欲望，也能使班主任更加有效地指导和帮助副班主任的工作。

副班主任的培养和管理是学校班主任队伍建设和管理人才培养的延续。随着“全员育人”制度机制的进一步贯彻实施，我们应该让每一名青年教师都能参与到班级管理中来，让更多的副班主任成为班主任，这是教师自我发展的需要，更是学校教育的需要。

# 第四章　班主任队伍的系统建设

郑州市第二高级中学建校于 1941 年，当时的河南战区二中即为学校前身。作为一所具有光荣革命传统的历史名校和河南省示范性高中，进入新世纪，在面临新课改、新旧教育机制转换的过程中，学校的教育教学工作在一段时间内出现了一些问题，这些问题的产生有外部原因，也有内部原因。从内部原因来看，主要是学校教育理念比较封闭，内部管理机制不够开放，造成了教师不愿意当班主任，班主任队伍建设比较薄弱的局面。针对这种情况，学校新一届领导班子在确立了开放办学的教育理念基础上，于 2011 年对加强和改进班主任队伍建设工作进行了顶层设计和系统规划，确定了以大幅度提高班主任待遇为切入点，以系统推进班主任队伍建设为路径，整体提升班级管理质量和水平，从而促进学校教育教学质量全面提升的解决方案。经过 10 余年来的探索和实践，学校创新机制、激发活力，逐步形成了校本化的班主任队伍建设的新样态，取得了显著成效。其具体情况如图 4-1 所示。

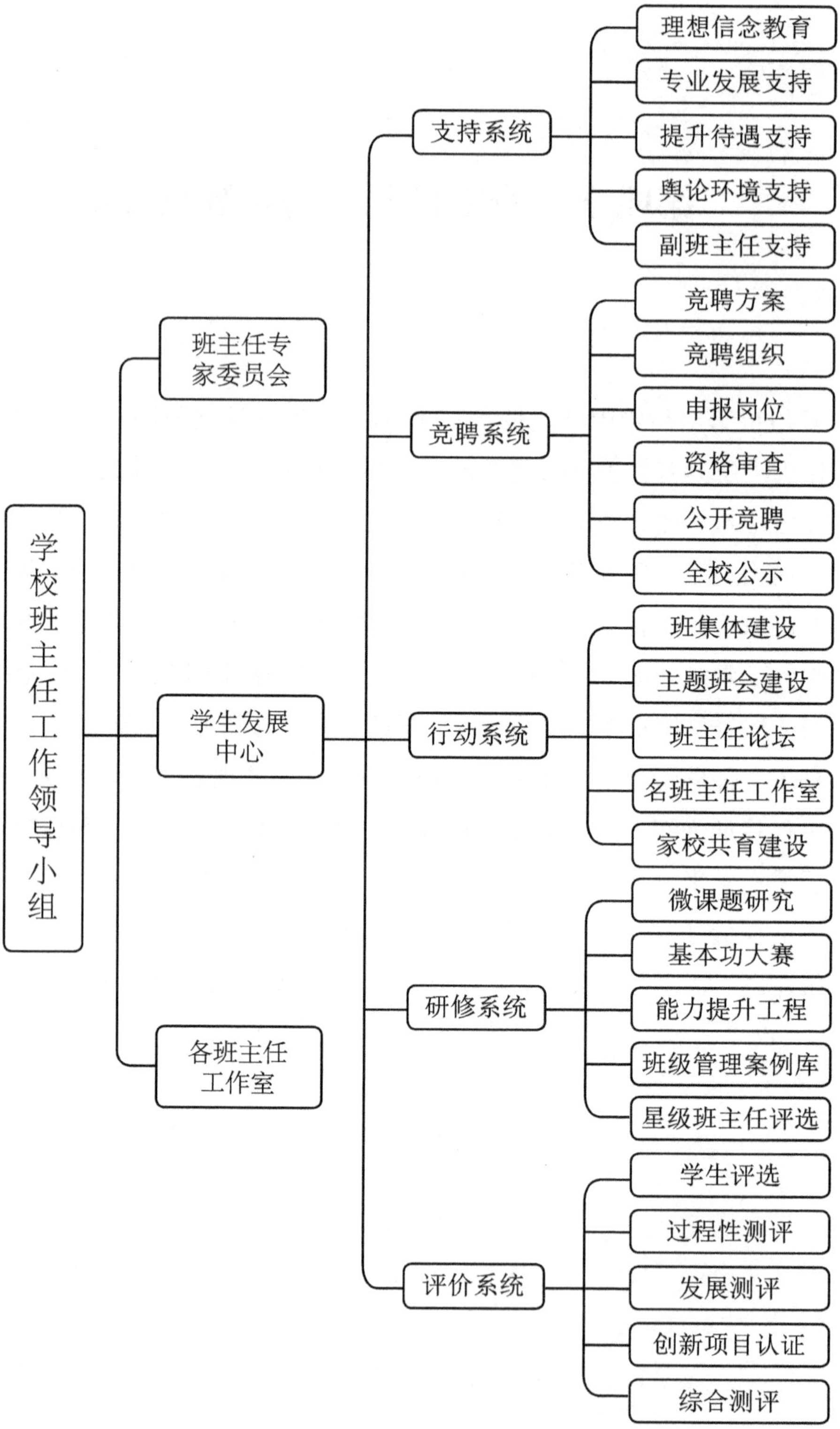


**图4-1　郑州二高班主任队伍建设模型**

班主任队伍建设主要举措：一是建设班主任工作组织系统。学校成立领导小组和专家委员会，负责领导和指导工作。在部门组织方面，整合政教处和团委，成立学生发展中心，负责班主任工作的研究和实施工作。在示范引领方面，建立名班主任工作室。二是建立班主任工作支持系统。支持系统是整个体系的基础和前提，在这个系统中，大幅提升班主任待遇和建立副班主任制度是学校的创新举措。作为骨干岗位的班主任除了享受津贴和绩效工资外，还优先享受培训、晋升、入编、评优评先的机会，相当一部分班主任的工资福利收入与正高级教师不相上下。三是建立班主任工作竞聘系统。四是建立班主任工作行动系统。五是建立班主任工作研修系统。六是建立班主任工作评价系统。建设以班主任为核心的学校学生工作体系，全面推进班主任工作再上新台阶。

学校系统推进班主任队伍建设工作，促进了学校发展、教师发展和学生发展。学校教育教学质量显著提升，高考成绩位列同类学校先进水平；荣获2017年河南省中小学德育工作先进校、首批河南省普通高中多样化发展示范校；近三年三名教师荣获河南省优秀班主任。

## 第一节　班主任工作组织系统

系统是由相互联系的要素组成，并有一定层次和结构的整体。构成系统的要素、层次和结构发生变化，系统整体也将发生变化。因此，变革系统的要素、层次和结构，也就成为系统结构优化的重要途径。

建立学校班主任工作组织系统是学校班主任队伍系统建设的组织保障和前提条件，具有先导性和基础性，坚强有力的组织领导和科学有效的专业指导决定了班主任队伍建设的高度和深度。因此，一定要精心谋划和顶层设计，并在实践中动态改进和提升。

经过不断探索实践，学校构建了“三层级五主体”班主任工作组织系统，对学校班主任队伍系统建设工作起到了有效支撑作用。

“三层级”分别为校级、部门级和班主任级。“五主体”分别为学校班主任工作领导小组、学生发展中心、班主任工作专家委员会、班主任共同体和名班主任工作室。

五个责任主体分别担负宏观领导、顶层设计—垂直管理、组织实施—专业指导、帮带发展—自主发展、自组织活动—示范引领、辐射带动的职能，形成一个相互促进、相互补充、相得益彰的班主任工作系统体系。

## 一、学校班主任工作领导小组

班主任工作领导小组是学校领导和组织班主任队伍建设和开展德育工作的校级组织，组长为校长，监督为校党委书记，副组长为主管副校长，成员为副校长和部门主任。领导小组的职责就是要确保社会主义办学方向，构建德智体美劳全面培养体系，落实立德树人根本任务，坚持为党育人、为国育才；负责班主任队伍的系统建设工作，制定实施班主任工作的相关制度机制，领导班主任队伍积极开展班集体建设工作，按照《中小学德育工作指南》要求努力开展德育工作；整合各种资源，服务保障学校班主任工作，不断提高班主任待遇，让班主任工作成为学校最让人羡慕的岗位；通过强化班主任队伍建设，促进学校高质量、特色化发展。领导小组的建立确立了学校班主任队伍建设组织系统的第一层级领导主体责任。

## 二、学生发展中心

为转变教育观念，优化管理职能，服务学生发展和教师发展，提升管理效能，学校于 2011 年对职能处室进行了改革：将教务处和教科室整合为教师发展中心，负责学校教学工作和教师发展工作；将政教处和团委整合为学生发展中心，负责德育和学生发展工作；将总务处和办公室整合为行政服务中心，负责学校服务保障工作。在这种背景下，学生发展中心就义不容辞地担负起了班主任队伍建设组织系统第二层级的职能部门的主体责任。学生发展中心是学校班主任及德育工作的直接管理部门，主要职责是在校长和校党委的领导下，全面贯彻党的教育方针，构建立德树人落实机制，加强班主任队伍建设、作风建设，积极开展优秀班集体创建活动，努力将主题班会课程化、德育活动课程化，努力传承和弘扬学校初心文化，促进学生全面而有个性地发展，培养学生“健康、博爱、有为”的学生形象。

## 三、班主任工作专家指导委员会

班主任工作专家指导委员会是班主任工作组织系统中第二层级的专业性指导组织，负有专业指导的主体责任；成员一般由学校领导、学生发展中心主任、资深班主任、省市优秀班主任、省市校三级名班主任工作室主持人、学校智库专家等组成。专家指导委员会的主要职责是为学校班主任工作提出指导意见、发展建议，开办班主任工作专题讲座及报告会，帮助解决班主任及德育工作中的一些实际问题，帮带青年班主任教师，开展相关评审活动等。指导委员会每三年一届，给专家委员发放聘书，委员会和专家个人每年进行一次述职报告。

与班主任工作专家指导委员会同时存在的组织还有学校智库专家委员会，它是一个专业化的智库专家咨询委员会，主要职责是为学校发展建言献策，成员由优秀教师、骨干教师、名师等资深教师组成。

## 四、班主任共同体

“共同体”一词源自德国著名哲学家、社会学家费迪南·滕尼斯经典文献《共同体与社会》一书，主要含义是：通过某种积极的关系而形成的群体，统一地对内对外发生作用的一种结合关系，是现实的和有机的生命组合。共同体不是单纯的形式上的结合，而是外在的和谐统一和内在精神有机体的融合。在当前基础教育贯彻新发展理念、构建新发展格局的背景下，构建教育发展共同体显得尤为重要。

班主任共同体在郑州市第二高级中学有三个含义，根据含义的不同形成了三种类型的班主任共同体。第一类是指在学校担任现职班主任的教师在学校学生发展中心的组织安排下建立的全校班主任专业发展共同体；第二类是指每个班的班主任和副班主任结成的班主任班级治理共同体；第三类是指由学校组织、教师双向选择的班主任师徒结对专业发展共同体。

构建班主任共同体是提升学校班主任专业发展水平、促进学校高质量发展、促进学生全面发展的重要举措，在班主任组织系统中具有基础性重要作用。三类共同体既是官方组织，也是自组织，在共同的理想信念和行动目标的基础上，自愿结成命运共同体，凸显了班主任群体自我教育、自我管理、自主发展的意愿和需求，也契合了学校的发展理念和组织形态。

构建班主任专业发展共同体的基本思路是：遵循班主任人才成长规律，结合班主任工作实践，全面提高共同体成员的师德水平、理论水平、专业能力和研究能力。在全校范围内造就一支思想素质好、专业水平高、奉献精神强的优秀班主任团队。建设目标：一是以共同体建设为载体，引导成员重视自身专业化成长，探索成员凝练学生管理和班级建设特色、锻造名师风范的路径；二是以共同体建设为契机，站在教育改革的前沿，确定数项具有实用价值的科研课题，以此为研究方向，探索班主任专业化发展的新思路、新方法，研究成果具有应用和推广价值。

班主任共同体的发展要真正走向与班主任专业发展的有机融合，必然要摆脱仅靠热情或行政力来驱动的现状，以理性的担当，实现自身发展与班主任业务提升的相得益彰。具体实施策略如下：一是共同体要成为班主任个体发展的引路人。班主任的个体成长是共同体的首要立场。班主任工作的实践性强，使得班主任个体发展呈现出极大的差异性，因此，共同体的发展目的不在于将所有人纳入一个标准的工作模式中去培养，而是要善于通过各种形式的研讨、展示与交流，为个体的发展提供一种方向、思路与可资借鉴的路径。二是共同体要成为校本德育优化的助推器。校本德育成效高低是衡量共同体成功与否的重要指标，因此班主任共同体的发展必须具备学校立场。三是共同体要成为群体唤醒的星星之火。班主任是一个群体，德育的改善必须是班主任群体的共同行为，因此，共同体的发展还必须具备群体立场，这个立场不仅要求共同体的发展要惠及共同体内部的个体，还要发挥它的辐射力，去唤醒整个班主任群体对自身发展的关注。每个小共同体都要成为星星之火，通过小群体的成功，促进大群体的觉醒，使得班主任工作不再只是一种事务性的任务，而是一种能真正提升班主任工作的幸福感。

工作内容：一是专家引领。聘请省内外专家对共同体成员进行班主任专业发展的基本知识和能力、教科研方法指导等方面的引领。二是导师带教。深入开展“导师带教”活动，完善导师带教制度，聘请校内外德育专家担任共同体的导师。三是任务驱动。对共同体成员提出明确的研修要求，通过活动展示、专题讲座、课题研究等形式，引领班主任的成长和发展，建立共同体成员个人发展档案。四是培训学习。自学与集中学习相结合，定期开展培训和研讨活动。五是实行动态管理。建立定期考核、科学评估和动态竞争的跟踪管理机制。

## 五、名班主任工作室

2021 年 4 月 13 日，河南省教育厅对第四批河南省名班主任工作室主持人拟认定名单进行公示：

为提升我省中小学班主任的专业化水平，探索新形势下班主任队伍建设的新途径、新方法，培育河南名班主任，省教育厅组织开展了第四批河南省名班主任工作室主持人遴选工作。经过省辖市、济源示范区、省直管县（市）教育局推荐，省教育厅审核遴选，拟认定吴鹏起等 49 名班主任为第四批河南省名班主任工作室主持人。

吴鹏起老师是郑州市第二高级中学数学教师兼班主任、学生发展中心主任和郑州市首届十佳班主任，曾在 2021 年郑州市中小学班主任工作经验交流会上作经验交流。

郑州二高现有省、市、校三级名班主任工作室。郑州市中小学名班主任工作室于 2019 年 8 月授牌成立，主持人为吴鹏起老师；郑州市第二高级中学张建伟名班主任赋能工作室于 2020 年 9 月授牌成立，主持人为我校物理教师兼班主任、2021 年河南省优秀班主任张建伟老师；河南省名班主任工作室于 2021 年 11 月授牌成立，主持人为吴鹏起老师。

名班主任工作室的总目标定位在“打造名班主任团队”。通过专家引领、课题研究、校本培训，举办多层次、多形式的班主任学习、研修、实践和培训活动，不断加强班主任专业能力建设，使工作室成员成为班级管理的能手、德育科研的先锋；并通过班主任工作室公众号、微信群等交流阵地使工作室成员在本区域内发挥示范、带头和辐射作用，逐步形成真正的“名班主任团队”，不断提升团队成员的专业技能和素养。

工作室重点着力于主持人与成员的个人提升。立足本校，着眼于中青年优秀班主任队伍建设，根据成员各自特点，提出发展性的定位建议，建立导、帮、带的互动开放型模式，进一步提升班主任团队的素养。在规范管理班级的基础上，成员通过本工作室得到快速进步与提升，并系统学习德育、心理健康、班级管理的前沿理论和课程改革理论，使班级管理工作向个性化、艺术化、专业化方向发展

建立并逐步完善一套培育机制。聘请行业内的专家、导师举办讲座、授课、示范等活动，对工作室成员进行专项培训。带领本工作室成员亲近名师，学其所长，到教育发达的地区和学校学习有关德育教育和班级管理的前沿理论与方法，反思自身业务水平与教育管理的差距，积极融合，不断超越。

为提高名班主任工作室的整体素质和水平，更好发挥引领、示范、辐射和带动作用，工作室每月开展读书分享活动，由工作室成员推荐分享对自己班主任工作具有指导意义的书籍，共同交流、学习、思考。学校还采购了一批书籍供班主任们学习“充电”，要求每一位成员能认真学习并积极分享学习心得。同时，工作室积极组织参加线上、线下的班主任研修活动，加强与其他名班主任工作室的联系和学习，借鉴优秀经验，引导班主任快速成长成熟。工作室定期组织成员进行班级管理案例分享，交流班级管理妙招，从案例出发，以研促思，集思广益，更加智慧地、艺术地教育学生。

郑州市第二高级中学“名班主任工作室”自成立以来，始终以团队建设为核心，以工作室成员集体智慧为依托，努力发挥示范引领作用，为每一位成员指明了奋斗的方向，促进了学校班主任队伍建设，带动了学校教育教学工作高质量发展。

## 第二节　班主任工作支持系统

建立班主任工作支持系统的目的是希望将各方教育力量和制度创新聚合起来，形成针对学生发展的教育合力，以此为班主任工作提供多方支持，弥补班主任在精力、知识和能力等方面的有限性，减轻班主任的精神压力，激励班主任老师热爱班主任事业，最终为学生发展提供一个更优质的教育环境。

班主任工作支持系统是一个全方位、多层次、开放性的系统工程，需要学校全面论证、系统规划、顶层设计，更重要的是切实落实行动计划，通过制度机制保证支持系统畅通运行，取得实效。班主任支持系统是整个班主任建设体系的基础和前提，在这个系统中，大幅提升班主任待遇和建立副班主任制度是学校的创新举措。

学校的班主任工作支持系统包括理想信念支持系统、全员育人支持系统、提升待遇支持系统、专业提升支持系统、家校协同育人支持系统和营造环境支持系统等六大系统。形成以学校育人为主导、以学生自育为主体、以家庭育人为基础、以社会（特别是社区、实践基地等）育人为依托、以多样化的环境育人为辅翼的全员育人新格局，改变了在学生教育管理方面班主任单打独斗的尴尬局面，促进了班主任队伍提升与发展，提升了育人质量和水平。

## 一、理想信念支持系统

班主任队伍建设的首要问题是思想建设，教师是否愿意做班主任，做优秀班主任，坚持长期做班主任，思想认识是关键。教师的政治思想水平和政治站位决定了教师的思想格局和专业格局。因此，加强和改进学校和教师思想政治工作是理想信念支持系统的主要任务。

思想政治工作是党的优良传统、鲜明特色和突出政治优势。党的十八大以来，以习近平同志为核心的党中央高度重视思想政治工作，采取一系列重大举措切实加以推进。习近平总书记多次作出重要论述，深刻阐明了新时代思想政治工作的重大意义、根本任务、方针原则、基本要求，丰富和发展了我们党对思想政治工作的规律性认识，为我们做好思想政治工作提供了根本遵循。

理想信念教育坚持用习近平新时代中国特色社会主义思想武装全体教师，推动理想信念教育常态化、制度化，培育和践行社会主义核心价值观，加强党史、新中国史、改革开放史、社会主义发展史和形势政策教育，加强社会主义法治教育，增强忧患意识，发扬艰苦奋斗精神。同时，教育广大教师热爱党的教育事业，热爱学生，热爱班主任工作，深刻理解培养担当民族复兴大任的时代新人的现实意义，理解办好人民满意的教育，满足人民群众日益增长的享受优质教育、高质量教育的迫切需求，唤醒和提升教师的初心意识和高度的责任感、使命感。

理想信念支持系统的责任主体是学校党委、行政、教师发展中心和学生发展中心，教育对象为全体教师，教育的制度机制为常态化、系列化开展，教育形式多样化，重在教师参与，重在取得实效。

## 二、全员育人支持系统

习近平总书记指出：办好教育事业，家庭、学校、政府、社会都有责任。教育涉及千家万户，要尊重教育规律，在政府引导下探索构建全员育人机制，发挥学校、家庭、社会各自优势，凝聚起强大育人合力。学校具有集中式、系统化、持续性进行思想政治教育的优势，思政课教师要发挥积极性、主动性、创造性，实现知识传授与价值引领同频共振，以学识能力和人格魅力教育感染学生。探索建立协同育人制度，创新育人方式，调动专业课教师、辅导员等育人主体的积极性，把教书与育人、言传与身教结合起来，在潜移默化中给学生以智慧启迪和精神力量。

“立德树人”是教育的根本目的。只有把思想政治教育贯穿于教育教学全过程，实现全程育人、全方位育人，才能培养德智体美劳全面发展的社会主义建设者和接班人。2019 年 6 月，国务院办公厅公布了《国务院办公厅关于新时代推进普通高中育人方式改革的指导意见》，提出了学生发展指导的意见，明确指出：健全指导机制。各地要制定学生发展指导意见，指导学校建立学生发展指导制度，加强指导教师培训。普通高中学校要明确指导机构，建立专兼结合的指导教师队伍，通过学科教学渗透、开设指导课程、举办专题讲座、开展职业体验等对学生进行指导。

根据全员育人和建立学生发展指导制度的教育理念和教育政策，为加强学校德育工作，学校在全校范围内开始实施全员育人导师制。

全员育人导师制是学校全体教师都参与育人，都担任导师，每个导师负责一个或几个学生小组。全员育人导师制要求全体教师关注学生，从入学至毕业的整个教育过程，从学习、生活到德育的各个环节，对学生的教育要有整体性和一贯性的观念，自始至终和任何环节都不放松对学生的教育和指导。

全员育人导师制最大特点是师生关系密切。导师不仅要指导学生的学习，还要指导学生的生活，进行德育教育，以便更好地贯彻全员育人、全过程育人、全方位育人的现代教育理念，更好地适应素质教育的要求和人才培养目标的转变。

导师制在师生之间建立了一种“导学”关系，针对学生的个性差异，因材施教，指导学生的思想、学习与生活。导师制从制度上规定教师具有育人的责任，使教师在从事教学科研以外，把对学生进行思想、学习、心理等方面的教育和指导作为其工作的另一部分。

全员育人导师制的实施把班主任从繁重的教育和管理的事务中解脱出来，同时又提高了学生发展指导的实效性。

在全员育人导师制基础上，为了减轻班主任因工作时间长、责任重带来的负担，学校为每位班主任配备了副班主任，协助班主任做好班级管理工作，不仅有效地减轻了班主任的压力，同时也使更多的青年教师有了更多班主任工作的实践机会，成了班主任队伍中有力的后备力量，形成了班主任梯队建设的校本策略。

## 三、提高待遇支持系统

提高班主任地位和待遇，让班主任工作成为学校最让人羡慕的岗位，是学校班主任工作支持系统中最敏感也最具影响力的举措。之所以出台一系列的提高班主任待遇的政策措施，一方面是对之前班主任地位不高、待遇低下问题的修正与改进，同时也是希望在现有条件下学校尽最大努力倾斜一线班主任骨干岗位，给予全体教职工一种正面的激励导向，鼓励教师们勇挑重担，承担更大责任。

学校出台了提高班主任待遇的相关政策，体现“绩效工资分配向班主任倾斜”的政策导向，明确班主任津贴标准，完善班主任工作量核定方法，形成了收入分配激励机制。

作为骨干岗位的班主任除了享受津贴和绩效工资外，还优先享受培训、晋升、入编、评优评先的机会，相当一部分班主任的工资福利收入与正高级教师不相上下。

## 四、专业提升支持系统

专业提升支持系统包含两层含义：一是学校尽可能多地为班主任教师提供更加多样、更高层次的专业提升的机会，以便于更好地开展班主任工作，提升班主任工作质量和水平，从而构建班主任专业化的外部支持系统。二是教育引导班主任教师强化自身班主任专业认同，通过自觉学习、自主反思和自觉研究走向专业自觉，从而构建班主任专业化的内部支持系统。

### （一）外部支持系统

#### 1. 加强班主任的教育培训力度

进一步完善班主任培训机制，在立足本校班主任专业化发展实际情况以及未来学校发展方向的基础上，对班主任进行素质教育、新课程新教材实施、教育学、心理学、管理学以及创新等不同方面的教育培训。坚持理论与实践相结合、层层递进的培训原则，实现班主任思想知识层面的提高以及管理技能的提升。对以前从未当过班主任的老师进行岗前培训，以教育政策法规、师德修养、班主任工作常规、教师心理健康、教材教法等为主；对已积累了经验的班主任进行岗位培训，以班主任职业道德素养和专业能力的提升为培训重点内容；对经验丰富的班主任，进行骨干培训，以提高班级管理效果和打造与众不同的班级管理风格为重点培训内容。

#### 2. 开展全校班主任技能比赛活动

通过组织全校班主任开展技能比赛活动，激励班主任教师主动提升班主任专业能力和水平。

#### 3. 开展班级评选活动

通过优秀班集体评选、星级班主任评选等方式，在全校范围内形成人人创先争优的良好氛围，从而提高班主任队伍整体水平以及全校德育水平。

### （二）内部支持系统

**1. 教育引导班主任对班主任专业工作要有自信**

首先，班主任要坚信自己的工作是专业性非常强的岗位。由于教育对象的发展性和不确定性，班主任工作依赖于学校、家庭、社会等多重关系，需要班主任具有长远的眼光和专业的素养，因而，并不是任何教师都可以胜任班主任工作的。有些班主任对自己是否具有专业性而持质疑或否定的态度，其实，这是班主任缺乏专业自信的表现。其次，班主任在工作中要有积极的心态。班主任工作具有不可预测性，容易遇到诸多困难和突发性问题，班主任要树立专业自信，提升自我效能感，相信自己有解决问题的能力，积极寻找解决办法，提高工作中的积极体验。

**2. 教育引导班主任对班主任工作要有教育情怀**

一方面，教育情怀影响着班主任对自我的评价。具有教育情怀的班主任在工作中能够超越外在环境的影响，将自我价值的实现、自身教育理想的实现作为自我评价的标准。另一方面，教育情怀影响着班主任在工作中的热情和投入程度。具有教育情怀的班主任不会遇到困难而退缩，不会因为失败而沮丧，他们能够全身心地投入教育工作中，享受职业带来的幸福感。

**3. 教育引导班主任对班主任职责要有清晰认知**

班主任的首要职责是班级管理，同时班主任要明确自身在班级管理中引导者的角色，尊重学生的主体地位，放手让学生自主管理，这也是智慧型班主任内在支持的有效路径。班主任的根本职责是育人，育人是教育之本，也是班级管理的根本追求。班主任在处理班级事务中，要克服工具性思维方式，避免就管理论管理，要认识到管理背后的育人功能。

## 五、家校协同育人支持系统

建立家校协同育人支持系统既是学校立德树人根本任务的实际需要，同时也是对班主任工作的有力支持。

《中共中央关于制定国民经济和社会发展第十四个五年规划和二〇三五年

远景目标的建议》提出，“健全学校家庭社会协同育人机制”，在完善立德树人体制机制上积极探索更好方式，在学校、家庭、社区和社会各方面要汇集更大合力。

家庭教育是学校教育的基础，家庭教育方式是否得当是影响孩子教育成败的重要因素。尤其是在当前深入推进“五项管理”与“双减”政策背景下，建立健全学校、家庭、社会协同育人机制，引导广大家长树立科学的育人理念，形成教育合力，显得尤为重要。

构建学校与家庭的合力机制。习近平总书记强调“注重家庭、注重家教、注重家风”。家长要给孩子以示范引导，协同学校做好思想政治教育工作，健全学校与家庭的沟通机制。共建家校联盟，建立学校和家庭的交流机制，定期举办线上线下相结合的家长座谈会，向家长汇报学生在思想、学习与生活方面的情况，同时向家长征求改进意见，让思想政治教育走进家庭。

家校共育，关键在“共”。学校和家庭的互相配合程度影响着孩子的成长和发展。学校教育是主体，是对学生进行素质教育的最重要场所；家庭教育是基础，是对学校教育的必要补充。首先，老师应当尽职尽责，担负起教书育人的本职责任。同时，家长也不应忘记，“父母是孩子的第一任老师”。学校教育不应当由家庭代劳，同样地，家庭教育也不能一股脑儿推给学校和老师。相互尊重、相互包容，家校合作协同育人，才能达到“1+1>2”的效果。那些关注孩子情感的交流、关于教育目的的探讨、关乎成长经历的分享等，都能在教师与家长之间架起一座心意相通的桥梁。

学校成立了家长委员会，建立了家长学校，开办了妈妈学堂；制定了家访制度、家长会制度、家校联系制度、家长评价制度；开展了丰富多彩的家校共建活动，建立了班级家长群，发布运行了学校公众号，邀请家长到学校参与民主管理……这些举措在家校协同育人方面取得了显著成效，对学校班主任队伍建设以及学校德育工作起到了显著的促进作用。

## 六、成长环境支持系统

让班主任老师在学校能够强烈地感受到安心、暖心、信心，便是建立班主任成长环境支持系统的预期目的。一支坚强有力、朝气蓬勃的班主任队伍是在适宜的土壤和气候中生长起来的，学校就是要为班主任成长发展创造合适的土壤和气候。

（一）安心

解除班主任老师的后顾之忧，力所能及地为班主任老师解决一些实际困难，尽可能地提高班主任地位和待遇，是班主任安心工作的基础性举措。一是解决老师孩子的上学问题，小学、初中、高中入学，学校都动用一切资源全力帮助协调解决；学生考大学，学校个性化辅导，指导填报志愿，进行心理指导。二是解决老师孩子放学后无人看管问题，在学校建立了无忧中心，由专任教师负责老师孩子的学习、管理和开展活动工作。三是为新教师安排解决廉租房，由学校出面统一安排组织。

（二）暖心

学校对班主任的关心帮助体现在方方面面，传达出学校和班主任之间休戚与共的情感和态度，成为激发班主任老师工作热情和岗位责任感的内在精神力量。一是教师节给全体教职工送鲜花，三八妇女节给女教师送鲜花。二是教师家庭遇到红白喜事学校领导第一时间到场，送去全体教工的心意。三是教师有病住院，学校领导必定到医院看望慰问。四是班主任在工作中和学生及家长产生纠纷、出现摩擦，学校一定会站在班主任立场上充分维护教师的正当权益。

（三）信心

班主任教师的信心是做好各项工作的内驱力，是学校班主任队伍建设中最可宝贵、最难得的精神财富。班主任自信心的生成不会是与生俱来的，是内因外因共同作用精心培育发展起来的。对于外因来说，学校为班主任老师搭建丰富多样的交流分享平台、采取任务驱动机制、强化校本研修培训、引导班主任自我反思等举措都是班主任老师不断增强专业自信、工作自信以及发展自信的外部推动力，也可以说是浓厚的班主任专业成长的环境氛围使然。

### 1. 搭建系列交流平台

学校搭建由学校组织的班主任专业发展培训平台，搭建由年级负责的以完成岗位任务为目标的方法指导平台，搭建由学生发展中心组织的案例分析、班主任论坛、经验交流等研讨引领平台。

### 2. 创造岗位实践环境

对于培养新班主任，学校的创新性举措是建立1+1班主任工作机制，就是所有班级均配有一名班主任，加配一名副班主任。新班主任的成长过程是一个融学习、实践、反思与研修为一体，基于实践历练的问题发现、经验积淀、智慧吸纳、认知深化和潜能开发的综合发展过程。我们对新班主任采用岗位任务驱动的培养方式，通过三项措施来督促和落实岗位培养任务。

一是采取一对一导师培养制。给所有新班主任安排一名师德品质好、教学水平高、班主任工作经验丰富的骨干教师担任导师，承担其培养和指导之责，从教学、教研、班主任岗位实践等方面进行培养和指导。

二是实行岗位实践过程引领制。安排培养对象做导师班主任工作助手，担任其副班主任，在导师的带领和指导下共同承担班级学生的教育和管理工作；使其在参与各种教育实践活动的过程中，在处理具体的班务工作实践中，在解决各类具体问题和协调各种矛盾的体验中，学习导师的经验，反思自己的差距，并在岗位实践过程中获得积淀、促进生成。

三是实行任务督导和过程考核制。给新教师定研修任务、定副班主任岗位职责；用基于岗位实践和研修的考核过程，督导新班主任学习教育理论和管理方法、措施及经验，在督促其撰写工作笔记、实践体会、问题反思、案例分析的思考与辨析过程中，逐步提升其教育和管理认知水平；促进其在履职的发现、思考、探究和解决问题的实践历练中开发实践智慧。

### 3. 从营造校本研修环境着力

为班主任营造基于岗位实践的学习与实践、反思与吸纳、行动与研究相结合的生态研修环境。一是指导班主任制订校本研修计划，依据他们的发展需要，为其提供引导学习的教育和管理理论、工作经验等方面的论著和文章，督导他们在做理论学习笔记、写实践反思、梳理工作案例的过程中研修；二是通过组织开展问题诊断式的答疑解惑活动，开展各个阶段工作反思性总结与交流活动，提升研修的实效；三是通过组织开展符合其岗位和能力实际的行动式的校本课题研究，引领班主任在课题研究的过程中，把经验转化为创新的生成力，把实践中产生的问题和教训转化为驱动其探究的推动力，使其在实践和课题研究相融合的状态下持续提升实践能力。

## 第三节　班主任工作竞聘系统

班主任任职由选聘制到竞聘制是一个质的飞跃，反映了学校班主任队伍建设迈上了一个新台阶，是学校管理自信、制度自信的具体体现，也是学校班主任队伍建设和教育教学工作高质量发展的一个显著标志。

实行班主任竞聘制的先决条件是愿意做班主任的教师人数大于班主任工作岗位数，而且愿意做班主任的教师同时又是教学骨干，或者换句话说，教学不好的教师是不适合做班主任的，师德不好的教师也是不能做班主任的。这样看来，一个良好的教育生态的形成，一大批德才兼备的优秀教师队伍的形成，以及适宜班主任生长和发展的土壤的形成，是班主任竞聘制产生的前提和基础。

班主任竞聘制与教师全员聘任制是学校教师任用制度的两大基石，班主任聘任制是在教师全员聘任制的基础上逐步建立和发展起来的，两者相辅相成、相得益彰，成为学校教师队伍建设的最重要的制度机制。班主任聘任制是学校骨干岗位聘任制的一个组成部分，教研组长、年级长、中层干部与班主任一同构成了学校骨干岗位竞聘体系，对于学校干部队伍建设具有重要意义。

班主任竞聘系统分为组织领导系统、专家评委系统、教师参与系统、竞聘程序系统以及制度机制系统。制度机制中包含有班主任的任用条件、岗位职责、相关管理制度以及任用和退出机制等。退出机制是班主任聘任制的一个重要组成部分，对于违反党的教育方针政策、法律法规、师德规范以及不胜任班主任岗位职责的教师，通过一定的认定程序，启动退出机制。

班主任聘任制根据两种不同类型的级段采取不同的聘任方法。第一种是起始年级，第二种是非起始年级。学校在教学组织管理方面采取的是三年教学轮次循环制度，就是说除非有特殊情况，中途没有得到年级选聘，一般来说，教师和班主任一干就是三年，然后再从头开始。在这种情况下，教师聘任制采取的是年级聘任制，实行的是教师和年级双向选择的办法，暑假前，学校公布各年级各学科岗位数，教师自由选报，年级自主选聘。为适应教师聘任制的选聘程序，班主任聘任制采取了不同级段分别对待的方法。对于起始年级采取班主任竞聘的方式，对于非起始年级采取教师选聘制基础上的年级班主任选聘制。就是说，高一年级采取班主任全员竞聘的方法，高二、高三年级采取年级个别调整、选聘班主任的方法。

每个学年临近结束之时，学校都会启动起始年级班主任岗位竞聘工作。学校坚持按需设岗、公开竞聘、择优聘用的原则，学校根据竞聘演讲、民主测评、领导小组测评的综合评价结果，对竞聘人员进行严格的考察，最终确定任职人选，并对结果进行公示。

每年的竞聘工作都会吸引很多教学和管理经验丰富、综合能力强的老师踊跃参加。

老师通过竞聘成为班主任，一般要经过五个程序：

一是公布岗位。学校骨干岗位竞聘领导小组根据起始年级班级设置情况，公布班主任、副班主任岗位数。二是动员报名。召开全体教师会议进行动员，竞聘教师填写《竞聘报名表》。三是资格审查。由竞聘领导小组根据岗位聘任条件，对竞聘者逐一进行资格审查。四是公开竞聘。所有竞聘者进行公开演讲，由年级长、中层以上干部、学校智库专家组成评委团，通过演讲评分、民主测评，拟定初步人选，最后由竞聘领导小组综合审议。五是名单公示。暑假放假前，竞聘领导小组对入选班主任名单进行全校公示。

在公开竞聘班主任岗位期间，符合以下条件的教师经本人申请，经竞聘领导小组研究同意，可直接取得班主任资格：

近 3 年内曾被评为校级以上优秀班主任、优秀德育工作者、所带班级被评为校级以上先进班集体的；现任且累计担任班主任工作 3 年及 3 年以上者。

同时，学校会组织副班主任岗位公开竞聘，通过演讲、民主测评、综合审议确定人选。

通过这些举措，班主任工作已成为学校最受关注的岗位，班主任骨干岗位每年的竞聘十分激烈，比例保持在 3∶1 以上，班主任成为学校最优秀、最具有引领性的先进群体和多数群体。

## 第四节　班主任工作行动系统

建立班主任工作行动系统就是要以习近平新时代中国特色社会主义思想为指导，遵循教育规律，深入探究在普通高中育人方式改革和新课程新教材实施背景下班主任行动计划的总体思路和实践路径，确定学校班主任工作的行动路线和行动策略，构建班主任队伍建设和班主任工作的新格局。

### 一、从专业化视角开展优秀班集体建设

学校引导班主任进行班级品牌建设和管理，将立德树人这一根本任务落实在班集体建设中，关注学生的核心素养培养，培育学生正确的价值观。

学校提出了“全员参与、突出重点、榜样示范、正向强化、班级叙事、长期积淀”等原则，班主任聚焦班集体建设和主题班会建设，确立班级发展目标，制定切实有效的措施，重视班会课程开发，注重细节，建设团结奋进的班集体，形成和谐融洽的师生关系。从解决问题入手积累经验，提倡大家形成解决问题的思维方式，在班级管理的过程中学会提出问题、分析问题、解决问题，积累班级管理的经验。

#### （一）树立班主任工作新理念

班主任工作是一项专业性很强的工作。班主任关注的是人的培养，应“以人为本”，深入学生内在的生命价值，以发展的理念对待每一位学生，用爱去呵护每一位学生。因此，班主任光靠勤奋和尽心不一定能完全做好工作，而将班主任工作提升到“专业化”的层面来认识，用“专业化”的体系来规范，用“专业化”的机制来运作，用“专业化”的标准来评价，就可以从根

本上降低班主任工作的“随意性”，弱化“经验性”，减少“盲目性”，相应提高班主任工作的目的性、计划性、智慧性，逐渐树立起班主任工作新机制、班主任职业新形象。

在新课程新教材实施中班主任专业化的核心理念是：班主任是学生主要的精神关怀者，而不是我们从前认为的单纯的班级管理者。班主任是全面关心学生发展的老师，包括关心学生的生活、健康、学习、心理、道德，即关怀学生的自然生命和精神生命。精神生命的关怀是班主任的主要使命。精神关怀主要是关怀学生的心理健康、道德情操、审美情趣等方面及其成长与发展，关怀他们当下的精神状况和他们未来的精神发展。关心、理解、尊重、信任是关怀情感的基本表现，也是学生基本的精神需求，是班主任专业化劳动的基本内容。

学校教育引导每一位班主任都以“关心、理解、尊重、信任”为支撑来建构自己的教育理念，自觉实现由单纯的班级管理者向主要的精神关怀者、人生引领者、潜能发掘者、智慧拓展者转变；摆脱“及格率”“优秀率”“升学率”的片面目标牵引，不再将“学优生”“学困生”“好生”“差生”等不科学、不切实的差异性标志强加给学生和家长；能够面向全体学生，以平等的人格、平和的心态，充分履行教育者的职责，充分发挥教书育人的职能，使每一个学生都得到成才的肯定、成人的激励和成长的鞭策。

## （二）系统开展创建优秀班集体活动

### 1. 价值意义

集体是学生最熟悉、最直接的生活空间，是学校各项工作的出发点与立足点。一个班集体一旦形成，就会产生一种特定的心理气氛，这是班集体共有的心理反应，班集体共有的行为方式是这种共同的心理反应的外在表现，班集体心理气氛有形或无形地影响着每一个学生的成长，健康融洽的班集体心理气氛能使学生强烈体验到在集体中的归属感、安全感、满足感和责任感，并容易接受集体的目标、态度和价值观，保持积极进取的乐观情绪，激发学习的动机；而涣散、冷漠和缺乏关怀的班级心理气氛会使师生之间或同学之间产生误解或隔阂，有时甚至会出现消极或敌视的行为，引发厌学或反集体情绪等。由此可见，班集体建设的成败对个体的影响是巨大的，优秀班集体对学校、对学生个体有着十分重要的作用。

### 2. 创建标准

怎样建设优秀班集体？“优秀班集体”的标准应当是怎样的？

我国班集体建设研究中心的研究表明：班集体与班级并不是完全相同的两个概念。班级更侧重于组织名称，而班集体则是一种价值判断，反映组织的性质和水平。一个真正的班集体应该有明确的奋斗目标、健全的组织系统、严格的规章制度、丰富的共同活动、正确的班级舆论。这就是评价一个优秀班集体的五个主要参考指标。

研究表明，目前很多班级都只是一个“学生群体”，不能称为“班集体”。班集体的形成和发展是一个复杂的过程。班级从联合群体发展为班集体是一个质的飞跃过程。

### 3. 考核评价及管理

（1）学生发展中心建立班主任和班级全面质量考核体系，突出过程性管理和多元性评价。

（2）学生发展中心期末和学年末两次对班主任从德、勤、绩、能等方面进行全面考核，班主任要写出详细的书面述职报告，对本人岗位履行职责情况进行全面总结。考核结果分为优秀、良好、合格、不合格四个等次。

（3）学生发展中心期末和学年末两次对班级通过过程管理数据，从班集体建设和学生德智体美劳全面发展情况、班级（卫生、纪律、学习等）常规检查情况、统一考试成绩情况、任课教师评价情况等方面全面考核班集体建设成效，考核结果分为优秀班集体、良好班集体、合格班集体、不合格班集体四个格次。

（4）优秀班集体的评选要从严掌握，保证质量，真正能够起到示范和引领作用。评选时要注意班级学生基础，同层次的班级一个标准，要兼顾各个层次班级。优秀班集体的比例一般掌握在三分之一之内，而经过几年学校整体创建水平提升之后再随之提高比例。

（5）优秀班集体荣誉的管理应用。优秀班集体为动态管理，一年一评，评选上挂牌，落选了就摘牌。校内优秀班主任和郑州市优秀班主任必须从优秀班集体的班主任中产生。班主任所带班级荣获优秀班集体等格次情况要计入教师业务档案。

**4. 实施策略**

学校通过制定实施方案、宣传发动、相关培训、典型示范、交流分享、榜样激励等活动方式稳步推进，及时进行阶段总结、反思和改进，促进创建工作不断提升和完善。

**5. 创建成效**

优秀班集体建设工作取得了显著成效。班级群体向班集体的进阶基本完成，优秀班集体的数量和质量不断提高，班风正，学风浓，学生德智体美劳全面发展的局面已经全面形成。

### （三）开展星级班主任评选活动

在创建优秀班集体的基础上，学校开展了星级班主任评选活动。活动开展的目的是在全校所有班级实现由班级群体向班集体乃至班级共同体进阶的基础上，实现全体班主任专业化发展的梯次进阶，激励班主任教师不断成长，追求卓越，从而推进学校班主任队伍建设和班主任专业发展不断迈上新台阶。

**1. 星级班主任等级设置**

三星级班主任；四星级班主任；五星级班主任；校级名班主任。

**2. 星级班主任评选条件**

（1）经过学校班主任选聘考核，经公示无异议。

（2）完成学校班主任校本培训并取得培训证书。

（3）班级连续两个学期被评为校级优秀班集体。

（4）作为校本培训讲师完成 3 次及以上班主任培训或经验分享。

（5）连续担任我校班主任 10 年（含 10 年）以上并担任毕业班班主任 3 届以上。

（6）主持或参加（前 3 名）省市班级管理类课题立项并顺利结项，或者班级管理课题成果被评为市一等奖或省二等奖以上。

（7）河南省班主任基本功大赛一等奖获得者或河南省优秀班主任获得者。

（8）班级高考成绩有突出贡献者，学生被清华、北大录取。

**3. 星级班主任评选办法**

星级班主任评选每年七月初进行一次，由个人填写申报表并提供相关材料，经学生发展中心认定上报校务会研究确定。原则上逐级评选，不能越级，满足特殊条件者，经校务会研究可破格评选。

（1）三星级班主任：必备条件（1）。

（2）四星级班主任：必备条件（1）（2）（3）；选备条件（4）（5）（6）（7）中至少一项。

（3）五星级班主任：必备条件（1)(2)(3)，选备条件（4)(5）和（6)(7）中各至少一项。

（4）校级名班主任：必备条件（1）（2）（3）（4），选备条件（5）（6）（7）中至少两项。

（5）破格越级评选：必备条件（1）（2）（3）（8）。

**4. 星级班主任待遇**

（1）三星级班主任：区级评优评先推荐，省内考察交流培训。

（2）四星级班主任：市级及以下评优评先推荐，国内考察交流培训。

（3）五星级班主任：省级及以下评优评先推荐，国内考察交流培训，青年班主任导师。

（4）校级名班主任：国家级及以下评优评先推荐，国内外考察交流培训，青年班主任导师，成立名班主任工作室（专项经费）。

**5. 星级班主任监查机制**

（1）校质检组和纪委监督星级班主任评选全部过程。

（2）凡有违反教师职业准则或师德要求，经校务会研究，视情况进行降级处理，直至取消班主任任职资格。

## 二、以育人为导向的主题班会建设

所谓主题班会课，是指按照一定的教育任务目标要求，以班主任的精心指导为依托，围绕特定主题展开的系列有目的、有计划、有组织的教育活动，是学校展开综合教育的重要方式，对促进学生自我教育、自我管理、自我提升并最终实现全面发展目标作用显著。

主题班会建设是学校班主任行动系统中的重要内容。主题班会的意义主要体现在班级建设、班风学风建设、同学成长成才和思想政治教育、道德品质修养方面上，同时也是班主任和教师提高自身工作水平、成长锻炼的一项重要科目，是学校培养人才的重要平台。通过召开主题班会，增强班级的凝聚力，营造温馨、和谐的学习和成长环境，有针对性地开展思想政治教育和道德教育，提升学生的综合素质和能力，加强学生自我教育、自我管理和自我服务的能力，是思想政治教育主阵地的重要补充和延伸，是实现教书与育人的有机统一。

### （一）主题班会设计原则

#### 1. 构架上注重整体性和关联性

按三年制构设的主题班会内容涵盖适应性教育、心理健康、行为规范、爱国主义、理想信念、社会参与等模块，每个主题模块又由若干节相关内容课程构成，每节课有不同的具体教育目标指向。为了让各子课程相互协同贯通进而达成主题班会的系统性育人效果，需要对主题班会各类课程进行梳理，与育人目标关联性弱的课程不开设。

对过于琐碎的内容要整合，同时结合学生的成长阶段需求去设计教学模块及课程的植入顺序，合理形成前后相继又结构明晰的课程体系，避免因课程内容混杂、课程结构松散削弱系统化的育人效果。

#### 2. 内容上突出教育性及实用性

高中阶段是人格养成和心理成长至关重要的时期，学生大都存在成长及学习的阶段性困惑和迷茫，班主任应有效利用此时期，以主题班会为抓手去唤醒学生主观意识、提升学生认知水平。以问题为导向，有预见性地组织主题班会内容，突出教育的针对性和实用性。

此外，主题班会课程不同于相对固化的第一课堂课程，部分内容需实时结合学校的最新工作要求以及学生面临的突出问题而灵活调整。因此，在主题班会内容设置上适当留有“机动”教育模块，以便班主任按需取材，帮助学生解决现实问题。

### 3. 形式上力求丰富性和多样性

主题班会教学组织形式关乎教学的实效性，其设计是主题班会构建的重要一环。局限于教室的简单说教式讲解早已不能满足学生的求知需求，教育效果会严重打折。从空间上看，可将线下部分活动转移至线上，将在教学空间举行的部分活动转移至校外实践基地。

从活动形式上看，主题班会既可是辩论式、观摩式、讲述式，也可是表演式、研讨式、角色扮演式、实践体验式等。通过拓展空间、创新手段积极调动学生多种观感参与，化远为近，化抽象为具体，进一步激发学生的参与热情和提升教育感悟效果。

## （二）主题班会课的组织优化

### 1. 因材施教

“因材施教”的育人理念自古有之，同时作为一种重要的教学方法和原则，要求根据学生的认知水平、学习能力及自身素质等个性差异，选择科学的方法进行针对性教学，有效激发学生的兴趣，最终实现全面发展目标。所谓“工欲善其事，必先利其器”，对于主题班会课而言，其“器”就在于材料，能够起到渲染主题的作用，并能更好地激发学生兴趣，提高他们的关注度和积极性。在“因材施教”的育人理念先导下，要注重主题班会课的精准选材，有效切入学生的实际需求，了解他们喜欢什么、关注什么、困惑什么……使他们在整个过程中如遇“知音”、如获“良友”，打开通往其心灵的窗口。

### 2. 以人为本

学生首先是人，具有人的本质属性，是生活在一定社会关系中，具有特定社会属性的，将其视作发展的主体、发展中的人，最大限度地释放其主观能动性，是现代教育事业的必然走向。主题班会课上体现“以人为本”的育人理念，就是要重构师生关系，充分尊重学生主体地位，并与班主任的主导作用有机结合，为学生提供真实展示自我的舞台，引导正确的价值认知体系生成。在“以人为本”的理念先导下，唯有辩证看待师生间的交互关系的相辅相成，让学生在主题班会课上有所感、有所悟，进而不断逼近成长目标，才是提升学生满意度的重要路径。比如，教师可根据不同成长阶段学生的个性化需求，组织相应的主题班会课活动，如针对高一新生的适应性教育，针对高三学生的职业规划等，紧密关注学生的思想动态变化，有的放矢地输出指导服务，势必能够起到事半功倍的效果。

3. 三全育人

坚持全员育人、全程育人、全方位育人。“三全育人”理念在主题班会课上的植入，有效延展了其教育范畴，从而更好地服务育人。具体而言，“全员育人”在主题班会课上的体现，就是要汇聚学校领导、任课教师、学生、家长、社会人士等有生力量，协同参与进来，围绕“立德树人”根本任务，从不同维度视角切入提出有意义的课题和建议，有效扩大思想政治教育的覆盖面、影响力，充分发挥各教育主体的积极作用，实现主题班会教育的有效性和生动性。

## （三）主题班会中学生主体作用的发挥

根据新课程新教材实施中学生主体地位的教育理念和郑州二高“自主发展，健康成长”的办学理念，学校要求班主任在主题班会建设及实施中要充分发挥学生的主体作用，教育引导本班学生自我教育、自我管理、自主发展，在班委会和团支部的带领下，积极参与主题班会建设和实施的各个环节，坚决避免出现班主任老师一手包办主题班会的情况。

## （四）主题班会的运行及督导

学校将各班主题班会开展情况作为班主任考核和班集体建设的一项重要内容来抓，每周五下午的班会时间必须用来举办主题班会，不允许挪作他用。

学生发展中心在班会时间进行全面检查巡视，将各班班会开展情况计入班主任过程管理材料中，在班主任例会上进行总结点评。为提高主题班会质量，推广典型班会案例，学生发展中心会定期举办主题班会展示活动和示范活动，邀请全体班主任参加观摩。将优秀主题班会设计汇集成册供班主任交流分享。

## 三、在学习和反思中促进班主任专业发展

班主任工作行动系统一项重要内容就是促进班主任专业发展，通过班主任专业发展带动班主任工作质量的提升，从而促进学校教育教学工作的高质量发展。那么，班主任专业发展的路径是什么？作为学校应该如何带领班主任队伍立足新发展阶段、贯彻新发展理念、构建新发展格局、稳步推进班主任工作走专业化发展之路呢？

简单来说，班主任专业发展的路径是一个逐步进阶的过程：第一个台阶是工作胜任，成为合格、胜任职责的班主任；第二个台阶是形成工作体系，成为有经验、有章法的班主任；第三个台阶是经验体系，成为专业化、系统化的名班主任；第四个台阶是思想体系，成为有教育思想和教育风格的班主任专家。

那么，如何稳步推进班主任工作走专业化发展之路呢？郑州二高的做法是：多措并举，引领班主任在学习和反思中促进专业发展。

### （一）在学习和工作中反思，在反思和合作中发展

#### 1. 树立终身学习观，在学习中求发展

树立终身学习观是社会发展的客观要求，也是教师专业发展的现实需要。要永葆教育的青春和活力，教师必须树立终身学习的观念；不断更新自己，提高自己。班主任实现终身学习既是自身发展的需要，也是班级教育管理的需要。

#### 2. 做好教育和科研，在工作中求发展

班主任工作是一门课程，包括教育和科研两部分，这是班主任专业发展的两大基石和依托。教育活动不仅是具体的实践活动，同时也是一项创造性

劳动；不仅要渗透班主任老师的情感，也需要理性思考参与其中。班级不仅是教育的园地，也是绝佳的研究场所，大量的教育现象就在我们身边，我们可以通过参加课题研究、撰写教育论文，把教育实践中纯经验的东西上升到理论和专业化的高度。

**3. 制定个人规划，在反思中求发展**

个人发展规划不仅是班主任自身发展的引领和督促，也是班主任教师实施专业化可持续发展的必要手段。反思是促进班主任发展的不可缺少的环节，反思会使人养成对日常工作与学习的一种敏感和探索习惯，保持一种积极探究的心态，不断改进自己的工作，并形成理性的认识。如果我们每一位班主任都能留下这些成长轨迹，那将是班主任专业化发展中不可多得的财富。

**4. 建设学习型组织，在合作中求发展**

努力让每一位班主任教师都树立“我们的事业是集体的事业，我们的竞争是合作的竞争”的思想，达到“在工作中构建友谊，在交往中培养性格，在困难中风雨同舟，在荣誉面前共同享受”的目的。班主任的专业化发展，提高了班主任的素质，促进了班级建设，为打造优秀班集体奠定了基础。

**5. 提升教育理念，在服务中求发展**

在新的教育理念中，教育被看作一种服务。与其他服务行业一样，教育服务是建立在消费行为基础上的供求活动，学校和教师是服务提供者，学生是服务消费者，教育服务也必须秉承消费者至上的服务理念，为消费者提供一切便利，让消费者满意，从而办人民满意的学校。

### （二）建立班主任专业发展促进机制

**1. 确定班主任考核内容**

学校将班主任专业发展情况纳入班主任工作考核内容，包括过程性表现、取得的成效、专业成果、交流分享情况、示范展示情况等。

**2. 搭建班主任专业发展交流平台“班主任论坛”“青年班主任沙龙”**

班主任论坛是学生发展中心为全体班主任搭建的班主任工作和班主任专

业发展交流分享平台，也是班主任教师学习— 反思— 科研— 合作的交流平台。班主任论坛每学期举办一至两次，在学期工作计划中进行安排，在确定主题的基础上，安排专家指导报告和校内班主任经验交流及论文发表，最后专家和学校领导点评。

青年班主任沙龙是针对青年班主任专业成长而建立的交流分享平台，利用每周四下午第四节的时间开展，请校内外的专家、优秀班主任对全校的青年班主任进行培训，同时校内青年班主任也进行汇报性、展示性交流，用以提升青年班主任的教育视野、专业素养和工作能力。

**3. 引入评价机制，促进班主任专业发展**

学生发展中心通过优秀班集体评选、星级班主任评选、学生评价班主任、任课教师评价班主任、学生发展中心评价班主任等评价机制，对班主任工作成效和专业能力进行常态性、多样性评价，表扬先进，鞭策后进，促进班主任“不待扬鞭自奋蹄”。

## 四、班主任家校共育建设

班主任家校共育建设是班主任行动系统中具有开放办学意义和现代学校制度特点的行动计划，体现了学校开放办学思想和育人方式改革的思想，是学校协同教育系统中的重要一环。

### （一）家校共育的意义

苏霍姆林斯基说：教育的效果取决于学校和家庭的教育影响的一致性。如果没有这种一致性，那么学校的教学和教育过程就会像纸做的房子一样倒塌下来。由此可见，家庭教育对学校教育的效果具有极大的影响。教育不是一个孤立、封闭的过程，而是开放的、现实的、全方位的社会活动。学生是在学校、家庭以及社会的共同影响下成长的，任何学生的成长都离不开这三个方面的环境。

学校教育需要家庭教育的配合、理解和支持，二者是相互依存和相互作用的，并且分别发挥着不可替代的作用。班主任作为学校教育与家庭教育的结合点，在实施学校教育教学工作时不可避免地要与家长经常沟通和合作。

因此，班主任只有与家长建立一种平等、互助、友善的合作关系，家中有校，校中有家，两者和谐融洽、形成一体，得到全体家长的支持和理解，才能有效地完成学校各项教育教学任务，才能最大限度地发挥二者合力的作用，实现教育的最优化。

### （二）家校共育中学校培育班主任的实践策略

#### 1. 培养班主任教师的家校共育意识

对班主任进行定期培训，增强班主任的“家校共育”的理论素养，让每一位班主任都充分认识到“家校共育”的迫切性和重大意义。用具体的案例分析提升班主任家校沟通能力，让每一位班主任明白良好的家庭教育是孩子健康成长的原动力。定期召开家长会，积极引导家长转变思想，学习并接纳先进的家庭教育理念；让优秀孩子家长现身说法，面对面分享自己是如何配合班主任教育孩子的，从而积极唤醒、引领家长这支强大的后备军自律成长，为孩子们做好榜样，协助班主任和学校共同教育和管理好学生。

#### 2. 激发班主任参与家校合作的积极性

一是进行思想教育。根据学校的实际情况，对班主任进行专业培训，集体学习和自主学习相结合；定期召开班主任经验交流会。使大家亲身感受家校共育带来的益处，增强班主任家校共育的责任心和自信心，点燃班主任家校共育的激情。二是健全有效的制度机制。将家校共育作为一项制度来执行，明确家校共育的基本原则、方法及工作规范，切实增强家校共育的实效性。

#### 3. 提升班主任家校共育素养

一是提升班主任家校共育的理论水平。通过培训和校本研修，组织班主任学习协同教育理论、现代学校制度、开放办学理论以及全员育人理论等，在学习中反思，在共育中提升。二是提升班主任家校共育的实践能力。通过校内示范引领、典型案例分析、同伴互助，以及邀请省级名班主任、优秀班主任进行专题报告和跟岗名班主任研修等方式，不断提升家校共育的素养和实践能力。

#### 4. 建立良好的班主任与家长沟通渠道

（1）通过建立网络平台，实现班主任与家长的沟通

组建班级家长微信群、钉钉群，班主任躬身“入局”，主动与家长进行沟通交流。建立学校公众号和网站，让家长通过公众号和网站时时关注学校动态，了解学校各项工作的开展，直观感受孩子在校表现；通过网络交流平台，实现班主任与家长的良好沟通。

（2）通过家长会，实现有效沟通

学校每学期召开两次家长会，家长会面对面沟通使家校合作更精准、更真实、更高效。除此之外，学校还定期举办家长座谈会，实现班主任、家长之间的及时有效沟通。

（3）倡导班主任积极开展家访活动

家访在家校共育工作中具有不可替代的作用，有针对性地开展家访活动，对于拉近家校距离，密切班主任与家长良好关系，营造健康和谐的家校共育环境氛围，以及提高家校共育的质量和水平，发挥着越来越重要的作用。班主任对学生进行访问前，应考虑好与家长交谈的问题，一定要有明确的目的，首先向各科任教师综合了解具体情况，做到心中有数。只有家访前准备充分，才能在与家长交谈时把问题讲得有理有据，才有说服力，从而达到预期的教育效果。另外在访问过程中，教师要注意态度诚挚，言辞贴切，以实事求是的原则向家长介绍学生的各方面表现，以发展的眼光看待问题，一分为二地评价学生的表现。

### （三）家校共育中班主任的实践策略

#### 1. 要坚持以学生发展为中心

在家校共育中坚持以学生发展为中心，这本来是不言而喻的，是一项基本原则，但真正能以学生发展为中心并不容易，这涉及教师在家校共育中的价值观问题。如果只以学生发展为名，但实际上是以学校为中心，以家长为工具，那就是价值观的扭曲。班主任在家校共育工作中必须牢牢守住这样的基本原则、思想底线。

**2. 要坚持两个基本点**

一个基本点是班主任要塑造自身的影响力。影响力从何而来？主要是两个方面，一是教师的人格魅力，二是教师的专业能力。教师热爱学生，道德水平高，敬业精神强，自然就具备了人格魅力；教师的专业能力强，上课水平高，擅长解决问题，自然就具备了专业影响力。

另一个基本点是要与家长有清晰的边界感。边界感的意思是，要在契约关系的层面上思考：教师和家长各自承担的职责是什么？可以相互协助，但要知道哪些是分内的，哪些是分外的，哪些是越界行为。

**3. 要坚持三个准则**

三个准则分别是透明、公正和沟通。透明准则是指班级发展的情况尽可能同步向家长保持透明。透明会减轻家长的恐慌，增加家长对班级工作的信任感，也是赢得家长支持的前提。公正准则是指“一碗水端平”。但是，公正不是平均，对弱势学生的倾斜是公正的高级形式，恰恰可以赢得家长的尊重。沟通准则是指凡事多征求意见、多商量。班级事务不必都征求家长意见，但与家长相关的一定要征求意见。

**4. 礼貌待人，尊重和理解家长是做好工作的前提**

由于家长和教师扮演着不同的社会角色，这就决定了教师与家长在教育孩子方面具有互补的必要性和可能性。班主任与家长谈话时，要尊重家长，委婉地指出学生存在的问题，真诚地提出自己的建议；同时，也要虚心听取家长的意见，与家长共同研究解决问题的方法。当家长看到了孩子进步的希望时，对老师也会肃然起敬。

事实上，班主任也能够从家长身上得到大量信息，也能从家长的厚望中激起从事教育事业的崇高感和责任心。很多家长又能从老师身上获取教育的知识和技能，为教师的师德精神所感动。这样，教师与家长结成和谐融洽、互相信赖、彼此合作的协同教育力量，共同完成教育孩子的重任。

**5. 指导家长准确定位父母角色，做好家庭教育**

给予家长适当的教育方法指导，提高家庭教育水平。班主任要充分利用家长会和各种与家长接触的机会与家长进行交流和沟通。部分家长在教育孩子方面缺乏知识和经验，虽有望子成龙之心，却无科学地教育子女的方法，想配合学校搞好家庭教育，做好家校共育，但不知从何做起。作为班主任，要引导家长准确定位父母角色，并从具体方法上指导家长做好家庭教育。这就要求班主任结合学生实际，与家长共同探讨学生心理成长、学习、生活等方面的问题，找出孩子目前的问题及其形成原因，再讨论和交流具体的可行的教育方法。

**6. 掌握与家长交流的技巧，提高与家长沟通的能力**

在班主任与家长沟通中，班主任往往是好的初衷，但由于缺乏沟通技能技巧、沟通方法，沟通形式单一，结果沟通只停留在表层互动上。有些班主任缺乏沟通技能技巧，使班主任与家长之间不能保持一种平等的互动关系，家长往往是被动方，班主任则高高在上，本应较近的心理距离拉远，互相不能了解对方的需要和想法，更不能真正理解对方发出信息的意义，带来了不信任和隔阂感，给班主任和家长的互动交流设下了障碍。比如，学生在校出现了违规违纪现象，不要单刀直入地带着不满情绪与家长沟通，这样只会让家长觉得老师对孩子有偏见；可以缓一缓，怒火平息后先谈一谈孩子最近有了哪些进步，夸奖家长对学校教育的配合之后点出还有一些细节问题再注意一下，孩子会有更大的进步，这样比带着情绪以批评为主的沟通更有效果。

学校还注重完善建设学校家长委员会工作制度，形成家校共育局面，创造性地开设“妈妈学堂”，广聚校内外有教育想法和才能的专家、老师和家长，通过讲座的方式将自己的“育儿心经”传递给家长，力求将好的教育方法和心得体会辐射到更多的家庭之中，共同托举孩子的美好未来。

## 第五节　班主任工作研修系统

班主任工作研修系统是学校班主任队伍建设的专业支撑系统。要做好新时代专业化创新型班主任，学校就要以高质量发展为主线，聚焦班主任成长的痛点和堵点，找准班主任队伍建设的突破口和着力点，激发成长动力，推动班主任队伍从专项管理向现代治理转变，从基本支撑向高质量支撑转型。让学校班主任队伍高质量发展，让班主任成长可“见”、成果可“鉴”，而最接地气的“能量场”就是狠抓学校班主任的校本研修工作。

班主任工作是一个专业技术岗位，班主任是管理型的教育者。这个岗位并非人人可为，需要专业的伦理情感、专业的知识结构以及相应的专业能力。而专业人才的获得一靠选拔，二靠培养。郑州二高把引领和促进班主任专业发展当作教师队伍建设的重要内容来抓，除了从选聘、评价等各个环节入手，通过管理机制构建班主任专业发展的阶梯之外，还系统建设了班主任工作研修系统，开展形式多样的校本研修活动。

## 一、班主任校本研修的定位

所谓班主任校本研修，是针对学校班主任队伍所存在的问题所进行的教育和研究一体化的培训活动。与传统培训不同之处在于，活动的主体不是专家，而是一线的学校班主任；活动的主要形式不是讲座，而是交流和研讨；活动的内容组织不以系统的理论逻辑为顺序，而以基于现实的问题为焦点。“以研促修，研训一体”是其最大特色。所谓“校本”，一是基于学校，以学校的实际为本，要研究学校，包括学校传统和特色、现状以及存在的问题；二是基于学生，以学校的学生为本，要研究学生，包括生源结构、发展特点及其定位；三是基于教师，以学校的班主任教师为本，要研究班主任自身，包括队伍现状、优势及面临的挑战等。其最终目标是搭建一个专业发展的平台，促进班主任队伍整体专业素质的提升。

## 二、建设体系化的班主任校本研修系统

### （一）专家引领

基于校本研修的专家引领不同于一般意义上的专家引领。不是学校服从于专家固有的理论体系，做一个被动的倾听者，而是专家服务于学校的现实需要。在与学校反复沟通的情况下，对学校班主任工作中普遍感到困惑的问题作深入的理论分析及策略引领。因而不是专家讲什么学校就听，而是学校

需要什么专家就指导什么。除了主题讲座之外，专家还深度参与学校的各种研讨交流活动，为班主任老师作发言点评，或者作经验到理论层次的提升。

专家引领分为以下三个层次：一是学校邀请国内高校和研究机构教育管理专家莅临学校进行基于校情和班主任队伍建设痛点、难点的专题报告，或者是基于普通高中育人方式改革和新课程新教材实施的专题讲座；二是邀请河南省高校和教育行政部门教育专家根据省市教育发展改革和班主任队伍建设的实际需要对学校班主任队伍建设和专业发展进行针对性指导；三是邀请郑州市高校和教育行政部门教育专家到校对班主任队伍建设和专业发展进行指导。

### （二）同行交流

#### 1. 举办本校产生的河南省优秀班主任或名班主任经验研讨会

我校有三名省级优秀班主任和一名省级名班主任工作室主持人。这些班主任带班成绩优秀，学生发展比较全面，处于职业生涯的成熟期，居于队伍中领军人物的地位。为了更好地发挥其示范效应，并且促进此类班主任自身成长，实现由经验型向专家型的转型，学校搭设平台，给这些班主任召开个人工作经验或教育思想研讨会，全面总结其教育思想及策略。这是个体对群体的交流，以观摩学习为主，有助于班主任老师整体素养的提升。

#### 2. 举办班主任论坛和青年班主任沙龙

班主任论坛比较正式隆重，一般每学期一次。学校选取有特色的班主任，取其亮点而不是全面，作典型经验交流。例如，有的班主任善于家校沟通，有的班主任善于民主管理，有的班主任长于思想引领，有的班主任善于策划活动。班主任论坛要求全体班主任参加，在交流分享的基础上开展现场互动交流活动。

青年班主任沙龙每周四下午举行，有两项内容：一是专业引领，由优秀班主任、名班主任或班主任导师对青年教师进行专业培训，比较正式；二是青年班主任之间的专业交流，比较随意轻松，交流话题比较具体务实，如怎样选拔和培养班干部、如何与学生谈心、排座位中的技巧问题等，以亮点交流为主，有助于班主任老师操作层面的提高。由于与教育实践紧密结合，往往深受教师特别是缺乏工作经验的青年班主任欢迎。

**3. 做全校性的问题研讨活动，即教育共研月制度**

作为一种新型的年度重点工作总结和研讨制度，教育共研月的目的主要有两个方面：一是聚焦重点工作，总结经验，促进发展；二是从单一的班主任团队研究实践到多元化群体的参与。

班主任老师选择自己工作中遇到的难题，以案例的形式记录下来，由学校学生发展中心统一整理归类，将其分为不同类型的问题，如常规管理问题、文化建设问题、个别学生教育问题、任课老师协调问题等，采取分配和自愿相结合的原则，组成若干研讨小组，针对某一类问题进行深入分析和研究，并群策群力提出解决方案。以智慧碰撞为主，有助于改变班主任老师的思维方式。

**4. 实施班主任月例会**

集中学习与自学分享：学习分基础学习和分层培训，其中培训包含政策、通识和专业等内容。案例会诊：拿出当月校内案例，集体会诊分析，促使班主任澄清问题解决思路，完成实操能力培训。专项反思：聚焦一项近期工作进行集体反思，问题分析到位，学到他人之长，想到的解决办法都直接改在原方案中，为下次活动所用。做细做实反思是推进学校班主任稳步成长的最为重要的内容。校内营造的重视反思、认真反思的氛围和层层讨论、落实到位的方式有效推动了班主任扎实工作，稳步发展。

### （三）合作研究

教育家苏霍姆林斯基说过；如果你想让教师的劳动能够给教师带来乐趣，使天天上课不至于变成单调乏味的义务，那你就引导每一位教师走上从事研究这条幸福的道路上来。学校把研究的理念引入培训中来，引导班主任老师树立“研究是一种专业的工作方式”的基本理念，鼓励班主任老师做教育叙事研究，确立校本德育课题，申请市级德育课题，以学校或年级组为单位，做合作研究。发动全校班主任参加，年级组承担子课题，以课题研究为载体将班主任结成“研究共同体”，并将老师们的研究成果（教育案例、教育反思、研究报告等）及时汇编成册，促进班主任科研能力的提高。

### （四）自学读书

实践能力的提高离不开有效理论的指导，因而一个专业的班主任往往是一个爱读书的班主任。学校开展相应的读书活动，列出推荐书目，给班主任老师购买专业图书；要求大家写出读书笔记，并且举行读书分享活动，通过读书活动不断提高理论素养和专业能力。

## 三、提升班主任专业能力的校本实践

经过充分调查研究，学校制定了《班主任能力提升工作方案》，着力提升班主任的七种能力，即政策理解与执行能力、组织管理与协同能力、洞察力与换位思考能力、学习反思与创新能力、心理疏导与沟通能力、突发应变与处置能力、新媒体与大数据应用能力。

为了切实提升班主任的七种能力，学校建立了星级班主任评选制度，制定了班主任工作考核办法，并采取措施狠抓落实。

学校每学期组织一次班主任集中培训，要有不少于六个学时的思想政治内容。班主任要全面了解班级内每一个学生，深入分析学生思想、心理、学习、生活状况，建立学生过程性管理档案，针对个体制定切实可行的提升改进方案；要加强家庭教育指导，组建班级家长委员会，充分发挥家委会的协调作用，每学期至少召开两次家长会，组织家长积极参加学校“妈妈学堂”活动。学校每月第二周定期召开班主任工作例会，总结班级管理的经验和不足；每月组织一次 35 岁以下青年骨干教师培训会，由经验丰富、工作突出的班主任与青年骨干教师进行经验交流；每年四月份举办一次班主任基本功大赛，加强对青年班主任的培养；设立班级管理校级课题研究，不断提升班主任发现问题、研究问题、解决问题的能力；班主任每学期至少撰写一篇班级管理故事，并择优展示交流、汇编成册，建设学校班级管理案例库，作为新聘班主任校本培训手册。

反思研修是教师实现专业提升的有效途径，也是形成教育智慧的重要方式。

学校一直鼓励班主任们在自身积极开展工作研究的同时，积极撰写德育论文、教学案例、教育故事，挖掘、发现人们日常行为背后内隐的思想、故事中所蕴含的理念，在交流、研讨中进一步完善自身的教育思想。

每个学期末，学校都会组织班主任们撰写班级管理故事，汇集班主任管理智慧，挑选优秀班级管理案例汇编成册，形成了班级管理案例库，为青年教师快速成长提供了宝贵的“实战”经验。

正是在一次次的观摩、分享、交流中，越来越多的班主任有了将问题转化为研究课题的意识，以发掘案例、提炼思想、讲好故事、规划落实为路径，积极进行探索和实践，不断提升着自己的专业水平和能力。

通过校本研修，学校有效地促进了班主任专业能力的提升，不仅实现了引领整体发展的目标，而且成为不同职业发展阶段、不同风格和特色班主任自我展示和发展的平台。

## 第六节　建立班主任工作评价系统

建立班主任工作评价系统是学校班主任队伍建设和班主任专业发展提升的具有正面导向意义的制度机制，在整个班主任工作系统化建设中占有重要地位和作用。教育部在《中小学班主任工作规定》中明确指出：学校建立班主任工作档案，定期组织对班主任的考核工作。考核结果作为教师聘任、奖励和职务晋升的重要依据。对不能履行班主任职责的，应调离班主任岗位。全面、客观地评价班主任的工作，提高班主任考核评价的科学性，对于转变班主任的教育观念、增强班主任的专业素质、提升班级教育质量和管理水平至关重要。

### 一、班主任考核评价的功能

学校充分发挥班主任考核评价所具有的导向功能、调控功能、激励功能和鉴定功能，通过评价提升全校班主任工作整体水平，推进学校教育教学工作高质量发展。

一是遵从班主任专业成长与发展的内容和要求，以班主任的专业素质、工作效能和履行职责等为依据，通过评价引导班主任树立正确的教育思想观念和科学的质量观、人才观，明确班级工作的目标及应该采取的教育方法与手段。二是班主任考核评价以专业发展目标和要求为依据，总结班主任工作的成功做法和经验，诊断工作中存在的问题与不足，使班主任对自己的工作获得比较清晰完整的认识。三是通过考核评价使班主任内在的活力得以激发，潜力得以开发，工作积极性得以调动，竞争的意识得以增强，起到积极的促进作用。四是对班主任工作绩效和专业成长做全面评定，它既是对班主任工作的概括性描述，也是对班主任工作的鉴定。

## 二、班主任考核评价的内容

班主任考核评价的内容包括对班主任履行工作职责的评价、工作业绩的评价和专业素质的评价三个方面。班主任工作职责评价是对班主任工作过程的考核；班主任工作业绩评价主要是通过学生表现来进行评价；班主任专业素质评价是对班主任完成本职工作的基础和条件进行评价。

对班主任履行工作职责的考核评价，主要依据国家和学校有关班主任职责与任务的规定，考察班主任的事业心、责任心、班级日常管理工作情况，跟班出勤情况，完成各项任务情况，组织、指导开展班会等形式多样的班级活动情况，对班级和学生思想、心理、学习、生活深入了解情况，工作规范细致情况，工作方法灵活多样情况，对不同学生进行分类教育、分层管理情况，管理的特色和实际效果情况，关心特殊学生、落实帮教措施、有效转化后进生情况，学生安全教育和管理情况，班主任与任课教师和其他教职员工沟通情况，联系学生家长、学生所在社区并形成教育合力的工作情况等。

对班主任工作业绩的考核评价包括三方面：一是班集体建设。主要考察班级是否有明确且共同的奋斗目标，班级是否形成良好的集体氛围、班风及学风；班级是否形成领导核心和骨干队伍，班级人际关系是否和谐。二是班级学生德智体美劳全面发展情况，通过量化表现出来，或者是经过观察、比较，通过学生行为反映出来。三是班主任在工作中取得的其他突出成绩，如班级或个人获得的各种荣誉称号、面向校级以上开设的主题班会活动、在有关会议上的经验交流和发表论文等。

对于班主任专业素质的考核评价。班主任专业素质对班主任是一种持续性的作用因素，也是班主任工作创造性的潜在因素。学校主要从班主任的专业知识、专业技能和专业道德三个方面来考核评价。

## 三、正确处理考核评价的几组关系

一是处理好过程评价与结果评价的关系。学校既重视结果评价，重视成绩的取得，同时又重视过程评价，甚至可以说过程管理比结果管理更重要。考核评价若只重结果，并不能给予班主任具体有效的指导和帮助，班主任自身及其工作中存在的问题就可能反复出现并长期得不到解决，很难有效促进班集体建设和班主任专业发展。过程评价作为一种科学的归因分析手段，为结果评价提供更多的信息，也使结果评价的结论更有说服力。

二是处理好量化评价与质性评价的关系。由于量化评价具有评价指标具体、可操作性强、业绩考核评价结果较为清晰和同行之间可比性较强等特点，因此成了目前班主任评价中最为常见的评价方式。但是，形式的公平掩盖了评价的科学性，教育中的许多因素，如态度、情感、品行、理想等根本不能量化，而这些却是非常重要的。因此，学校在考核评价方法上尽量使量化评价与质性评价相结合。

三是处理好共性要求与尊重个性的关系。学校在班主任考核评价中坚持“以人为本”理念，针对班主任的不同个性特点进行不同评价，在考虑共性指标的同时，充分照顾到班主任的个性差异。职业发展时期不同，评价的重点有所不同。即使在同一阶段，对不同类型的班主任，鉴于个人风格和优势不同，评价标准也不尽相同。

四是处理好奖惩性评价与发展性评价的关系。班主任考核评价的目的不仅是为了奖惩班主任，更重要的是为了促进其未来的发展，因此应把奖惩性评价与发展性评价有机结合。

总之，学校在对班主任的考核评价中，坚持贯彻新发展理念，构建新发展格局，坚持以人为本、注重发展、重视过程的考核评价理念，做到结果评价与过程评价并重，量化评价与质性评价互补，共性要求与尊重个性结合，奖惩性评价与发展性评价共存，不断促进班主任专业成长与发展，推动班主任队伍建设科学化、规范化。

## 四、班主任评价的创新举措

### （一）构建校本化教育质量评价体系

学校从2015年开始制定实施《郑州市第二高级中学教育质量综合评价系统实施方案》。该《方案》以教育部的《教育部关于推进中小学教育质量综合评价改革的意见》《关于加强和改进普通高中学生综合素质评价的意见》，以及河南省教育厅、郑州市教育局关于中小学生综合素质评价的有关文件为指导，结合学校实际，针对存在的突出问题和薄弱环节，进一步建立健全包括学生评价、班级评价、教师评价等内容的以校为本的评价体系，确立“评价即育人”的理念，发挥评价导向功能，促进学生健康成长、教师专业发展、学校内涵提升。学生评价突出学业评价、综合素质评价、特长评价等。班级评价突出班级建设和学习小组建设。教师评价促进教师质量观、评价观的转变。

教育质量综合评价体系通过对学生和班级的评价为全面评价班主任提供了详尽的、动态的和精确的过程性材料，确立了强大的数据支撑，同时促进了新课程新教材实施和新高考改革，走出了一条学生综合素质评价的郑州二高的实践道路。

#### 1. 学生评价

学生评价模块包括学业评价、综合素质评价和优势特长评价三部分。综合素质评价包括品德与修养、社会实践、体育与艺术、志愿服务的评价。评价方式：以学期为单位进行评价，根据平时表现和成长记录，采取学生自我评价、班主任评价和数据结果评价三种方式进行。学生自评和班主任评价要有概括性、描述性语言和过程性、结果性数据，最后评定为A、B、C、D四个等次。

#### 2. 班级评价

在班级建设评价模块，班级建设由规划评价、过程性评价、形成性评价三部分组成。规划性评价包括制定并实施优秀班集体建设三年规划、年度计划、学期计划等评价；过程性评价包括班风建设、学风建设、学生自我教育、自主管理等评价；形成性评价包括学业成绩、德育效果等评价。

评价方式：规划评价由学生发展中心负责评价，包括规划、计划的制定和实施两部分，规划制定主要从班级建设理念、科学性、针对性、可操作性上进行评价，规划实施主要从是否有效实施上评价。过程性评价由班主任自评和学生发展中心评价两部分组成，包括陈述性总结和 A、B、C、D 四个等次。形成性评价中，学生学业成绩由教师发展中心评价，包括陈述性总结和格次两方面；德育效果由学生发展中心根据班级自评、学生发展中心常规管理考核数据、班级德育成果数据等进行综合评价，分为优秀班集体、先进班集体、合格班集体、成长班级四个等级。

**3. 操作方法**

（1）建立教育质量综合评价信息化平台。根据以上评价内容和方式，自主研发评价软件，利用郑州二高微信平台，实现全体师生实名注册，随时进入评价系统，进行录入、评价、查询，学校在平台上进行通告、公示等，保证信息与数据及时传递、存储、统计、分析，让评价系统成为公开、公正、便捷、高效的信息化平台，确保评价工作顺利进行。

（2）以学期为单位，每学期评价一次。综合两学期评价为学年评价。开学初，班级、教师上交、录入规划、计划、方案等文稿，录入、查询上学期期末学生学业成绩，含增值评价。期中考试后教师发展中心录入学生期中考试成绩，在全体学生范围内进行学生评价教师活动，期末全面进行自我评价、班主任评价、学校评价。学期过程中学生和班级随时填写学生成长记录、班级成长记录，学校和年级、班主任随时将有关信息数据录入系统中相应位置。

（3）学生评价模块的重点、难点以及创新点都在学生续写成长记录上。成长记录是评价学生综合素质的重要依据，学生的成长轨迹就是通过事件、经历、数据、成绩、荣誉、成果等具体的东西来呈现的。将来为高校提供学生综合素质材料，重要的一项就是成长记录。因此，要教育、培训学生坚持写、及时写、真实写，而学生续写成长记录本身也是一种素质的呈现。

班级评价模块的重点、难点及创新点是班级续写班级成长记录。将班级经历的大事、亮点都及时记录下来，这是班级评价的重要依据。

### （二）建立质检组检查督导机制

建立质检组是学校教育质量评价体系中重要的组成部分，主要作用就是对学校的教育教学工作进行全面的质量检测和督导，兼有过程评价和督导两个职能。质检组组长由学校纪委书记兼任。质检工作是对学校常规的部门管理工作的有效补充，增加了评价的多样性和多维度，同时起到了督促和引导的促进作用。其中，包含有对学生、班级和班主任老师的质检内容和质检形式。质检组的质检评价结果以质检通报的形式向学校主管部门进行反馈，同时提出质检意见及整改建议。

### （三）建立星级班主任评选制度

学校建立星级班主任评选制度是学校班主任队伍建设的重要举措，通过建立星级班主任制度，促进学校班主任队伍整体水平以及班主任专业化发展水平的提升，是学校班主任队伍梯队建设和专业化建设的创新实践。同时，建立星级班主任评选制度也是班主任工作评价制度的一个组成部分，属于奖励性评价，是对评价结果的有效应用。

### （四）建立学生评教制度

建立学生评教制度是学校的一项传统工作，即学生评价教师活动，一般在每学期期末举行，由全体学生参加，对所有教师和班主任进行评价，包括德、勤、绩、能等维度。在教育信息化背景下，一般以问卷形式开展。学生评教制度是学校进行民主管理、实施现代学校制度的有益尝试，也是学生为主体教育思想在评价领域的直接体现，学生评教结果在班主任工作评价中占有较高的权重。

郑州二高系统推进班主任队伍建设工作，促进了学校发展、教师发展和学生发展，学校教育教学质量显著提升，高考成绩位列同类学校先进水平。荣获 2017 年河南省中小学德育工作先进校、首批河南省普通高中多样化发展示范校、2020 年普通高中新课程新教材实施国家级示范校。学校的班主任工作经验被作为“2020 中国基础教育典型案例”在全国推广。

2020 年，校长王瑞被聘为河南省中小学班主任研究中心首批特聘专家；2019 年，教师饶克荣获第二届河南省中小学班主任基本展示活动一等奖，并被评为河南省中小学优秀班主任；2020 年，教师张建伟被评为河南省中小学优秀班主任；2021 年，老师党茹被评为河南省中小学优秀班主任；2021 年，老师吴鹏起被评为河南省名班主任工作室主持人，并在 2021 郑州市中小学班主任工作经验交流会上作经验交流；2016 年，教师吴鹏起被评为郑州市首届十佳班主任；2019 年，教师张杨被评为第二届郑州市普通中小学（高中组）十佳班主任。

让班主任工作岗位成为香饽饽，郑州二高探索出了可行性的路径。

# 第五章　班主任队伍建设校本制度机制

## 第一节　关于加强和改进新时代学校德育工作的方案（节选）

为贯彻全国全省教育大会及全国基础教育工作会议精神，根据《中小学德育工作指南》《新时代爱国主义教育实施纲要》等文件要求，落实立德树人根本任务，着力构建方向正确、内容完整、载体丰富、常态开展的德育工作体系，形成学校、家庭、社会协同育人的良好氛围。现就进一步做好我校德育工作、落实立德树人根本任务，特制定本工作方案。

### 一、工作目标

（一）加强德育队伍建设。坚持班主任骨干岗位竞聘制度，不断调动班主任、青年教师工作积极性，努力提高育人水平，打造一支有坚定理想信念、有高尚道德情操、有扎实学识、有仁爱之心的德育队伍；加强班主任德育培训，提升班主任队伍的德育水平，争取在省优秀班主任、省德育先进个人、省班主任基本功大赛等评选活动中斩获佳绩；深度推进“开放办学”，加强学生家长思想引领，努力推进全员育人。

### 五、工作要求

（五）深化管理育人。树立全员、全程、全方位育人的理念，推动立德树人机制的建立和落实，把德育工作摆在各项工作的首位，贯穿于学校管理制度的每一个细节之中。通过《郑州市第二高级中学班主任能力提升方案》《郑州市第二高级中学关于加强学校思想政治工作实施方案》，加强全员育人落实，提高全员育人的自觉性，引导教师把教书育人和自我修养结合起来，真正做到以德立身、以德立学、以德施教。创新德育方式方法，注重理论与实践相结合、育德与育心相结合、课内与课外相结合、线上与线下相结合、解决思想问题与解决实际问题相结合，不断增强德育吸引力和感染力。不断扩大“郑州市第二高级中学名班主任赋能工作室”辐射引领作用，通过班主任研讨、读书分享、案例分析、主题班会教研等活动的开展，积极探索德育实施策略和有效途径，定期总结交流研究成果，推进建立立德树人落实机制和德智体美劳全面发展体系。不断细化完善《郑州市第二高级中学学生过程性管理细则》，重视学生常规管理，促进良好习惯养成，抓好德育“制度约束”“兴趣引导”，推进“文化育人”上台阶。

六、组织实施

（二）队伍建设。……2. 建设一支专业全面的班主任队伍。持续实施《郑州市第二高级中学班主任能力提升方案》，开展班主任基本功大赛、星级班主任评选、名班主任赋能工作室主持人遴选活动，不断强化班主任是学校德育工作的主力军意识，加强班主任队伍建设，完善班主任的培训、管理、考核、激励机制，不断扩大“名班主任工作室”的辐射作用，深度挖掘“张建伟名班主任赋能工作室”的引领作用，总结、推广班主任相关成功经验，为班主任群体的发展创造有利条件，有效提升班主任群体的专业素养和育人水平。

2021 年 2 月

## 第二节　班主任工作管理规程

为了进一步加强学校班主任工作，发挥班主任在教育中的重要作用，保障班主任的合法权益，全面推进素质教育，根据教育部 2009 年发布的《中小学班主任工作规定》，结合新时代教育发展的新形势和学校的实际情况，特制订《郑州市第二高级中学班主任工作管理规程》。

第一章　总则

第一条　为进一步推进学校教育教学工作高质量发展，加强学校班主任工作，充分发挥班主任在教育学生中的重要作用，制定本规定。

第二条　班主任是学校日常思想道德教育和学生管理工作的主要实施者，是中小学生健康成长的引领者，班主任要努力成为学生的人生导师。

班主任是学校的重要岗位，从事班主任工作是中小学教师的重要职责。教师担任班主任期间应将班主任工作作为主业。

第三条　加强班主任队伍建设是坚持育人为本、德育为先的重要体现。学校应为班主任开展工作创造有利条件，保障其享有的待遇与权利。

第二章　配备与选聘

第四条　学校每个班级应当配备一名班主任和一名副班主任，配备副班主任的目的是利于班主任后备队伍建设和加强班主任工作力量。

第五条　班主任由学校从班级任课教师中选聘。聘期为一年，担任一个班级的班主任时间一般应连续一学年以上。

第六条　制订学校《班主任岗位说明》，根据岗位职数和岗位说明进行班主任选聘工作。

第七条　选聘班主任和副班主任须经过竞聘程序，通过竞聘演说、答辩，经过聘任委员会考核通过和学校审核同意，最终确定班主任和副班主任人选。

第八条　每学年暑假前选聘班主任。高一年级班主任由本人申报、年级工作领导小组和学生发展中心评审考核，最后由校务会议决定。高二、高三年级班主任由年级工作领导小组提出调整建议，学生发展中心审核同意，最后由校务会研究决定。

第九条　选聘班主任应当在教师任职条件的基础上突出考查以下条件：

（一）作风正派，心理健康，为人师表。

（二）热爱学生，善于与学生、学生家长及其他任课教师沟通。

（三）爱岗敬业，具有较强的教育引导和组织管理能力。

第十条　教师初次担任班主任应接受岗前培训，符合选聘条件后学校方可聘用。实行班主任工作导师制，工作未满三年的青年班主任，采取师徒结对方式，通过一对一针对性的辅导提高班主任工作艺术性和实效性。学生发展中心每学年举办一次“班主任工作经验交流会”，充分发挥骨干班主任的作用，不断提高班主任工作水平。

第三章　职责与任务

第十一条　全面了解班级内每一个学生，深入分析学生思想、心理、学习、生活状况。关心爱护全体学生，平等对待每一个学生，尊重学生人格。采取多种方式与学生沟通，有针对性地进行思想道德教育，促进学生德智体美劳全面发展。

第十二条　认真做好班级的日常管理工作，维护班级良好秩序，培养学生的规则意识、责任意识和集体荣誉感，营造民主和谐、团结互助、健康向上的集体氛围。指导班委会和团队工作。

第十三条　组织、指导开展班会、团会、文体娱乐、社会实践、春（秋）游等形式多样的班级活动，注重调动学生的积极性和主动性，并做好安全防护工作。

第十四条　组织做好学生的综合素质评价工作，指导学生认真记载成长记录，实事求是地评定学生操行，向学校提出奖惩建议。

第十五条　经常与任课教师和其他教职员工沟通，主动与学生家长、学生所在社区联系，努力形成教育合力。

第四章　待遇与权利

第十六条　学校在教育管理工作中应充分发挥班主任的骨干作用，注重听取班主任意见。

第十七条　班主任工作量按当地教师标准课时工作量的一半计入教师基本工作量。学校要合理安排班主任的课时工作量，确保班主任做好班级管理工作。

第十八条　班主任津贴纳入绩效工资管理。在绩效工资分配中要向班主任倾斜。对于班主任承担超课时工作量的，以超课时补贴发放班主任津贴。

第十九条　在评先、职称评审、入编、晋升以及接受高层次培训等各个方面，保证班主任优先原则，没有班主任经历的教师将受到严格限制。

第二十条　班主任在日常教育教学管理中，有采取适当方式对学生进行批评教育的权利。

第二十一条　学校要从制度机制上和文化氛围上营造出一种浓厚而良好的尊重班主任、崇尚班主任、羡慕班主任的外部环境，鼓励优秀班主任脱颖而出。

第五章　培养与培训

第二十二条　学校应制定班主任培养培训规划，有组织地开展班主任岗位培训。

第二十三条　学校应制定班主任培训制度，保证培训工作的质量和水平，所有班主任均能够达到应有的专业水平。

第二十四条　初任班主任上岗前或上岗后半年时间内需接受不少于 30 学时的班主任基本技能培训。学校应对累计担任班主任工作满六年的班主任，安排参加一轮不少于 60 学时的多种形式研修培训，引导他们总结和反思班主任工作经验，全面提高理论水平与实践能力。

第二十五条　鼓励班主任教师积极申报评选校级、市级和省级名班主任工作室主持人，发挥传帮带作用，辐射交流班主任工作经验，提升学校班主任队伍整体水平。

第六章　考核与奖惩

第二十六条　学校建立科学的班主任工作评价体系和奖惩制度。对长期从事班主任工作或者在班主任岗位上做出突出贡献的教师定期予以表彰奖励。选拔学校管理干部应优先考虑长期从事班主任工作的优秀班主任。

第二十七条　学校建立班主任工作档案，定期组织对班主任的考核工作。考核结果作为教师聘任、奖励和职务晋升的重要依据。对于不履行班主任职责、玩忽职守，或者因其他原因不适宜做班主任工作的，应调离班主任岗位。

第七章　附则

第二十八条　本规程自发布之日起施行。

2016 年 9 月 1 日

## 第三节　班主任岗位说明

班集体是学校进行教育教学工作的主渠道，班主任受学校委托管理班级。班主任是班集体的组织者、教育者和指导者，是落实学校教育教学工作计划的重要实施者，在学生全面而有个性的发展中，班主任起着至关重要、承上启下的作用。学校根据教育部2009年发布的《中小学班主任工作规定》的内容以及《郑州市第二高级中学班主任工作管理规程》的相关要求，特制订本岗位说明。

### 一、班主任岗位职责

（1）班主任要抓好班级文化建设，始终坚持把“责任、诚信、感恩、集体、国家”核心价值主旋律贯穿于教育工作中。

（2）依据教育方针，遵循教育规律，通过道德教育、法纪教育、心理教育、思想教育、政治教育、情感教育等，教育学生树立起积极向上、勤奋学习、无私奉献、艰苦奋斗、团结友爱、遵守纪律的良好班风。

（3）统一协调任课教师对本班的教育教学工作，最大限度发挥教育实效。

（4）面向全体学生，促进学生身心发展，全面提高学生素质。同时，提高班级干部工作的积极性，充分发挥他们在班集体中先锋模范作用。

### 二、班主任岗位标准

（1）班主任作为班级领导者、组织者，要自觉同学校保持一致，坚持贯彻学校所秉承的规章制度。

（2）班主任要为人师表，不断提高自己的思想政治觉悟、业务水平和工作能力，加强自身的思想品德修养、文化修养和教育理论的修养，实事求是、以身作则、为人师表、热爱学生、关心学生，成为学生学习的楷模，将教育的内涵——爱与榜样作为自己永远的追求。严禁打骂、挖苦、讽刺、体罚学生。

## 三、管理常规

### （一）每日常规

（1）每天6点20分之前到校，负责集合学生、清点人数，并坚持和学生一起晨跑，锻炼身体，强健体魄。

（2）每天三餐与学生一起用餐，在用餐过程中渗透学生文明用餐的管理要求。始终践行“不挑食、不偏食、光盘”行动。

（3）每日卫生要求：每日早上7点15分以前、下午2点15分以前（夏时令2点45分以前）、晚自习上课以前，引领本班当日值日生与志愿者按照制度要求认真清扫室内外卫生区。每日按要求清扫3次，卫生标准按照“宾馆级标准”执行（详见郑州二高卫生检查标准），共同创建良好的学习环境。

（4）早自习主动深入班级，检查作业情况、卫生打扫情况，观察学生当天学习状态，引导学生积极主动投入学习中，配合好英语、语文老师做好激情早读。

（5）每天班主任必须深入了解宿舍一天的纪律、卫生情况，与宿舍管理教师和学生进行沟通，了解住宿生的各方面表现。班主任及时处理宿舍内出现的问题。

（6）课间操，班主任亲临班级，要站在本班队伍的前面，检查出操人数，督促学生排好队，认真做好广播操；眼保健操，班主任要按时到班，站在班级前面，并安排专人负责学生做操规范，督促检查。积极配合学生发展中心。体育组抓好两操工作。

（7）把好请假关：家里有事请假，学生须出示家长证明或者有家长的电话请假；有病请假后，要检查该生的医院证明或药费单。统一使用请假条，学生提出正当的请假理由，班主任批准后再交学生发展中心批准才生效。如学生遇急事或急病来不及请假的，在回校上课当日应及时补假。班主任有权检查任课教师对学生的批假。

（8）每天坚持检查学生日常行为规范情况，尽量多下到班上，如早晚自习、午休、晚休，做到多巡视，多找学生展开谈心活动，每天要求班级干部记录好班级日志，并认真检查班级日志，及时了解学生的学习状态；掌握班级学生动态，并及时纠正学生违纪行为。发现问题及时处理。

### （二）每周常规

（1）准时参加每周一下午的年级班主任例会，将例会内容认真记录在班主任工作手册上，对一周的工作进行总结和反思，对下一周工作做好计划，认真贯彻学校一周的工作要点和要求。

（2）每周一的升旗仪式，组织学生按要求着装、站队，敬礼规范，唱国歌声音洪亮等，严肃认真，保证升旗仪式的教育作用。

（3）按要求开好每周五下午的班会，充分利用班会时间，对学生进行做人、日常规范、学习方法等各方面的教育，按规定详细制定班会设计方案，班会记录及时并在下周一晚自习前上交学生发展中心。

（4）每周班主任要对宿舍一周内的纪律、卫生情况进行总结，提出期望，给出改进措施。使学生明确职责和义务。了解住宿生的各方面要求。班主任根据学生提出的问题妥善解决，遇到自己不能够解决的，可向主管部门反映。

（5）利用自己空课时间，经常与本班任课教师沟通，并共同探讨和及时解决出现的问题。有权要求科任教师对问题生和偏科学生加强管理和辅导，与任课教师形成建立优秀班集体的合力。

（6）每周召开班级干部会议一次，充分听取学生意见，和他们共同探讨班集体的建设和发展；总结上一周工作情况，明确下周工作任务。

（7）每周有计划、有意识、有目的地和2—3名学生家长联系，做好记录（谈话、教育日志，家访、电话、约到学校），贯彻“筷子”理念，把家庭教育和学校教育有机结合。

### （三）每月常规

（1）根据学校安排确定本月教育主题，从月初滋润和渗透主题教育，让学生在主题教育中都能积极参与。过程中要不断反思，不断交流，不断改进。

（2）每月对班级的物品进行一次彻底检查，做到及时维修、更换，划分好责任人。

（3）班主任要积极撰写教育论文，可以一事一议，也可以是工作的反思等，每学期至少两篇，交到学生发展中心。

（4）每月对班级工作做一次全面总结，结合班级量化考核结果，班主任认真分析班级存在的问题，及时与政教处交换意见。重点表扬各方面先进，查找优良班集体建设中存在的问题，了解班级阶段目标实现情况。着重纠正不足，完善和发展。

（5）及时参加每月一次的班主任例会，将例会内容认真记录在班主任工作手册上，对一月的工作进行总结和反思，对下阶段工作做好计划，认真贯彻学校的工作要点和要求。

### （四）每学期常规

（1）开学前，按学校要求，摸清班级具体情况，制定班主任工作计划和本学期班级奋斗目标，并要求计划可操作性强，措施得当，目标明确。

（2）做好开学的各项准备工作，对上学期遗留问题和本学期可能发生的新问题做好预防，个人不能解决的，及时向有关部门领导汇报，力求一些影响正常教育教学的问题在开学初得到解决。

（3）响应学校的号召，积极组织好班级学生参加学校组织的各项活动，完成学校布置的各项任务。

（4）组织好月考、期中考试、期末考试等工作，保证学生全员参加考试，做好成绩的统计，针对考试出现的问题及时分析解决。学期末将成绩报告给家长。

（5）开好家长会，认真听取家长的意见和建议，并及时反馈到有关部门，充分挖掘家庭教育的潜力；要及时向家长通报其子女取得的每一点成绩，合理妥善处理好家长和学校关系，和家长一起共同搞好学生的全面教育。

（6）组织学生积极参与志愿者服务工作，提高学生公共意识。积极参加社会实践活动，认真进行工作和总结，指导好自主化管理的实践活动。

（7）认真填好《学生成长档案》上的学生评语，每学期的学生评语关系到对学生的评价客观与否，平时多点积累，注意观察学生各方面的表现，及时记下来，提前动手写，不夸张，秉笔直书，以鼓励为主，既要实事求是，又要写成“温馨评语”。认真填写学生档案，内容要客观，用词要得当，成绩要准确。填写完毕后电子稿及时上交学生发展中心存档。

（8）家访是班主任观察和拉近学生与家长的纽带。按照郑州市教育局规定，每学期家访人数不少于班级人数的三分之一。家访目的明确，记录详细；期中考试后两周和期末考试前上交学生发展中心审核。

（9）做好班主任工作总结，各种材料和报表按时上交。管理好本班教学物品和班费，期末时对本班物品、班费做彻底清点，有关情况向学生说明。每学期撰写一篇德育论文。

### （五）其他方面

#### 1．班主任要及时掌握班里的一切动态，沉着冷静处理突发事件

（1）遇到学生晕倒或其他疾病，要及时联系校医、学生发展中心，校医如处理不了要将学生及时送往医院，并立即通知家长；如学生患传染性疾病，应及时报告，并做好隔离处理和应急措施。

（2）遇到学生出现肢体语言，要及时制止事件的进一步恶化和扩大，合理有效控制双方情绪，并马上通知学生发展中心。

（3）如在班主任下班后，该班学生出现必要班主任协助处理的事情，该班主任应尽快赶到指定地点，协助处理事件。班主任家里无固定电话的，手机 24 小时开通。

#### 2．关于学生出现违纪情况：耐心劝导，手续齐全

有学生出现违纪情况，经学校研究决定给予处分的，老师的工作要做到位。要及时联系家长，耐心引导学生积极改正错误；每周签订评价表，班主任如实清楚填写该生一周表现情况。

#### 3．关于问题生的转化：多点耐心和爱心

深入了解，真诚理解。要求班主任：深入了解造成这些学生落后的原因；了解学生的志趣、爱好、才能、思维等；真诚理解学生和对待学生，既要对他们从严要求，指出他们的不足，又要去理解他们，关心他们。

充分信任，循循善诱，班主任做转化工作时，不能持有偏见，应对他们充分信任，要善于捕捉他们身上的闪光点；不能成为高高在上的说教者，而应成为他们可依赖可信任的朋友。协调各方面密切配合，落实措施，分级转

化，根据问题生的程度不同，分级转化教育，并做好转化记录。

每月向学生发展中心上报。

**4. 要充分发挥纽带作用**

积极主动地与其他课程任课教师、团委、学生发展中心沟通，步调一致，形成合力，充分发挥集体教育的作用。加强与家长的沟通交流，积极建立与家长沟通和交流的有效渠道，实现学校教育和家庭教育的有机结合。加强与社会、社区的联系，善于利用各种资源让学生了解社会，参与社会，适应社会，服务社会。也让全社会都来了解教育、关心教育、支持教育，营造良好社会育人环境。

**5. 要大胆创新工作方式**

认真做好学生的综合素质评价工作，积极探索建立学生良好行为习惯的动态管理模式和综合考评制度，建立并填好学生成长档案和记录袋。在此基础上，积极探索深化素质教育改革背景下班主任工作的新特点、新要求，创新与时俱进的班级管理和建设的有效模式。

接受并完成学校安排的临时性工作。

## 第四节　班主任班级管理评定方案

班集体是学校根据教育和管理的需要而组织起来的基层集体，是学生置身其间学习和生活的环境。在学校全面构建立德树人落实机制、培养德智体美劳全面发展的社会主义建设者和接班人的进程中，班集体建设具有不可替代的重要作用。一个功能健全的班集体不仅能够促进学生身心健康发展，而且直接影响学生的学习兴趣、学习态度和学习结果。很多人在离开学校生活多年之后，仍然念念不忘当年那个班级。

为全面推进学校德育工作深入开展，提高德育工作的质量和水平，考核评定班主任班级管理的成效，从而推进学校教育教学工作高质量发展，促进学生全面而有个性的发展，经研究，学校决定在全校持续开展优秀班集体建设活动。为保证活动顺利进行，并取得预期的效果，特制订本方案。

## 一、创建优秀班集体活动的背景

在新课程实施背景下，普通高中要深化德育课程改革，落实立德树人根本任务，加强社会主义核心价值观教育，学校教育应把德育目标融入各门学科中，强化学科教育的德育功能，使德育课程与综合实践活动课、班级活动及各类专题教育活动结合起来。因此，打造新型的优秀班集体，让学生在班集体进行德育活动，是落实立德树人根本任务的重要途径。

目前，我校德育工作虽然取得了显著的成绩，但在德育基层组织建设方面还比较薄弱，在学校出现的一些学生问题当中，归结起来就是因为一些学生的进取心不强，文明素养不高，法治观念淡薄，缺乏集体荣誉感等。而这些东西的缺失正反映了我们在创建优秀班集体方面的缺失。因为我们没有进行过以创建优秀班集体为核心的德育教育活动，更没有形成体系和系统，而这些恰恰是学校德育工作最基础的东西。每个班主任各自为政，多数班主任也没有自发地在本班做这项工作，致使我校的多数班级一直停留在“群体”阶段，而不是“集体”阶段。

班集体是学生成长的重要园地。搞好班集体的建设，能培养学生的集体观念和集体责任感、荣誉感，形成正确的集体舆论，树立良好的班风、学风，同时能逐步培养学生自我教育、自我管理的能力，使学生真正成为德、智、体、美、劳全面发展的合格的新世纪人才。班集体是学生最熟悉、最直接的生活空间，利用班集体对学生进行教育是便利的，而且生活在这个集体中的成员都是同龄人，以同龄人的思想行为来影响规范同龄人，效果会更好。

学校德育工作需要夯实基础，学校的高质量发展首先需要班集体的高质量发展，为全面提高学校德育工作质量和水平，创建优秀班集体活动则势在必行。

## 二、创建优秀班集体活动的价值意义

班集体是学生最熟悉、最直接的生活空间，是学校各项工作的出发点与立足点。一个班集体一旦形成，就会产生一种特定的心理气氛，这是班集体共有的心理反应，班集体共有的行为方式是这种共同的心理反应的外在表现。班集体心理气氛有形或无形地影响着每一个学生的成长，健康融洽的班集体心理气氛能使学生强烈体验到在集体中的归属感、安全感、满足感和责任感，并容易接受集体的目标、态度和价值观，保持积极进取的乐观情绪，激发学习的动机；而涣散、冷漠和缺乏关怀的班级心理气氛会使师生之间或同学之间产生误解或隔阂，有时甚至会出现消极或敌视的行为，引发厌学或反集体情绪等。因此，班集体建设的成败对个体的影响是巨大的。班集体甚至还通过对那些从众的学生给予奖励，而对那些违反集体行为规范的学生给予批评或惩罚，从而影响学生个体。教师利用好集体的压力完全可以改变个体的不良行为。由此可见优秀班集体对学校、对学生个体的重要性。

## 三、创建优秀班集体活动的行为主体

创建优秀班集体的行为主体是多方参与的，是多主体、全方位的，需要发挥多方主体的积极作用，形成教育合力，构建协同教育共同体。

### （一）学生群体

#### 1. 让学生在班集体中获得归属感

马斯洛在他著名的“需要层次理论”中提到，人都有归属和爱的需要，希望能与其他人建立感情的联系或关系。学生也不例外，需要建立对班集体的归属感。要让他们在班级中产生良好的归属感在于平等对待每一个不同层次的学生，创造公平的教学环境；对每个学生保持一定的期待与关注；组织开展一些班级活动，帮助学生在班级合理定位，并相互帮助。良好的班级归属感有利于学生正确行为的塑造和健康人格的培养，也有利于教师对班级和学生的管理。

#### 2. 让学生充分信任教师，获得安全感

信任是建立一种关系的基础，如果说一种关系没有信任可言，那做再多的也就只是浪费时间而已。教师是学生心目中有着特殊意义的人，每个学生其实都期望得到老师的喜爱和肯定，对于学生的反常行为，我们应该进行必要的批评和教育，帮助学生明辨是非，从而形成良好的行为和习惯，让学生

感到老师既可亲又可敬，对老师产生充分的信任与期望。我们要关心每个学生的身心健康，注意观察他们的心理变化，了解他们的喜怒哀乐，认真倾听他们的心声。用我们的力量、我们的思考、我们的明智、我们的信念和我们的情操去鼓舞带动他们的思想和情感。只有这样，我们的教育才会真正成为有效的教育，才能得到学生的认可。

### （二）教师团队

教师，特别是班主任，在班集体中是学生聚集的中心，是一个完全彻底的活动策划者与组织者，更是一个优秀班集体的鲜明旗帜。教师需要运用科学、合理的方法，依据一定的原则，系统地规划学生在校、在班级中的学习生活，协调安排各方人与物、各段空间与时间，使班级中一切利于教学，以便更好地完成教育教学目标。只有具有高素质的教师才能把班级群体建设成为一个优秀的班集体。

要求教师具有以下素质：一是健康的人格、高尚的品德，二是专业的功底、有效的教学，三是和谐的沟通、积极的合作，四是多能的才艺、广泛的爱好，五是稳定的心理、坚忍的意志，六是较高的技巧、创新的能力。

### （三）家庭教育

每个学生的教育都不仅是学校教育，更重要的是家庭教育。成功的家庭教育能使孩子得到良好的发展，就能使优秀班集体的建设轻而易举地实现。因此，要充分发挥家长在创建优秀班集体中的积极作用，教育家长更新家庭教育观念，创设良好的家庭氛围、科学适度的教育方法等。教育家长要面对现实，以健康的心态对待自己的孩子，既不能悲观失望、自暴自弃，又不能溺爱迁就、百依百顺，更不能歧视嫌弃、任其发展。要给予学生更多的关爱和家庭的温暖，尊重、亲近学生，多给予其平等参加家庭生活的机会和权利，如一起说话交流、参与家庭事务、做力所能及的家务劳动、外出社交活动等。

### （四）学校领导

在优秀班集体的建设中，学校领导不仅在目标、责任上对班集体要进行规范，更应该在情感上给予更多的关注，把物质激励和精神激励有效地结合起来，使班集体更有活力。学校领导应经常深入班级，了解班集体的各种情况，对班集体中遇到的困难，应尽力想办法解决，特别是注意改善师生的生活环境，给予师生更多的展示舞台，对班集体中开展的各种活动给予一定的关注，如参与、检查、建议、督促、奖励等，这些都会给予班集体一种力量，促进班集体的成长。

## 四、班主任的角色定位

### （一）班主任是学生发展的“引领者”和“组织者”

班主任既要做学生的导师，又要做学生的朋友与助手，善于同学生一起组织学习、安排活动，为学生健康成长创造条件，使学生养成良好的德行与完善的个性。在新课程中，班级教学更重视的是小组合作学习、探究性学习，甚至还有一些实践活动课根本不可能在教室里完成，因此，班主任对课堂学习小组的组织及对探究学习小组的组织显得十分重要。

### （二）班主任是班级管理的“参与者”

师生的交流应该是有感情的交流，只有你自己参与到学生当中去，参与到班级管理中去，把自己当作其中一员，与学生建立良好的感情认同，学生才会把自己的一些想法向班主任诉说。重视情商的培养，班级里的每一个学生都会为你所用。

### （三）班主任是学校与家长、社会之间的“协调者”

在新课程的实施过程中，不可避免地要同传统观念和社会压力发生碰撞，来自社会的压力也不可能马上消失，所以班主任与家长、社会之间的协调工作也不容忽视。班主任作为课改宣传者，与学生家长、社会联系密切，有责任消除他们的疑虑，做新课程实施的开路先锋。班主任不仅要教好自己的学科，还要主动关心和积极配合其他教师的教学，从而使各学科的教学有机融合、相互促进。

## 五、班主任的角色转换

### （一）从班级管理的集权者转变成学生精神的关怀者

学校教育是为了一切学生的发展，为了中华民族伟大复兴。这里的发展指的是学生的全面发展，其主要表现是学生的生理发展和心理发展。而学校教育总是在人的一定的情绪和情感状态下进行的，这就要求班主任在工作中首先要重视学生的精神世界。教育家魏书生也说，“班主任……重要的是关心学生的精神世界”。班主任的身份、班主任的工作、班主任的职能显然和学生的精神成长有着非常重要的关系。因此，新课程实施背景下的班主任首先应是学生精神的关怀者，从处于决策权威的管理者地位转变成与学生建立平等的朋友关系。

### （二）从知识单一的传授者转变成学生情感的激励者

学生是具有丰富情感的人，按照新课程理念，学校教育的过程更重要的是学生情感体验的过程，经常体验到美妙情感（如成功、快乐、满意等）的学生，往往对学习生活充满兴趣，并能持之以恒地坚持下去；而经常体验到灰色情感（如失败、痛苦、失望等）的学生，往往就成了所谓“不思进取”的后进生、学困生。因此，为适应新课改的要求，班主任要不遗余力地通过形式多样的激励方式，让学生体验到学习的快乐、生活的乐趣，给学生以心理上的安全和精神上的鼓舞，使学生思维更加活跃、探索热情更加高涨，从而成为学习的主人、生活的主人。

### （三）从整齐划一的指挥官转变成学生个性的张扬者

新课程实施关注学生个性发展，班主任是关注学生个性化发展的第一责任人。朱小蔓教授说得好，班主任管理的最大效率是一个个活生生的人性的展开……如果班主任的水准越高，他班上的学生的个性就会越来越丰富地展开。可见，张扬学生的个性是班主任工作的重要部分。要做到这一点，班主任要放弃“教育是一种控制”的观点，对“犯错”“越轨”的学生要细细地分析，找出“犯错”中的“光点”、越轨中的“金点”等，作否定中的肯定；在管理中“约法三章”，避免用诸多清规戒律规范学生，以便让学生得到自由充分的发展。

### （四）从学生“管理者”转变为学生发展“指导者”

班主任是全面负责班级工作的教师。班主任的角色经常被窄化为“管理者”。在新课程新教材实施的背景下，班级管理必然走向班级治理，学生和教师都是班级治理的主体，因此，班主任的角色定位需要从学生管理者转变为学生发展的指导者。那么，班主任如何才能从“管理者”转变为学生发展的“指导者”，全面有效地履行其指导职能呢？一是要确立面向全体学生和实施主体教育的核心观念。主体教育就是重视学生的主体地位，培养学生的主体意识与精神，在老师的主导下，最大限度地发挥学生的主动性，以获取最佳教育效果。二是要养成关爱、公正诸种品质，建立关爱—公正的教育模式。三是要增进师生之间、学生之间的主体互励，促进学生的自主发展。四是要把握人际沟通与互励的基本技能和方法，提高指导工作的艺术性。

## 六、优秀班集体建设的实施策略

怎样建设优秀班集体？“优秀班集体”的标准应当是什么？

我国班集体建设研究中心的研究表明：班集体与班级并不是完全相同的两个概念。班级更侧重于组织名称，而班集体则是一种价值判断，反映组织的性质和水平。一个真正的班集体应该有明确的奋斗目标、健全的组织系统、严格的规章制度、丰富的共同活动、正确的班级舆论。这就是评价一个优秀班集体的五个主要参考指标。

研究表明，目前很多班级都只是一个“学生群体”，不能称为“班集体”。班集体的形成和发展是一个复杂的过程。班级从联合群体发展为班集体，是一个质的飞跃过程。

建设优秀班集体我们可从以下五个方面努力。

### （一）树立明确的班级奋斗目标

班集体的共同奋斗目标是班集体的理想和前进的方向，班集体如果没有共同追求的奋斗目标，就会失去前进的动力。这个目标应是远期、中期、近期目标的结合，逐步实现目标的过程会产生梯次激励效应，形成强大的班集体凝聚力。

作为班集体组织者的班主任应结合本班学生思想、学习、生活实际，制定出本班的奋斗目标。在实现班集体奋斗目标的过程中，要充分发挥每个成员的积极性，使实现目标的过程成为教育与自我教育的过程，每一个集体目标的实现，都是全体成员共同努力的结果，要让他们分享集体的欢乐和幸福，从而形成集体的荣誉感和责任感。

目标是指路的明灯。班级奋斗目标可分为近期目标、远期目标。班级远期目标，创“市级优秀班集体”，创“学校优秀班集体”，创“模范班级”；近期目标，争“流动红旗”、在某次集体活动中争获一等奖等。研究表明：班主任对学生的期望值越大，学生的潜能将发挥得越充分。

### （二）建立科学的组织系统

一个良好的班集体必须拥有一批团结在班主任周围的积极分子，组成班集体的核心。有了这个核心，才能带动全班同学去努力实现集体目标。

在自我教育、自我管理、自主发展理念指导下，积极探索“分级管理制”“民主管理制”。建立班主任助理、班委会、团支部等一级管理组织，负责全班各大项工作的组织安排和监督总结；二级管理组织为大组长和小组长，分管各组的学习、卫生和纪律等；三级管理组织为科代表，负责各学科的学习情况，及时辅助任课教师的工作；四级管理组织为职责长，负责班内各项小范围工作，如“灯长”“桌长”“门长”“窗长”“黑板长”等。把班内大小而琐碎的工作分配到个人，使每个人都是“官”，都是班内主人，发挥民主激励效应。

班主任要有意识地让学生参与管理，创设各种表现机会，充分调动全班每个学生的积极性，形成民主管理气氛，使学生自我表现心理得到满足、民主意识得到培养、管理能力得到增强。这一点魏书生老师做得特别好，他坚持“民主”与“科学”两大法宝，用三大管理系统——“计划系统、监督系统、总结反馈系统”将班级管理得井井有条，连贴画、校徽、文学常识等小事都有专人管，做到了“事事有人做、人人有事做、事事有时做、时时有事做”，即使他经常在外讲学，但班级能照常运转。

### （三）制定健全的规章制度

我校的校训是“天下为己任，规矩成方圆”。一个优秀的班集体必然会有比较科学合理的班级管理制度。不少教育家认为：教育就是培养良好的习惯。良好习惯的养成离不开科学的管理制度。《中学生守则》《中学生日常行为规范》都是非常宏观的，班主任有必要和学生一道，根据班级和学校实际，制定操作性强的班级管理制度。例如，学生出现未打扫卫生、迟到、上课扰乱课堂、有严重违纪行为等怎么处理，值得班主任和学生在学期初时共同制定好制度，出现了问题就要照章办事。

### （四）开展丰富的共同活动

有一句教育名言说得很好：“我听了，我忘了；我看了，我懂了；我做了，我会了。”它告诉我们，体验式的活动对学生的影响是最深刻的，教育效果是最好的，更容易在学生的记忆中留下痕迹，成为其成长道路上的宝贵财富，伴随他们终生。所以，活动的作用实在是不能小看，就是累点、苦点都是值得的，因为它是育人的载体。

集体活动能发挥娱乐、导向、育人的功能，班主任要积极组织、参与学校各项有意义的活动。在活动中，促进学生形成相互关心、尊重理解和协作的关系。许多优秀班主任的经验表明：“寓教育于活动中”对实现班集体的共同目标、对每一个人的健康成长都是行之有效的。

### （五）构建正确的班级舆论

一个良好的班集体要形成正确的舆论和良好的班风，去影响每个学生的心理、规范每个学生的行为。正确的舆论是一种巨大的教育力量，对班内每个成员都有约束、感染、熏陶、激励的作用。在扶正祛邪、奖善惩恶的过程中，舆论具有行政命令和规章制度所不可代替的特殊作用。因此，班内要注意培养正确的舆论导向，善于引导学生对班集体生活中一些现象进行讨论、评价，形成“好人好事有人夸，不良现象有人抓”的风气。

## 七、考核评比

（1）学生发展中心建立班主任和班级全面质量考核体系，突出过程性管理和多元性评价。

（2）学生发展中心期末和学年末两次对班主任从德、勤、绩、能等方面进行全面考核。班主任要写出详细的书面述职报告，对本人岗位履行职责情况进行全面总结。考核结果分为优秀、良好、合格、不合格四个等次。

（3）学生发展中心期末和学年末两次对班级通过过程管理数据，从班集体建设情况、学生德智体美劳全面发展情况、班级（卫生、纪律、学习等）常规检查情况、统一考试成绩情况、任课教师评价情况等方面全面考核班集体建设成效，考核结果分为优秀班集体、良好班集体、合格班集体、不合格班集体四个格次。

（4）优秀班集体的评选要从严掌握，保证质量，真正能够起到示范和引领作用。评选时要注意班级学生基础，同层次的班级一个标准，要兼顾各个层次班级。优秀班集体的比例一般掌握在三分之一之内，经过几年学校整体创建水平提升之后再随之提高比例。

（5）优秀班集体荣誉的管理应用。优秀班集体为动态管理，一年一评，评选上挂牌，落选了就摘牌。校内优秀班主任和郑州市优秀班主任必须从优秀班集体的班主任中产生。班主任所带班级荣获优秀班集体等格次情况要计入教师业务档案。

2016年9月1日

# 第六章　名班主任工作室及优秀班主任案例

## 第一节　吴鹏起名班主任工作室

2021年5月以来，在省教育厅、郑州市教育局和郑州市第二高级中学领导的大力支持下，河南省吴鹏起名班主任工作室全体成员以“勤慎诚真，耕道共长”为培育理念，以“研究的平台、成长的阶梯、辐射的中心、师生的益友”为宗旨，通过开展多层次、多形式、有质量的学习、研修、实践等活动，笃定地行走在班主任专业化发展的道路上。

### 一、政策及资金支持情况

依照《河南省名班主任工作室建设与管理的实施意见（修订稿）》要求，河南省吴鹏起名班主任工作室得到了省教育厅中小学班主任研究中心和郑州市教育局的大力支持，工作室专项经费5万元已经到账，投入工作室建设，并组织工作室主持人进行了线下和线上的专项培训，助力工作室主持人快速成长；学校对名班主任工作室的建设也是高度重视，王瑞校长作为河南省中小学班主任研究中心首批特聘专家亲自指导工作室建设，副校长谢悦负责组织协调，学校所有的副校级领导均作为工作室的发展导师，指导工作室制定《河南省吴鹏起名班主任工作室创建方案》《河南省吴鹏起名班主任工作室业务管理制度》等，积极推动工作室的建设。同时，学校积极协调各种资源，在学校办公场所比较紧张的情况下，克服困难，挑选合适的工作室专用场所，前期工作室装修和硬件设施已投入16.5万元。为了工作室更好地开展各项工作，学校计划每学年再投入不少于5万元的专项经费，加上省教育厅对工作室的专项资金支持。通过名师引领、专项培训、课题研究、成果推广等活动的开展，工作室成员将能够更好地提升专业知识和实践能力。

## 二、工作室硬件配备情况

河南省吴鹏起名班主任工作室位于郑州二高培训楼未来教室，拥有140平方米的专用办公场所。学校为工作室活动有效开展专门量身打造，并进行了精心的布置和装修。为了方便工作室的研讨交流，学校在工作室安装了一块液晶显示器和两块高清电子白板，集录播、展示于一体；购买了新款自由拼接组合办公用桌椅、书架、档案柜、沙发、电脑、打印机等办公室用品，还配置了专业书籍近300本和多种报纸杂志等；聘请专门设计公司将本工作室的LOGO、育人理念、工作室管理制度进行了精心设计。整个工作室充满了浓厚的文化氛围，便于工作室成员各项工作的顺利开展，有利于工作室成员之间沟通研修，共同进步。

工作室理念：河南省吴鹏起名班主任工作室坚持“勤慎诚真、耕道共长”的培育理念。“勤慎诚真”是工作室对班主任修身的四种要求。勤是勤学勤思，勤于工作，不厌不倦；慎是慎言慎行，慎始敬终，用心追求极致；诚是诚信真诚，诚于内心，外化于行；真是求真务实，笃学践行，聚焦真实问题，讲求工作实效。耕道，寻求真理，躬耕不辍，耕道而得道。名班主任成员致力于研求班主任管理工作的真谛，致力于探寻班主任队伍建设与发展之道，共生共长，至善臻美！

LOGO寓意：下面的鸿雁的造型和书形相结合，与郑州二高校徽中的鸿雁相呼应，意寓鸿雁领航与饱览群书，工作室研究引领班主任工作；鸿雁上方的太阳代表希望和未来，也寓意名班主任工作室用群体智慧托起明天太阳，培养建设祖国的接班人；光代表希望，代表优秀和辐射引领。

## 三、名班主任工作室成员的组建情况

在校领导的积极协调下，工作室制定了《河南省吴鹏起名班主任工作室成员遴选方案》，并面向郑州二高教育联盟全体班主任及区域兄弟学校的班主任，通过联盟学校遴选、区域学校推荐的方式积极开展名班主任工作室的遴选活动，通过层层选拔，最终评选出涵盖6所高中、7所初中、1所小学、1所幼儿园的全学段共15所学校、25名工作室成员，积极落实“全程育人”的德育实践研究，引领辐射区域班主任工作的有效开展。本工作室目前共有主持人1名，核心成员14名，成员10名。

## （一）工作室主持人基本信息

吴鹏起，中学数学高级教师，荣获郑州市首届十佳班主任、郑州市优秀教师、郑州市优秀班主任、郑州市优秀共产党员、郑州市社团优秀辅导教师等称号，曾获得郑州市优质课大赛一等奖，所撰写的论文多次被评为省市一、二等奖，主持和参与的多项省市课题顺利结项并获得成果一、二等奖，2021年在郑州市中小学班主任工作经验交流研讨会上进行交流发言。

## （二）工作室核心成员基本信息

工作室核心成员基本信息见表6-1。

**表6-1　河南省吴鹏起名班主任工作室核心成员基本情况汇总**

| 序号 | 姓　名 | 性别 | 工作单位 | 职称 | 学科 | 班主任年限 | 曾获荣誉 | 类别 | 备注 |
|---|---|---|---|---|---|---|---|---|---|
| 1 | 吴鹏起 | 男 | 郑州市第二高级中学 | 高级 | 数学 | 13 | 郑州市十佳班主任、优秀教师、骨干教师等 | 主持人 | |
| 2 | 杨　杰 | 女 | 郑州市第二高级中学 | 一级 | 语文 | 12 | 河南省骨干教师、郑州市优秀班主任 | 核心成员 | 助理 |
| 3 | 张二改 | 女 | 郑州市第二高级中学 | 一级 | 英语 | 12 | 郑州市骨干教师、优秀班主任、“千人名家”成员 | 核心成员 | 课题指导 |
| 4 | 袁　倩 | 女 | 郑州市第二高级中学 | 一级 | 政治 | 7 | 郑州市优秀教师、骨干教师 | 核心成员 | 成员联络 |
| 5 | 王振南 | 男 | 郑州市第二高级中学 | 一级 | 历史 | 6 | 郑州市文明教师、郑州市教育局优秀教师 | 核心成员 | 档案管理 |
| 6 | 张俊丽 | 女 | 郑州市第二高级中学 | 一级 | 政治 | 4 | 郑州市德育创新先进 | 核心成员 | 图书管理 |

续表

| 序号 | 姓　名 | 性别 | 工作单位 | 职称 | 学科 | 班主任年限 | 曾获荣誉 | 类别 | 备注 |
|---|---|---|---|---|---|---|---|---|---|
| 7 | 靳彦培 | 男 | 郑州市爱中学校 | 一级 | 数学 | 4 | “信息学奥赛”全国优秀指导教师 | 核心成员 | 公众号管理 |
| 8 | 孙云霞 | 女 | 郑州市第十八中学 | 一级 | 语文 | 6 | 郑州市教育教学先进工作者、骨干教师 | 核心成员 | |
| 9 | 王永凤 | 女 | 二七区、兴华中学 | 一级 | 语文 | 15 | 郑州市中小学师德先进个人 | 核心成员 | |
| 10 | 张祥岱 | 男 | 郑州市第五十七中学 | 一级 | 生物 | 8 | 郑州市师德标兵、郑州市骨干教师 | 核心成员 | |
| 11 | 王玖铭 | 男 | 郑州市第十六高级中学 | 一级 | 语文 | 8 | 郑州市师德楷模、郑州市优秀班主任 | 核心成员 | |
| 12 | 尚延敏 | 女 | 郑州市第二初级中学 | 一级 | 政治 | 5 | 郑州市师德先进个人、郑州市骨干教师 | 核心成员 | |
| 13 | 刘永娟 | 女 | 二七区政通路小学 | 一级 | 语文 | 16 | 二七区优秀班主任、二七区优秀教师 | 核心成员 | |
| 14 | 郭西波 | 女 | 二七区第二实验幼儿园 | 一级 | 数学 | 7 | 郑州市骨干教师、二七区优秀班主任 | 核心成员 | |
| 15 | 丁　丽 | 女 | 经开区第五中学 | 一级 | 政治 | 5 | 郑州市优秀教师、经开区最美教师 | 核心成员 | |

### （三）工作室骨干、研修成员基本信息

工作室骨干、研修成员基本信息见表6-2。

**表6-2　河南省吴鹏起名班主任工作室骨干、研修成员基本情况汇总**

| 序号 | 姓　名 | 性别 | 工作单位 | 职称 | 学科 | 班主任年限 | 曾获荣誉 | 类别 | 备注 |
|---|---|---|---|---|---|---|---|---|---|
| 1 | 高　鸽 | 女 | 郑州市第二初级中学 | 一级 | 语文 | 6 | 郑州市师德先进个人、郑州市骨干教师 | 骨干成员 | |

续表

| 序号 | 姓　名 | 性别 | 工作单位 | 职称 | 学科 | 班主任年限 | 曾获荣誉 | 类别 | 备注 |
|---|---|---|---|---|---|---|---|---|---|
| 2 | 陈　思 | 女 | 郑州市第二高级中学 | 一级 | 历史 | 7 | 郑州市家访先进个人、郑州市师德先进个人 | 骨干成员 | |
| 3 | 娄晨霞 | 女 | 黄河科技学院附属中学 | 二级 | 英语 | 6 | 郑州市文明教师、郑州市德育先进个人 | 骨干成员 | |
| 4 | 张博鸣 | 男 | 二七区绿地爱华学校 | 二级 | 数学 | 5 | 二七区优秀班主任 | 骨干成员 | |
| 5 | 苏婧婧 | 女 | 郑州市第五十八中学 | 二级 | 语文 | 3 | 郑州市优秀班级 | 骨干成员 | |
| 6 | 吴丹丹 | 女 | 郑州市第五高级中学 | 二级 | 语文 | 5 | 郑州市优秀班级、郑州市德育创新先进个人 | 骨干成员 | |
| 7 | 张凯丽 | 女 | 郑州市回民初级中学 | 二级 | 语文 | 3 | 郑州市普通中学优秀班级、河南省教学标兵 | 骨干成员 | |
| 8 | 蔡雪芹 | 女 | 郑州市第二高级中学 | 二级 | 语文 | 6 | 郑州市优秀班主任、郑州市德育创新先进个人 | 骨干成员 | 新闻宣传 |
| 9 | 周　双 | 女 | 郑州市爱中学校 | 二级 | 语文 | 4 | 郑州市文明教师 | 研修成员 | 新闻宣传 |
| 10 | 王延航 | 女 | 郑州市爱中学校 | 二级 | 语文 | 3 | | 研修成员 | |

为了加快工作室成员的成长，借助郑州二高的优质班主任队伍资源，工作室特聘全国优秀班主任周士良老师和校内三位河南省优秀班主任（张建伟、党茹、饶克）作为工作室的发展导师，指导工作室各项工作的高效开展，持续提升工作室班主任队伍的班级管理能力和理论实践水平。

## 四、工作室活动开展情况

### （一）在思想上建立以价值观为核心的精神共同体

工作室成员以“勤慎诚真，耕道共长”为培育理念，致力实践“健康、博爱、有为”的育人目标，关注每一个学生的生命价值和心灵成长。工作室邀请校内外思政课教师讲解习近平法治思想、2021年全国两会精神等，积极开展师德师风建设、党史学习教育，购买“中小学德育学堂资源库”，为工作室成员提供更多的德育指导服务，成员们提高了理论水平，强化了精神坚守，明确了价值定位，增强了担当意识。

## （二）在管理上建立以民主管理为模式的和谐共同体

工作室完善和细化了例会制度、学习制度、考核制度、档案制度、资金管理制度等业务管理制度，力求工作室日常学习有“法”可依、有“迹”可循，在民主管理的基础上实现自我提升。工作室坚持每月至少一次例会，每次例会都会确定中心话题，成员轮流主持主讲，其他成员参与讨论，实现观点的分享碰撞。

从2021年4月起，“如何上好班会课”成为例会研讨中的一个重要议题。工作室成员先后观摩“学习党史，牢记百年征程”“学习雷锋好榜样”“让青春在劳动中闪光”等主题班会课，然后进行班会研讨，每位成员都开阔了思路，提高了站位。

另外，本工作室积极与校级“张建伟赋能名班主任工作室”展开合作，吸纳更多校内外优秀青年班主任加入学习队伍，提升成员综合素养，发掘成员特质能力，积极担当引路人角色。

## （三）在学习方式上建立以持续提升为特色的学习共同体

为使工作室成员快速成长，一方面，工作室采取线上与线下集中学习和分散自学相结合、自主研修和专家引领相结合的形式，加强对成员的理论提升。例如，成员相继参加了郑州市教育局组织的中小学心理健康教育培训、河南省高级家庭指导师的培训、河南省高级心理咨询师的培训等。由于新型冠状病毒疫情原因，工作室还为成员们购买了“种子班主任培养实战线上训练营”等优质资源，为大家打下坚实的理论功底而努力。工作室先后邀请南京师范大学教授来校为班主任传经送宝，重在指引班主任学习方法改变和思维的提升。组织校内优秀班主任开展传帮带活动，启发工作室成员按照教育规律，智慧、艺术地教育学生。

另一方面，工作室先后购买推荐《高效能人士的七个习惯》《信任的速度：

一个可以改变一切的力量》《非暴力沟通》《教育，向美而生》等有影响力的书籍，制订了详细的阅读计划，定期开展读书分享活动，让成员用阅读撬动专业发展。

另外，有效利用“河南省吴鹏起名班主任工作室”公众号，起到宣传、辐射、推动作用。自公众号正式运行以来，每周至少保证两篇公众号文章进行分享交流，目前已经开展了班级管理故事（5 期）、主题班会课设计（5 期）、安全防范教育（2 期）、班主任能力提升培训（2 期）、爱国主题教育（6 期）等一系列主题宣传活动。

### （四）在组建方式上建立协同发展为保障的多元共同体

工作室的高效运转依托学校的良好班主任工作建设氛围，自 2011 年开始，学校逐步完善了班主任队伍建设的系统规划，目前已形成了依托“三个组织”、完善“五大系统”、培养“七项能力”的科学化、体系化、可持续化工作模式。学校高度重视班主任队伍建设，2020 年相继出台了《班主任能力提升方案》《星级班主任评选方案》，“班主任队伍建设”已经成为学校重点开展的品牌建设工作，学校在 2022—2024 年发展规划中将“班主任队伍建设”作为学校发展的四张名片之一。同时，在 2019 年学校申报了郑州市名班主任工作室的基础上，2020 年成立了校内“张建伟赋能名班主任工作室”，2021 年又成功申报了河南省名班主任工作室。目前，已经形成省市校三级工作室梯级建设，工作室的运行趋于成熟。

## 五、阶段性成果

工作室积极推动“名班主任工作室引领工程”“班主任能力提升工程”，编印了《班级管理故事集》《班主任能力提升工作手册》《学生心理自助手册》，组织班主任基本功大赛，开展班主任能力提升培训，帮助班主任进行成长规划，指导班主任叙写教育故事，与学校心理咨询师合作对学生进行心理疏导，指导学生重视生涯规划和劳动教育，积极撰写德育论文申报课题等，发挥工作室的专业辐射作用。2021 年由工作室主要成员参与的郑州市重点课题“新时代背景下城市普通高中开展劳动教育的实践研究”已经立项，目前已申报河南省基础教育专项课题“新时代普通高中班主任工作能力提升策略研究”，积极推进班主任队伍专业化成长。

工作室的良好运转促进学校班主任工作和德育工作更加有创新力和活力，各项工作都取得了持续有效的发展。工作室主持人吴鹏起老师多次参与区域学校班主任培训，2021 年 5 月代表郑州市优秀班主任在郑州市中小学班主任工作经验交流研讨会上进行交流发言。学校德育工作案例《构建开放的高中德育工作体系》上榜河南省 2021 年“一校一案”落实《中小学德育工作指南》典型案例名单。

## 六、下阶段努力方向

（1）加强课题研究及论文写作。争取多立项，多发表论文，进而指导实践。

（2）活动带动成长。开展经验研讨、培训讲坛、公开课堂等多种活动，传播先进的教育理念，发挥示范引领作用。

（3）继续丰富工作室公众号，及时传递成果，交流研究，辐射影响，师生互动。

（4）加强区域名班主任工作室的交流研讨，促进合作提升。

凡是过往，皆为序曲。吴鹏起名班主任工作室全体成员勤慎诚真、耕道共长，为学生“健康、博爱、有为”的成长继续赋能！其具体情况见表 6-3。

**表6-3　河南省吴鹏起名班主任工作室2021—2022学年上期活动工作历**

| 月份 | 周次 | 工作安排 |
|---|---|---|
| 10 月 | 6 | 名班主任工作室例会（确定学期工作计划、个人发展计划，重点工作具体落实）；发《班主任能力提升工作手册》 |
| | 7 | 班主任能力提升培训（王建伟：数据收集及常用处理方法） |
| | 8 | 主题班会设计观摩同课异构（袁僖、张俊丽） |
| | 9 | |

续表

| 月份 | 周次 | 工作安排 |
| --- | --- | --- |
| 11月 | 10 | 期中考试 |
| | 11 | 名班主任工作室例会（主题研讨：有效协同共育）。读书分享：《非暴力沟通》 |
| | 12 | 班主任能力提升培训（杨杰：青年班主任心理健康与有效自我调适） |
| | 13 | 主题班会设计观摩同课异构（王振南、周双，外校1位老师） |
| 12月 | 14 | 名班主任工作室例会（主题研讨：班级文化建设）。读书分享：《教育，向美而生》 |
| | 15 | 省内名班主任工作室交流（新乡赵方强名班主任工作室） |
| | 16 | 青年班主任沙龙 |
| | 17 | 班主任能力提升培训（张建伟：班级制度建设与精细化管理） |
| | 18 | 主题班会设计观摩同课异构（新彦培，外校2位老师） |
| 1月 | 19 | 名班主任工作室例会（主题研讨：有效心理疏导。学期末工作总结、假期学习计划）。读书分享：《要领工作法》 |
| | 20 | 撰写班级管理故事（每人1篇，1500字左右） |
| | 21 | 期末考试 |
| | 22 | 整理课题材料：（1）劳动教育；（2）班主任能力提升路径；（3）班级成长共同体建设 |

## 第二节 市十佳班主任吴鹏起案例

吴鹏起老师参加工作以来，一直爱岗敬业、勤勤恳恳、任劳任怨，凭着孜孜不倦的努力和踏踏实实的行动践行着一位人民教师的神圣职责。经过17年的一线教师和班主任工作经历的锤炼，他具备了深厚的教育理论知识、娴熟的教学技能和科学的班级管理方法，已经成为学校教育教学工作的骨干力量。

他高尚的师德、精湛的业务、突出的业绩使其深受学生、家长的欢迎和赞誉。

## 一、十七年一线教师经历，精耕细作，潜心教研，为班主任工作打好了坚实基础

吴鹏起老师从2005年参加工作以来一直奋斗在教学一线，十七年如一日，勤勤恳恳，潜心教学研究。他不断地刻苦钻研业务，认真研究教材教法，研究新课程标准，注重多方位培养学生的能力和学习习惯，对工作讲求实效，对学生因材施教。为了提高自己的教学水平，他坚持学习新经验、新教法，并积极应用于实践。备课精心设计，努力钻研教材，了解学生特点，课堂上给学生畅所欲言的时间和空间，让学生做课堂的主人，积极引导，做好学生学习的合作伙伴，学习效果事半功倍。他本人所撰写的论文《新课改下如何提高高中数学课堂效率与学生能力的培养》获河南省一等奖，论文《新课改实施中高中数学教师教育观念的创新》获河南省二等奖，论文《高中数学教学中的数学文化教育》获河南省三等奖，论文《新课改下高中数学道德课堂教学的探索》获郑州市三等奖，论文《浅谈如何培养学生学习数学的兴趣》获郑州市三等奖；他所辅导的学生李孜敏获全国数学联赛竞赛二等奖，其本人获河南省竞赛优秀辅导员称号1次、郑州市数学竞赛优秀辅导员2次；他2008年获郑州市观摩课优秀奖，2015年获区级优质课大赛一等奖，2016年获郑州市优质课大赛一等奖。丰富的一线教学经验为他做好班主任工作打下了坚实的基础。

## 二、八年班主任经验，关爱学生，润物无声，实践中不断成长

中学阶段是一个人价值观、世界观形成的重要阶段，强烈的职业使命感和社会责任感让他十分重视班级管理，2008年他直接从高二接班，十四年来经历了不同层次的班级，在不断摸索创新中快速成长，积累了各层次班级管理经验。

### （一）创新管理出精彩

为了更好地做好班级育人工作，他主动向资深班主任请教，特别是在

2010年拜全国优秀班主任周世良老师为师。作为周老师的首批徒弟，他虚心好学，敢于实践，不断强化学生的“责任、诚信、感恩、集体、国家”意识；积极探索周老师提出的家庭、学校教育的“筷子理念”，结合郑州二高的“开放办学”活动，积极组建特色班级“家长委员会”，邀请家长深入班级参与班级学生日常管理、心理疏导、安全教育等，将家庭教育与学校教育形成合力。另外，他积极组织开展读书活动、知识竞赛、演讲比赛、感恩教育等形式的主题班会，展示学生各方面的才能，发展个性。让学生自己组织、自己管理、自己发展，逐步形成一个健康向上、团结协作的班集体。通过开展丰富多彩的班级活动，优化了班级文化环境，丰富了学生精神生活，促进了学生综合素质的全面发展。他还积极尝试班级管理的创新改革，结合具体学情，在所教班级落实多模式小组合作，其中“铁三角”三人互助小组效果显著，而他所主持的课题“道德课堂背景下高中数学学习小组模式建设研究”荣获郑州市教育科研成果一等奖，研究成果也在全校得到推广。

### （二）春风化雨育桃李

“动之以情、导之以行、晓之以理、持之以恒”是他关心学生的座右铭，对学生的要求严中有爱，对学生的不良思想和行为倾向进行正确、严格的教育和引导，而在日常管理中又处处体现对学生的关爱和帮助，不放弃任何一个学生。他经常深入学生家庭进行家访，对学困生及时进行指导和帮助，逐渐在学生中形成很高的威望，所带班级凝聚力强，学风浓、风气正，成绩突出。2013届学生曾xx因患严重心肌炎，多次因身体虚弱请长假在家休养，学习成绩下滑严重，学习的自信心受到很大打击，情绪低落，一度面临休学困境。作为该生的班主任，吴鹏起老师了解情况后，多次上门家访，鼓励该生不要放弃，动员家长打消让孩子休学的念头，还组织班委会成员到学生家中和她谈心，并辅导功课，经过一年半的坚持，该生通过不懈努力终于考上了心仪的中国戏曲学院。为了促进学生成长，他春风化雨般地对学生进行思想疏导和教育，这些工作无不体现出一个优秀班主任高尚的职业道德和无私奉献的精神。他多年如一日，平凡中包含着无限的不平凡。

### （三）孜孜以求攀高峰

吴鹏起老师虽然在教育教学中取得了卓著的成绩，并被称为全校学习的楷模，但他并未停下前行的脚步，在工作实践中继续探索，并不断思考总结。近几年来，他历任年级长和政教处副主任，把自己的成熟经验推广到年级与学校管理中，积极探索适应学生自主发展的年级德育管理新模式，构建“年级宏观研究与组织、班级团队自治管理与协调、年级学生自管会自我管理与教育”的德育三级管理体系；以“德育优先、教学适合、积极评价、多元发展”为育人理念，搭建学生活动平台，开展丰富多彩的社团活动和主题活动，促进学生“自我教育，自我管理，自主发展，快乐成长”。加强年级班主任队伍建设，利用专家讲座、外出培训、班主任交流和班主任例会等多种形式，把班主任专业化提升放到增强学校核心竞争力的高度来抓，锻炼出了一支素质高、能力强、善创新、能打硬仗的优秀班主任队伍。通过年级管理的实践平台，他的班级管理经验得到很好推广，所带年级在2013高考中成绩优异，超额完成学校的各项教学指标。目前，他带领骨干班主任团队正在进行“‘开放办学’深入推进下家长委员会的职能探究”课题的探讨，希望在追求卓越的路上再攀高峰。

由于班级管理效果显著，他在2010年被评为“郑州市文明教师”，2013年被评为“郑州市优秀班主任”“郑州市中小学德育先进个人”，2014年被评为“郑州市中小学综合实践活动优秀辅导教师”，2015年被评为“郑州市优秀教师”，2016年被评为郑州市首届十佳班主任，2019年顺利申报郑州市名班主任工作室主持人，2021年又成功申报河南省名班主任工作室主持人。这些荣誉对他来说实至名归。

## 三、开拓进取，潜心研究，指导社团成绩斐然

在郑州二高“自主发展、快乐成长”的办学理念指引下，为了促进学生全面发展，吴鹏起老师与时俱进，超越自我，主动更新知识结构，接受先进的教育教学理念，坚守一线教学阵地之余，组建“PRCC科技社团”并指导学生开展活动，结合学校“信息化、国际化、自主化”的发展战略，大胆创新实践新的方法，充分调动成员的自主性，注重成员能力的培养。“PRCC科技

社团”学生先后参加省市科技创新大赛、省市机器人大赛、全国电脑制作活动和省市中学生技术设计与创新成果评选活动6次，夺得省、市科技创新大赛一、二、三等奖57项。更为突出的是，2015年11月郑州二高“PRCC科技社团”作为华中地区唯一一支代表队应邀参加北京“2015世界机器人大会机器人邀请赛”，并最终进入世界四强联盟赛，所设计的参赛机器人被评为“最佳设计奖”。他2015年被评为“郑州市青少年科技创新大赛优秀科技辅导教师”“郑州市社团优秀辅导教师”，2017年被评为第十七届河南省青少年机器人竞赛优秀辅导教师，2018年参与的省级课题“科技社团活动促进创客教育发展的实践研究”顺利结项并被评为成果一等奖。

吴鹏起老师从未改变对教育事业的热情和执着，始终奋战在教育教学第一线，他肩负着光荣的使命，播撒的是千千万万家庭的希望，托起的是祖国的明天，培养的是未来的人才。我们有理由相信，先进的教育教学理念、不断探索的进取精神、甘愿奉献教育的思想境界会使他在育人的道路上越走越宽广。

## 第三节　省优秀班主任饶克案例

习近平总书记在全国教育大会上强调，广大教育工作者要思考“培养什么人、怎样培养人”这一根本问题。作为一名中学班主任，我也经常思考这个问题。

### 一、培养什么样的人

培养什么样的人，是教育的首要问题。在我看来，教育就是要肩负时代重任，立志扎根人民、奉献国家，培养具有大爱大德大情怀的社会主义建设者和接班人。

郑婉茹是众多优秀学生中给我留下印象最为深刻的一名学生。她是一个安静腼腆的女学生，自律刻苦，成绩优异。至于学习以外的事，她和其他同学一样，并不关心。面对这样的情形，我精心设计，营造氛围，创设情境，以“国家大事，民生热点”为话题，进行每周两次的班级演讲；围绕“新时代、新青年、新使命”进行了一系列主题班会活动，帮助学生们关注时代，明确责任。经过长时期的努力，学生们慢慢地能把个人命运与国家发展、民族振兴联系在一起，变得更有家国情怀和远大抱负。

郑婉茹也在一天天发生变化，她的阅读和写作开始逐渐脱离个人的悲欢情绪，更多地转向对国家、社会和时代的思考，显示出了更为宽广的胸襟和眼界。2017 年全国两会前，省会媒体面向全市中小学生发起了“我为两会写微议案”征集活动。机会难得，岂容错过，我立即在班上做了动员，与学生一道深入学校和社区，积极展开调研。我鼓励郑婉茹，用她犀利和美妙的文笔，把自己的思考和愿望勇敢地表达出来。还不时将自己在教科研中总结的研究方法与她进行了分享。如我所愿，这样的活动锻炼了每一个学生，最终形成的微议案中，她的那份最为突出。针对当前教育体制存在的问题，她提出：“全国应重视创客教育，将创客课程融入日常教学，从而增强学生课堂的趣味性；提升学生创造力和思维能力，促进学生的全面发展。”该议案在全国两会上被人大代表宣读，引起海内外媒体的广泛关注。《东方今报》在头版整个封面为她做了报道。我们的班级也因为学生参与程度高、议案质量好，被评为全市微议案最佳组织班级。高考结束之后，郑婉茹报考了师范大学，并决定将来回母校，和我一样为祖国和社会培育更多有才有德之人。

“培养什么样的人”这个问题在我心中早已有了答案。学生的进步和成长更加坚定了我的信心和热情。我愿把满腔热血化作一盏明灯，唤醒小我，照亮大我，为国育才，立德树人！

## 二、怎样培养人

河南省优秀班主任饶克的班级管理理念和方法如图 6-1 所示。

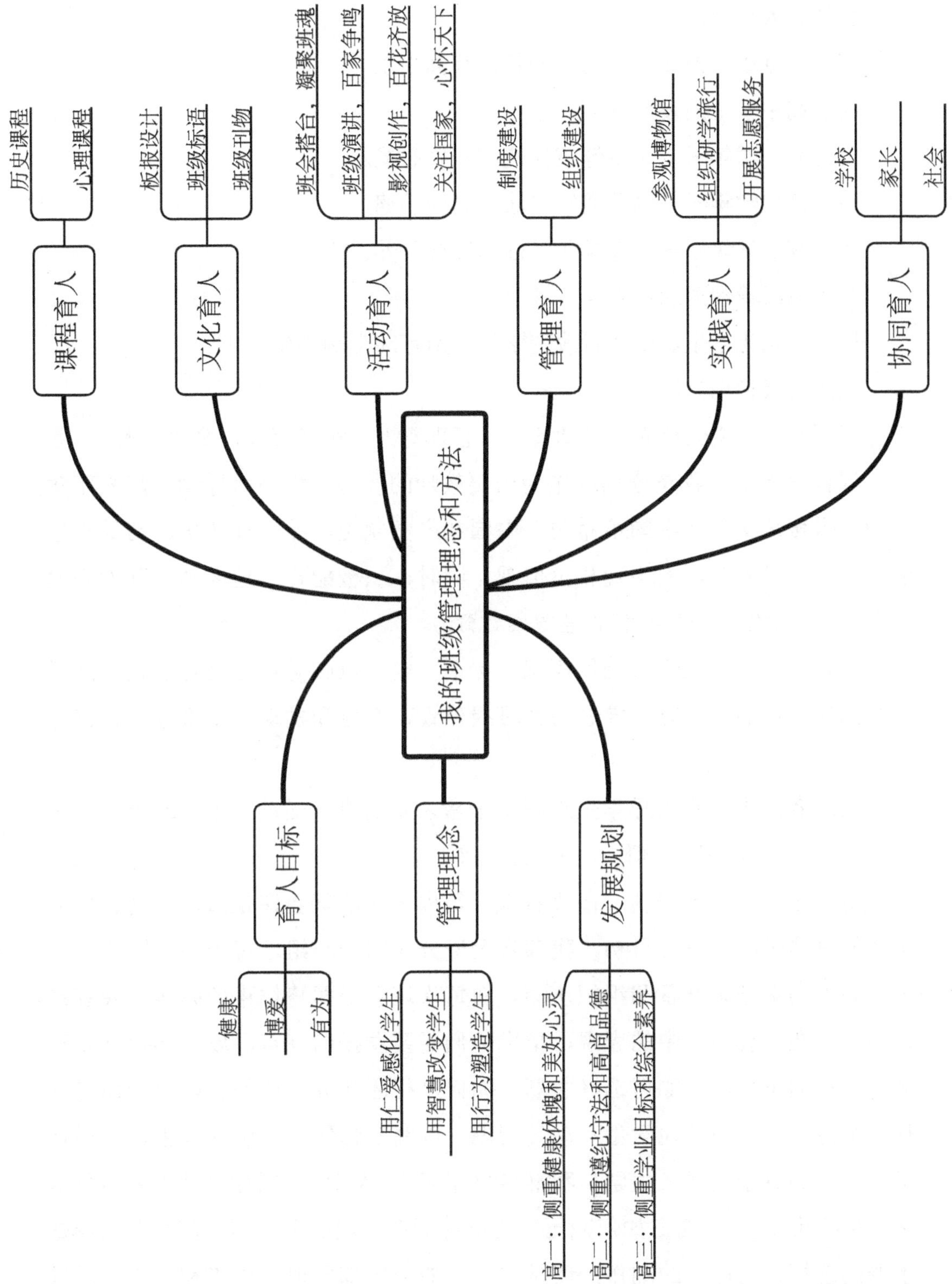


图6-1　河南省优秀班主任饶克的班级管理理念和方法

我的育人目标：

培养“健康、博爱、有为”的新时代高中生。

我对高中学生的发展规划：

（1）高一学年——侧重健康体魄和美好心灵。

（2）高二学年——侧重遵纪守法和高尚品德。

（3）高三学年——侧重学业目标和综合素养。

我的班级管理理念：

用仁爱感化学生，用智慧改变学生，用行动影响学生。

我的班级管理方法：

课程育人，文化育人，活动育人，管理育人，实践育人，协同育人。

课程育人上，我充分利用作为历史教师的优势，积极引导学生深入了解中华优秀传统文化、中国革命史、中国共产党党史、改革开放史，帮助学生形成正确的世界观、人生观和价值观。同时，积极配合心理老师，开设心理课程，做好学生心理疏导和心理健康教育。

文化育人上，我充分利用板报、标语、电子班牌等进行文化建设，展示学生创作的作品。同时，推进书香班级建设，引导和发动学生多读书、读好书。

活动育人上，我引导学生组织了丰富多彩的班级活动：主题班会、班级演讲、书法比赛、影视创作、历史征文等。

班会搭台，凝聚班魂。在我看来，每周一次的班会课是凝聚班魂、形成班风的最佳时机。每月月初，我都将全班分成四个小组，每个小组围绕一个健康向上的主题来准备和组织班会。在每次班会课即将结束的时候，我都点评学生们在班会活动中的表现，指出他们需要发扬的亮点，以及如何弥补和避免存在的不足，如如何选好主题、如何进行团队分工协作、如何制作幻灯片、主持人如何与其他学生互动等问题。以高三为例，我引导学生自主举行了四次主题分别为“考大学，我准备好了吗”“大学与专业选择”“远离负情绪，传播正能量”“高三如何减压”的班会活动。现在学生们的班会课无论是主题的选择、幻灯片的制作，还是主持人的台风都展现出进步和亮点。通过班会课的准备和组织，整个班级凝聚成一个团结协作、无坚不摧的团队，班风、学风也变得更加积极向上、奋发有为。

班级演讲，百家争鸣。为了提高学生阅读能力和表达能力，我引导学生在每周日晚上进行 20 分钟的班级演讲。班级演讲由演讲者选定一名主持人主持，前 10 分钟由演讲者选定话题，进行演讲；后 10 分钟由其他学生围绕演讲者的话题展开自由辩论。通过班级演讲，学生们读书越来越多，也越来越有深度，班级成员也通过这样的争鸣与交流，加深了对彼此的了解。

书法展示，争芳斗艳。为了帮助学生写好字，我在班级多次进行书法比赛，并对优秀作品予以表彰和展示。通过比赛，越来越多的学生喜欢上书法，并且练得一手好字。

影视创作，百花齐放。我利用学校每年一次的微电影节，鼓励有兴趣爱好的学生积极参与。我班学生井硕源的微电影作品《破碎故事之心》《舌尖上的二高》分别获得全国微电影类和校园专题类二等奖，学生郑婉茹、林小侨、高宇浩作词的作品《政通路 97 号》获得校园综艺类全国二等奖。

管理育人上，我注重班级制度的建设和班级组织建设。我不仅要求学生学习和遵守校纪校规，还结合本班实际，引导学生制定班级民主管理制度、班级卫生打扫注意事项、班级纪律处分条例、平板电脑使用规定等，促使学生形成了自我教育、民主管理的班级管理模式。班干部团队的建设也关系到班级的发展，因此我也注重班干部的选拔和培养。所组建的班级团队能力强、作风硬、学风棒！同时，我还积极关爱班级中的特殊群体，如经济困难学生、单亲家庭学生、学习困难学生等，及时关注他们的心理健康状况，积极开展心理辅导，提供情感关怀，引导学生心理、人格积极健康发展。

实践育人上，我组织学生参观省博物馆、安阳殷墟；组织研学旅行，探讨钧瓷生产过程；开展校外素质拓展，提升班级凝聚力；参加社区服务，做好学生志愿者……使每个学生都在实践中成为“健康、博爱、有为”的社会主义接班人。

协同育人上，我积极借助学校、家长和社会力量。我利用学校组织的体育艺术节、微电影节等诸多平台，发动学生积极参与。同时，在日常管理中，我组织家长成立家委会，组建家长微信群，鼓励家长推门听课，参与班级管理。

正是得益于这样的班级管理，我所带的班级班风正、学风浓，学生综合素养全面提高，学习成绩也遥遥领先。在2018年高考中，全班有40多人考上一本院校，其中学生赵佩汶以裸分成绩考入北京大学中文系。我个人也在班级管理过程中，收获经验，收获惊喜。在2019年5月河南省教育厅举办的第二届河南省中小学班主任基本功展示活动中，我从“班主任专业发展自传、主题班会设计、班级管理案例答辩、班级管理故事演讲、班主任才艺展示”五项考核中脱颖而出，以全省第二名的成绩荣获一等奖。

### 三、不忘初心，路在脚下

我常鼓励学生，做最优秀的自己。我也不断勉励自我，做一名优秀的班主任。教育是一条漫长而又艰辛的路，而年轻的我正行进在路上。我在这路上，看到了春天的风景，也看到了秋天的收获；遇到过笔直坦途，也遇到过羊肠阡陌；怀抱着希望，也遭遇过迷茫。然而，在这路上，我不会孤单，不会无助，因为有郑州二高与我同在，有许多怀揣教育梦想的伙伴与我同行！也许多年以后，当我仰望满天的繁星、回望留下的脚印时，我会无怨无悔，因为我一直在行进中歌唱，在跋涉中成长！讲台很小，其实很大，因为它承载着学生的前途和祖国的未来。所以，我时刻铭记我是一名老师：

耕耘不问收获，自有一路芳香；只要初心不忘，脚下就是远方！

## 第四节　省优秀班主任党茹案例

又是一年夏季来临，熟悉的校园里绿树依然成荫。花丛中，即将毕业的年轻学子扬起灿烂的青春笑脸，向我挥手说“再见”。我的心里甜蜜又苦涩，为他们迎来新的人生篇章而喜悦，也为生命中的又一次小别离而感伤。走上讲台18年，连续担任班主任16年，我时刻提醒自己“不忘初心”。教育者的初心，就是始终要有一份为生命打底色、为心灵筑情怀的担当与情愫，这样才能晕染学子生命的精彩，充盈学子生命的泉流。

## 一、呵护绽放的青春：爱是最好的教育

在班主任工作经历中，我始终坚信，爱是最好的教育。在我的眼中，每一位学生都是平等的，都渴望得到老师的爱。毕业的学生会时时浮现在我的脑海里，他们中有些人在我的影响下选择了名校的生物专业，孜孜不倦地探寻生命的奥秘；有些人毅然选择了师范专业，现在已经成为优秀的青年教师；还有入学成绩是全年级靠后、举止“反常”甚至受同学“孤立和嘲笑”的内向小孩，在我的一路保护和扶持中逆袭为被C9名校录取的优秀学子。我越来越真切地感受到，教师要不断向学生投去信任的目光，这可以为优秀的学生“锦上添花”，但更能为成长中出现挫折的学生“雪中送炭”，给予他们走出困境的希望。

2020年5月疫情防控复学过后，我发现班里一位原来行为习惯不错的学生开始出现上课精神不集中、脾气暴躁、成绩下降的情况。联想起他在上网课期间的听课时长不够、作业无法上交等问题，我开始多方探寻原因。我首先约他到操场上散步谈心，而等到触碰到他的问题时，他开始支支吾吾，后来干脆默不作声。经过与家长的沟通，我了解了具体的经过。新型冠状病毒疫情防控期间居家学习，学生需要进行线上学习，有了更多与手机、电脑接触的机会，这个学生开始不停地上网打游戏，行为也逐渐开始失控。用他妈妈的话说，“抱起手机就像魔鬼缠身般变了一个人”。父母一筹莫展、互相抱怨，家庭矛盾再次升级。我意识到了这个学生和这个家庭此时遇到的困境。我先把他的父母请到学校，给他们分析了青春期学生易叛逆、渴盼受关注、可塑性强等心理特征，分析了耐心的教育和陪伴的重要性，帮助他们打开心结、缓解了焦虑。通过近三个小时推心置腹的长谈，我们在如何帮助学生的许多观点上达成共识。随后，我又两次同学生谈心，同他讲我求学的经历和工作的感悟。学生受到了很大触动，声明自己不会再玩游戏。但我知道，要想真正帮他摆脱网瘾，需要家校的密切配合，也需要他对学业目标、时间规划和管理重新认知，这是个系统工程，也是条漫长道路。我邀请家长、学生进行“三方会谈”，讲清家校的责任分工，制订合理的上网计划，并且鼓励学生制订了学科学习、沟通能力、情商发展等具体的小目标。直到高三上半学

期，他的网瘾还反反复复、问题花样翻新。育人需要极大耐心，需要唤醒和鼓舞，需要班主任温柔地坚持。在屡次谈心中，我了解到是学业压力和父母有效陪伴的缺失，才让他选择用网络逃避现实生活中的不快。知道他的理科思维很不错，我在课堂上，经常拿出一些难度较大的“高端问题”请他为同学们讲解思路，大家的赞扬激发了他的学习热情。每当他实现了一个个小目标、学习和纪律有了点滴的进步，我都会送上由衷的赞美和鼓励。经过一个多学期的努力，他又能像其他学生一样正常地学习生活，满怀信心地备战高考。看着他充满活力的笑脸，我感到了自己工作的价值。

## 二、激发成长的智慧：积极心理的力量

教育真正起作用的过程是一颗心灵点亮另一颗心灵的过程。班主任的言传身教对学生有着巨大的影响，班主任的精神追求也会潜移默化地塑造成长中的生命。曾有毕业的学生给我留言：“三年很短，短到了弹指一挥间，就要说再见。三年来，您把全班同学看成您的48个孩子，出席每一个我们成长中的重要时刻：冬日清晨，寒风凛冽的政通路上，有您风风火火赶向学校的身影；夏日傍晚，夕阳西下的教室窗户边，有您伏案认真批改作业的身影……前进途中，每一个心有踌躇的时刻，望望您的身影，听听您的声音，立马就会心安……”我意识到了，作为师者，只有将我对学生心灵成长的满腔热情，只有将我体会到的满足感、价值感、爱与被爱、希望和愉快等积极心理和生命状态传递给学生，才能启发他们在面对忧愁和困惑时，去感悟解决问题的信念与方法。为了帮助高中生应对新的成长，我带领他们设计集体游戏，请来往届毕业的优秀学长传授经验，开展主题班会进行心理辅导，创建班级读书会，鼓励他们和我一起进行体育锻炼，在思想碰撞和情感激荡中，师生的心灵都得到了润泽。“千学万学，学做真人”，教育不仅仅是知识的传授或智慧的开启，更重要的是德行的培养与品格的培育。只有用心陪伴学生的成长，以自身的道德行为和习惯去言传身教，才会将教诲真正沁入每一位学生的心田。

### 三、培养健全的人格：会做学问，更会做人

杜威曾这样解释“育人”：一切教育的最终目的是形成人格。如何对人、如何对事、如何对己是教育最终需要每一个人回答的问题。如何助力学生形成健康全面的人格也是我常思常想的问题。理科班的学生们很容易成为除了学习别无所长者，注意到班上不少学生习惯于接受别人的关心，社会活动能力较差，体能水平较低，劳动技能缺乏，我就有意设计了共同提高小组，让班干部们肩上压着担子，挤出时间筹划、主持主题班会和各类体育锻炼活动，各个小组轮流负责承办；建立个人卫生检查、全员排班值日等制度；结合重大节日开展集体节庆和社会实践活动；与任课老师配合，着眼于身边小事，不时指点学生自觉优化行为；帮助他们及时处理好向往成功与承受挫折、友爱互助与相互竞争等关系，在克服困难的过程中锤炼意志品格。渐渐地，他们开始在学校“最美宿舍”、黑板报评选中获胜，在学校的“微电影节”和秋季运动会的入场表演中精彩亮相，在社会实践基地获得称赞，在重要节日自发给老师、家长送上精心制作的礼物……他们从中体验到合作、创造的快乐，在自主选择和自我教育中获得了主动发展。

教学相长，育人似乎也不是单向度的，这个“人”里面也包含着我自己在内。于我而言，最珍贵的也许不是所带班级连续多年荣获“郑州市优秀班集体”称号，也许不是获得的“郑州市优秀共产党员”“郑州市优秀教师”“郑州市最美教师”“郑州市优秀班主任”“河南省骨干教师”“河南省优秀班主任”等荣誉，而是可以在自己的教育园地中，秉承着最真诚的初心，不断带领年轻的学子前进，去追寻更宽广更有希望的世界，成为更幸福的人！

## 第五节　省优秀班主任张建伟案例

在郑州市第二高级中学，提起张建伟老师，熟悉他的师生都会不由得为他三年如一日坚持跑步的自律精神点赞，为他踏实、认真的工作态度点赞。10月30日，张建伟老师迎来了工作生涯中的一个“高光时刻”，经过专家评

审、笔试、现场答辩等环节，张建伟老师被拟定为河南省中小学优秀班主任。

## 一、最好的教育是模范引领，引领学生自律度过高中三年时光

张建伟老师非常喜欢慢跑，并坚持每天慢跑，已经坚持了三年的时间。正常的工作日内，他每天早上会完成10公里的慢跑。慢跑后，准备一下，就开始了一天的工作，一整天都很精神。白天在操场，有时还会再跑20分钟。

不用过多的言语，张建伟老师对于跑步的坚持就感染了很多学生。班里的很多同学也逐渐喜欢了慢跑，并能用高度的自律坚持下去。张建伟老师作为班主任带的2020届毕业生，已经升入北京大学的宁博宇同学就是其中的典范。在学校，除了正常地学习和做作业之外，他每天在操场跑步15圈左右，上过晚自习后，再坚持跑步回家，从不间断。跑步让他的身心更加健康，能更好地完成每天的学习任务，更练就了他强大的自制力，这些都是他在高考中获得佳绩的重要保障。

张建伟老师不仅用自己对慢跑的坚持感染、引领学生走向自律，而且在日常班级管理和学习指导中，也注重培养学生的自律品质和优秀习惯。“不怕同桌是学霸，就怕学霸放暑假。”这是张建伟老师经常对学生提起的一句话。每次放假前，张建伟老师都提醒学生们做好规划，做到心中有数，算算假期一共多少天，除去自己休息的时间，用于学习、写作业的有几天，一天需要至少完成多少作业。他激励每位同学一定要有一个坚强的意志，当天作业没完成，绝不放笔去休息。

## 二、最好的陪伴是悉心呵护，激发学生内在动力，不断向前

在2020年新型冠状病毒疫情防控期间“停课不停学”阶段，张建伟老师每天用交流软件陪伴学生一天的学习生活。早上督促学生按时起床认真读书。对于未按时开始读书的学生，张建伟老师会对学生进行及时的关注和提醒，电话联系学生本人，关心询问是否生病，是否闹钟未响，以关心询问来达到管理学生、督促学生的目的。同时，也电话联系家长，达到家校共育，让家长也提醒孩子早起读书，双管齐下，帮助学生克服惰性，激发内在动力，下定决心拼搏奋斗，实现心中梦想。

网上授课阶段，有的学生容易“开小差”。作为班主任，张建伟老师对于每一位学生作业和上课情况都高度关注。对每天的各科作业，张建伟老师都会及时了解完成情况，并及时告知学生本人及家长，以便起到督促的作用。在教学中，他会随时提问某个学生，或者背公式，或者讲解某个题目，或者回答某个问题，以检查是否在网课中认真听讲。

张建伟老师对学生悉心、用心、尽心地陪伴，让他的学生经历了新型冠状病毒疫情后依然学业成绩优秀，在2020年高考中升入了理想的大学。

### 三、最好的人生是事业家庭双丰收，引导儿子从平凡走向优秀

做张建伟老师的学生很幸运，做张建伟老师的儿子很幸福。张建伟老师的儿子张凌宇的高中时光是在郑州市第二高级中学度过的。张凌宇的成绩不理想，张建伟老师没有因为儿子成绩不理想就放任不管，也没有万分焦虑，急功近利，而是心平气和地引导儿子养成良好的学习、生活习惯，培养儿子的自觉意识，让儿子一点点从学习、成长的低谷中慢慢上升，成为一名德智体美劳全面发展的高中生，在高考后被山东大学录取。在山东大学就读期间，因为学业成绩和综合素质突出，被山东大学保送至中国科技大学硕博连读。

“说话做事，不走极端，不仅教书更育人。”“提前规划，周密安排，四班速度归功您。”“从早到晚，长久陪伴，创新四班很感恩。”张建伟老师担任班主任的2020届毕业生黄彦博用最朴实的语言表达对他最真诚的感激。张建伟老师是平凡的，他只是成千上万位老师中的一员；张建伟老师又是不平凡的，他用自己的踏实、自律、认真不断迎来自己职业生涯的高光时刻，也缔造着一届又一届学生的美好前程。

## 第六节　市十佳班主任张杨案例

我的父亲是一位教育工作者，从小耳濡目染，教师成了我心中自带光环的职业。十四年前，我踏上神圣的三尺讲台。常听身边的领导和老教师说这样一句话：“一个老师的职业生涯，如果没有班主任这一笔，始终是不完整

的。”如今，班主任工作已伴随我八个年头。寒来暑往中陪伴每一位学生成长，付出的心血和真情让岁月的流转变得更加难忘。回顾一路的摸索与实践，我尽全力关注、尊重、欣赏每一位学生，始终践行着当一名好教师、好班主任的人生目标。这些年来，我所带的班班风正、学风浓，我也真正享受到了幸福而完整的教育生活。

## 一、动之以情：让每一朵花勇敢迎接春天

八年的班主任工作使我坚信：没有爱就没有教育，这是真理；只有真正走入学生心中，教育才变成了一种水到渠成的事情。所以，在日常管理工作中，我习惯于深入实际了解情况，做耐心细致的思想工作。每接手一个班级，我要求自己对学生的名字、爱好和特征等都很快了解得清清楚楚。一个学生的思想状况和价值观的展现同他的家庭教育也有着密不可分的联系，所以我也会细心去了解学生们的家庭状况。这样，做起工作来，也就能有的放矢、得心应手。

我时刻以“假如是我的孩子”“假如我是孩子”的情感体验给予学生们最大的宽容、理解、信任和关怀。2014 届所带的班级中有个叫小君的女学生，她头脑灵活，热爱阅读，写作文笔好，在文科的学习上展现出比较大的优势。但因为体形偏胖的缘故，平时在班里总是被其他同学开玩笑。她很在意，也比较苦恼。为此，我专门挑选了一个她不在班级的时间，和班级其他同学讨论这件事。我引导他们应该正确全面地看待他人，要看到别人身上的长处，更不能以貌取人，嘲笑他人外形上的不足。后来我发现，她果然在班里变得开心了许多。高一下学期，在同学们基本适应了高中的学习生活、愈加发力时，她的情绪明显出现了不稳定的情况，开始变得爱请假、拒绝与人交流，班上有女同学告诉我，在自习课时，小君曾在班里大哭过一次。了解到这些以后，一方面我加强了对她的观察，另一方面我抓紧与她母亲取得了联系，这才知道她的家庭出现了意外的变故，她父亲的事业和生活都受到了很大的挫折和影响，因此小君的情绪也受到了巨大的影响。考虑到她是个细腻敏感的人，我没有第一时间单独找她谈话，而是悄悄找了一位和小君关系很好、性格又比较乐观的女学生，叮嘱她每天中午和晚上放学时，陪小君走一段路

程；我也把小君的遭遇大致告诉了班级的任课老师，请求他们给予她一定的理解和包容，允许她一段时间内较为频繁地请假和迟交作业。同时，我也知道，把人从消极情绪的泥潭里拉出来的最好方法就是让她看到希望，所以我开始关注起她的作文和随笔写作，不遗余力地在班级同学面前称赞她的文学感悟、文字驾驭能力；班里有同学参加学校微电影社团的创作活动，我也积极推荐小君参与其中帮忙创作和修改剧本。从学科教学的角度出发，我在体育课上还教给她进行科学锻炼的方法。慢慢地，她的情绪逐渐平稳，请假次数也越来越少，甚至开始认真规划起将来要考编导的事情。最终在高考结束后，她考入了广东一所大学的编导专业。去年大学毕业后，她因为较强的专业能力进入到湖南卫视《幻乐之城》节目组实习，真刀真枪地参与到节目制作中。她很兴奋，专门发微信告诉我这件事，看到朋友圈里的她忙碌而充实，我心里也特别欣慰。

台湾诗人席慕蓉有这样的诗句：就因为每一朵花只能开一次，所以，它们是那样慎重和认真地迎接着唯一的春天。我想，每位学生的生命都有权利去迎接美好的春天，而恰当而温情的教育可以给他们更多追寻春天的勇气。

## 二、导之以行：以行动去呵护绽放的可能

全国优秀教育工作者、教育家李镇西在《爱心与教育》中写道：教育仅仅靠爱是远远不够的，教育还需要智慧、需要行动。在班主任工作中，教师的理念要转化到师生的行动上，一些奇妙的变化才能发生。我记得刚当班主任时，接手的班级很是棘手：大多数学生在中招考试中分数不理想，在平时的学习和生活中存在较多的不良习惯，缺乏学习的动力和热情。对于这些别人眼里的后进生，我在心态上不歧视、不急躁，我知道当务之急是增强他们的自信心和自尊心。我对学习基础薄弱的学生提出要求：只要你尽力了，就是好样的，尽志无悔；每个人都找出阻碍自己进步的最大因素，我负责解决。例如，班中学生于吉松学习基础差，缺乏方法，但该生学习积极，努力求上进，常常为自己考不好而苦恼；我鼓励他每天问老师一个问题并从中总结学习方法，最终他的成绩得到了快速的提升，毕业时考上了河南大学。学生吴林潇性格谨慎内向，因为没能及时适应高中的学习节奏，内心压力很大；我

经常肯定她对学习的投入和专注，并且鼓励她发展自己在单簧管方面的音乐特长，在学校管乐团赴河南省艺术中心以及维也纳金色大厅演出时，我都积极联系她参与其中进行锻炼；最终她凭借优异的成绩考入了华中师范大学，毕业后她回到了郑州，通过了郑东新区的招教考试，成为一名音乐教师。有了这些同学的带动，这个班级也迅速建立起良好的班风和学风，在2014年荣获“郑州市文明班集体”。去年教师节，吴林潇发来短信：“如果没有您帮我找到有效的学习和记忆的方法，如果不是您鼓励我发展特长，我不会有今天的收获。能和您一起在杏坛耕耘，我感到很幸福。”她不知道，看到这样的结果，我的幸福满溢心间，无以言表。

## 三、晓之以理：关注价值观，汇聚“心”能量

多年高三班主任的工作经历，再加上担任学生发展中心副主任后持续广泛的学生管理工作经验，让我对学生在高中阶段每个时期的学习心理都了如指掌。每逢开学初、学期末这些容易浮躁的时期，每当学生大考结束容易迷茫的时期，我总会适时开展情势分析会、目标定位会，帮助学生更好地认清前路，汇集能量。

2018届高三学生刚开学时，我觉察到一些同学“定位”欠佳，表现在几个方面：一是盲目自信，少数学生存在“自信过度”，认为自己已有不错的成绩，自满自溢，因此故步自封；二是自我迷茫，部分学生目标意识很薄弱，对自己前边的路缺乏目标和规划；三是急功近利，部分学生做到了持续努力，但每每看到测试成绩不够理想时，便心中彷徨，觉得付出多，回报少，便急躁不安。针对这些问题，我向学生们提出了三点建议：首先，自信而不刚愎。自信可以让我们有更佳的精神状态投入学习中，但自信而不能刚愎，盲目自信将使你逐渐成为一个目光短浅、以自己为中心的“封闭人”。其次，自我剖析要清晰，目标定位要精准。高三学生更应该做一个有理想、愿付出的人，只有你意志坚定、目标精准，才能拥有强大的内驱力驱使，最终达成目标。最后，面向高考，要持续发力。高三是一个煎熬而又有意义的时期，每一个学生都要在煎熬中成就自己，磨炼意志品质，迎接未来更多更艰苦的挑战。因为涵盖面广、针对性强，这些道理很容易被学生接受，也让学生在成

长的道路上更受鼓舞。习近平总书记曾说：青年的价值取向决定了未来整个社会的价值取向，而青年又处在价值观形成和确立的时期，抓好这一时期的价值观养成十分重要。身为教师和班主任，培养学生正确的价值观，帮助他们扣好人生第一粒扣子，我责无旁贷。

持之以恒：弱水三千，何取一瓢？

我们总是习惯说：给学生一碗水，老师自己要有一桶水。可是学生处在发展的社会中，他们的知识结构和能力水平比起从前有较大提升，这时，只有不断研究学生、研究教学，才能保证自己有一汪永不枯竭的教育活水。因此，我不断地刻苦钻研业务，认真研究教材教法，研究中学生核心素养，提升自身专业素养。转益多师是吾师，我还积极观看各种教学观摩课和报告会，提高自己的教学能力和业务水平，曾荣获2006年河南省首届中小学体育教师技能大赛一等奖、2008年第三届全国中学校体育教学观摩课二等奖，所撰写的论文荣获2018年郑州市优秀教育科研论文，我个人也收获了郑州市教育局优秀教师、郑州市优秀班主任、郑州市骨干教师、郑州市第二届“十佳班主任”等荣誉。

电影《无问西东》里有一句话：这个时代缺的不是完美的人，缺的是从心里给出的真心、正义、无畏和同情。我想这句话用来诠释现在的教育也是可以的。我们的教育缺的不是完美的理想的教育理念，也不缺高科技的教学条件，缺的是从心里给出的真心、正义、无畏和同情。当我面对着各种各样的学生、各式各样的家长，面对着琐碎而繁忙的工作时，不抱怨、不泄气、不迷茫，坚信着自己能够有所作为，只问盛放，只问深情，只问初心，只问敢勇。唯有如此，才会有一种从心灵深处漫溢出来的不懊悔、不羞耻的平和与喜悦。唯有如此，才是作为一名教师和班主任的真实。

# 第七章　班主任教育叙事

## 第一节　一节主题班会的反思

一节以《树立正确的价值观，做时代好少年》为题目的线上直播主题班会课终于结束。学生们的优秀表现得到了专家的点赞！一节近乎完美的课圆满结束，但留给我的思考却是深远持久的。

### 一、只有放手后，才发现学生的创造力永远在你的想象之外

为了迎接学校八十周年校庆和“双新”实施国家级示范校线上展示活动，学校决定在我们班搞一个“主题班会活动”。在接到任务后，我很迷茫，不知道从哪着手，实在想不出什么样的班会才能诠释学校的活动主题。于是，我就“发动群众”，和班里的学生商量，确定主题班会以《树立正确的价值观，做时代好少年》题目后，就把学生分成四组，由各组选出“导演”，模仿《我和我的祖国》的形式，各组自成独立单元，用自己的方式诠释主题。

第一组，以“抗震小英雄雷楚年蜕变成诈骗犯”事例为切口，设计了“小英雄蜕变原因”的主题讨论，引发大家思考，打开了大家“话匣子”：缺乏正确的世界观、人生观、价值观；认识能力无法匹配社会给予的赞誉，也正是“抗震小英雄”这个称号让他逐渐找不到自己的灵魂，对自己身份没有清醒的认识；教育的缺位，当社会过度的赞誉改变孩子一个正常的成长环境时，学校和家庭的教育要及时地补救，否则孩子就会迷失自我。

反思：学生在选材过程中，激发了学生的创作潜能，在合作中碰撞出了思维的火花。创作的过程本身就是对“好少年”成长的一次深度全方位的思考。

第二组，以扶贫干部（班级王启铭同学的母亲）为原型进行了“情景剧”改编，再现扶贫干部扎根基层、一心为民的事迹，给学生们上了一堂生动的政治课，使学生的精神得到一次洗礼，给学生们树立了人生的榜样，提升了学生人生格局。

反思：只要给“舞台”，每个学生都可以成为“主角”。在情景剧的改编过程中，学生一遍遍地修改剧本，一次次地与角色原型进行沟通请教，一次次地模拟让“观众”谈观感。整个过程都展现了学生的创造力。对于创作者来说，这个过程既是“创造”过程，同时也是“享受”的过程，更是情感和认识提升的过程。

第三组，以身边的榜样为题材，设计了“发现身边的榜样，从小事做起”环节。大家列举身边“好少年”的例子：班级劳动模范、道德模范、学习模范、志愿者……大家在举例的过程中，不断发现身边的“好少年”，是对价值观的一次梳理，同时发现做个好少年的实际和实践价值。

反思：这个创意很接地气，让学生参与度高，触发学生反思，带动学生从我做起、从身边的小事做起，争做好少年。

第四组：结合学校的八十华诞，结合本次班会主题，改编并演唱制作了视频《二高少年》。

反思：永远不要低估学生的潜能，永远不要低估学生的创造力。

**歌词：《二高少年》**

2021 壮丽篇章开启

自强不息一定能够创造奇迹

每次受挫都是一次收获

勇往直前是我的选择

1941 郑州二高成立

所有的成绩都值得被铭记

未来在即梦想一定可期

乘风破浪我们在一起

wu 哦～

我还是从前那个少年　初心从未有改变

时间只不过是考验“健康、博爱、有为”不断实现

我们二高学子　使命永远放心间　面前再多艰险不退却

Say never never give up like a fire

开放办学书写八十华章　初心文化浇灌幸福之花绽放　2023 新的奇迹开启

不忘初心我们在一起　过去的成绩都是底气　新时代一起开辟新的天地　未来已来更加值得期待 砥砺前行我们要一起

wu 哦～

征途漫漫惟有奋斗 come on　征途漫漫惟有奋斗 come on

我还是从前那个少年　初心从未有改变　时间只不过是考验“健康、博爱、有为”不断实现　我们二高学子　使命永远放心间　面前再多艰险不退却

Say never never give up like a fire

在苹果树下二高学子求知探索

在连心里畔二高健儿奋勇拼搏

一步一脚印撸起袖子加油干

最终到达你我心中彼岸

天下为己任放在肩

规矩成方圆立心田

2023 创辉煌为国贡献是答案

从不会空喊梦想付诸实干　向前看　一起见证更多奇迹实现

我还是从前那个少年　初心从未有改变　时间只不过是考验“健康、博爱、有为”不断实现　我们二高学子　使命永远放心间　面前再多艰险不退却

## 二、只有给了学生展示的舞台，才知道学生多么认真

看他们一遍遍地彩排“情景剧”《送别》。为了一个眼神，为了一个动作，

为了一句台词……一次次地走台、磨合。台词改了十几遍，一个眼神练到眼疼。虽然他们利用下课时间彩排，我还是不忍让他们为此耽误太多的时间。可当他们把一个“扶贫干部”形象演绎到泪水充满我的眼，我才感到，也许这节课的精彩根本不是“课堂”的短暂，而是我们感悟到了榜样是怎么走进人民心田。领悟到其实生活很简单：一颗红心，为国为民把青春奉献，用汗水演绎生活就是不简单。感谢生活，感谢他们，让我们发现美，发现真，发现善！

为了给母校留下“记忆”，庆祝母校“80 华诞”，他们改编了《少年》这首歌。歌词改了无数版，一字一词地推敲，一句句地锤炼。把二高的文化、二高的底蕴、二高的不易、二高的成绩都融在歌声里，他们用歌声表达了二高“健康、博爱、有为”的育人目标，把对二高的爱表达在音符里，把创造辉煌为国贡献设定为少年的答案。他们不是在唱歌而是在唱响 2023：要把梦想付诸实干，唱响更多奇迹出现。

一遍遍地拍，一遍遍地剪，只想把最美的送给母校！一遍遍地告诉自己，初心一定会实现！我们和母校明天会更灿烂！他们“精益求精”的精神让我看到了他们值得期待的明天！让我深深认识到，要想学生“认真”就要给他们舞台。

## 三、这节班会课让我重新认识学生、认识自我、认识教育

（1）对好班会课的思考。深度思考；感悟，突然被唤醒的感悟。我给了学生一个平台，让他们思考对于漫漫人生而言，什么才是真正有价值的人生。

每个人都活在自己的意念里。每个人都被自己的思想禁锢，牢牢锁住自己的是自己的大脑，或者说自己的观念，最重要的是价值观。要改变学生的人生，就要改变学生的三观。一定要尽早告诉学生生活的真谛，不要跑偏。看得远，烦恼少；站得高，看得远。生命的三维空间 = 寿命 × 经历 × 体验。在感悟中体验，在经历中成长。小幸福是得到，大幸福是奉献。人生的“四维空间”，再加上“时间”。站在时间的长河里发现，人生最大的意义就是奉献社会、奉献人民。

所以一节好课，不仅是老师多么有才，环节多么科学，展示多么完美，而更是思想的碰撞、心灵的成长。

（2）每个学生都希望被认可，每个学生都需要阳光。参与的学生，哪怕上课只回答了一个问题，看到镜头里的自己依然自豪、喜气洋洋！哪怕唱歌只会一句歌词，也表现得像歌唱家一样，表情满满，气势昂扬！需要认可是人的软肋，也是前进的力量，给每个学生机会，让他发光，这也许是教育的原本的模样。

（3）相信学生创造的力量，信赖学生自己可以扛起自己的梦想。

（4）我依然是少年，因为我有梦想，这与年龄无关。我勿忘初心，只想培养更多的追梦少年，因为少年强则国强。

**班主任：孙志刚　高二文科创新 2 班**

## 第二节　对学生持之以恒地尊重

### 一、最难忘的事

我从教 25 年来，有太多难忘的事情，遇到过数不清的学生家长，处理过不少棘手的事情，但令我印象最深刻的是我曾经教过的一位杨同学。

我见到杨同学的第一面，印象很深：头发长长的，前面的刘海几乎盖住了眼睛。班里的座位在最后的角落里，无论课上课下，总是喜欢低着头，不爱与人说话。甚至在班级性活动的时候，杨同学总是一个人躲在一旁，不参与讨论，也不与任何人交流。

经过了解，我得知杨同学曾经在年幼时受过周围同学的嘲笑与否定，遭受过周围同学的嘲讽与冷眼。久而久之，使杨同学形成了现如今多疑、敏感的性格。通过家访，我又了解到杨同学的父亲脾气不是很好，从小教育杨同学的方式有些粗暴，使得杨同学缺少安全感，也不善与人交流。

在了解到杨同学的情况后，我首先从课堂开始，上课时会多提问杨同学，从课堂上建立起交流的关系。并且在日常上课和管理班级的同时，始终尊重杨同学，也肯定他、鼓励他，让他多多与班级同学交流。慢慢地，杨同学开始参与一些班级活动，但性格依然有些孤僻，着装外表上也没有很大的改变。

令杨同学发生真正改变的是一次送他回家。

那天下着雨，我骑着电动车带着杨同学去了他家。那天的雨很大，我们两个都有些淋湿了，家访工作也做到很晚，但那晚过后我很明显地能看到杨同学的改变。

最明显的改变就是，这一次家访几天后，杨同学主动将他长长的头发剪掉了，留了一头干净的短发，变成了干净整洁的大男孩。而且在之后的交流中，不像以往总是我在询问杨同学，杨同学也开始主动地向我倾诉，向我求解自己学习、生活上遇到的一些问题，开始真正地与我交心了。更明显的是，班级里的大小活动都开始有了杨同学的身影，还有不少活动是由杨同学组织策划的。

直到现在，我和杨同学一直保持着联系，他考上了理想的大学，并且在大学中积极参加志愿活动与兼职。现在工作后，已经完全是一位乐观而又积极向上的青年。

杨同学从自闭走向开放，从消极走向开朗，从性格不健全到有很好的朋友圈。他的转变让我真实地感受到，一个老师最骄傲的就是，对学生持之以恒地尊重，培养他们崇高的独立人格，尊重他们的精神自由。

## 二、教育永远在路上

我和一位学生家长日常交流，其孩子升入高中后，这位家长对孩子的各个方面都极为关心，对于孩子的教育与生活感到十分的焦虑。无论大事小事都会与我沟通，家长的这种焦虑也影响到了孩子身上，孩子在学校里在课堂上的表现和日常的交流都不够自信。

看到学生的情况，我意识到家长对学生的关心有些过度了，而且家长的焦虑已经很大地影响到了学生的性格与心理，让学生倍感压力，也开始变得焦虑。

面对现在的情况，我在家长每天和我交流的时候，先对家长进行一定的疏导。在家长发过来询问孩子各方面情况的消息时，我耐心解答后，又会安慰家长，让家长保持良好的心态。同时，也会请家长来学校进行更深层次的交流。

在交流中，我了解到这位母亲个性比较要强，平时主要是母亲教育孩子，对于孩子的要求也会细致到每天吃什么，每一门要考到多少分。我便与家长沟通，尝试给孩子更多的自由空间，学会放手，而过度的关心反而会让孩子倍感压力。

对此，我对家长说，首先不要过于关注孩子的成绩，孩子成绩几分的浮动是很正常的情况，每次试题的难易程度不同，孩子的成绩也会相应地有一定变化。对孩子分数要求过细，巨大的压力很有可能会让孩子发挥失常。其次，要多鼓励孩子。对孩子要求严格是没有问题的，但应当在严格要求的同时多多鼓励孩子，让孩子能够找到自信，在逐步建立自信的过程中不断提高成绩。最后，不要事事包办，孩子现在已经是一名高中生了，已经具备了独立自理的能力，作为家长要学会放手。培养孩子的独立人格，对于一些孩子的事情要让孩子学会自己做决定，培养他的独立能力。

在和家长多次交流之后，家长对孩子的教育态度有所改变，对孩子的教育已经能逐步让孩子放手去做。之后，我也和学生交流，在学校里经常鼓励他，也经常性地疏导学生多一些自信。渐渐地，学生变得自信起来，上课回答问题的时候也声音洪亮。在之后的一次考试中，这位学生的成绩有了大幅度的提升。

## 三、给自己立下个目标

作为一名语文老师，我希望学生们通过语文学习能够爱上语文，爱上我国的传统文化，提高语文素养。同时要让语文插上现代的翅膀，将创新融入教学，融入学生们的各类活动，从而将创新融入学生们的学习与生活中，让学生成为一名善于创新的人。

作为一名班主任，新的学期，我希望学生从习惯养成入手，让学生会生活、会学习、会思考，有书卷气；班级充满正能量，成为一个追求荣誉、团结拼搏、乐于奉献的优秀团队。

作为一名年级长，要认真负责管理年级的各项事务，促进年级各个教研组之间的团结，构建一个有活力、有战斗力、有激情、有创造力的年级组。在工作之余享受教育，享受生活，因为教育即生活，生活即教育。

教师职业就是如此平凡却又伟大，在执教生涯中教好学生、感受快乐、体会成功，这便是让我坚持到今天的原因。

**班主任：王建强　高二人工智能 1 班**

## 第三节　班级管理不妨“无能”一些

在班级管理上，我是没什么经验的，两年高一，半年高二，虽然学习和借鉴了优秀班主任的班级管理方法，但目前来说都暂时还在“试验”期，并没有取得非常明显的效果。反倒是在我不自信的管理过程中，因为我的“无能”，班里组织起来一帮非常得力的干将；在我的不断“示弱”里，他们展示出了无穷的能量和无限的可能。

### 一、找一个“牧羊犬”班长

记得一位优秀教师曾经说，任何一种性格的人都适合做老师。而我想说的是：任何一种性格的学生都适合做班长。也许选择的时候会“看走眼”，但相信学生们心中向上的力量，他们就会给你一个合格的班长。相比着第一年威武的师婧婧、第二年细心的刘恒博，2021 年的班长吕梓鑫在一开始自我推荐的时候有点没心没肺、大大咧咧，我比较欣赏他的热情，就默认了他做班长。“老师，您看我应该做什么？”这是他上任后跟我交流的第一句话。“你看咱们班需要做什么？”我把“锅”甩给他。果真，他掏出口袋里的小本本条理清晰地把自己的规划说了出来，我心里一阵庆幸。然后，我就开始了不断地“推卸责任”，班规的制定、班委的任用、责任的分派……每当他拿着小本本去办公室进行咨询或建议的时候，我都说："听你的！"慢慢地，他工作越来越得心应手，去办公室向我请教变成了对我通知……以至于我本来定的副班长人选一直都没有必要上任。每天他进班最早，离开最迟，教室灯、门、窗的负责甚至都没让我安排安全委员。班级量化、座位调整也是他全权负责。当然，他在工作的过程中也会有失误，但作为已经习惯承担责任的班长来说，改正错误是一件轻松愉快的事情。在我生病请假期间，听副班主任曾老师说，吕梓鑫就像一个"牧羊犬"一样，每天管得尽职尽责，比我在班的时候还要严格。

## 二、学习上班里应该有领头羊

学习委员的任用是让我头疼的事情，以我之前的经验来说，学习成绩好的往往"两耳不闻窗外事"，勤快的又成绩不能服众。今年的学习委员我选择了学习上比较较真的、自制力强的张子卉。这个女学生不爱多说话，但有主见。她刚上任的时候不太清楚自己要干什么，很苦恼，好像所有的工作班长、课代表、小组长都完成了。但是，我问她咱们班学习上算不算是模范班级，如果学习上有问题，那么这些问题都是咱们努力的方向。然后，我就看到她学会了研究各学科分数线和年级平均分、班级平均分；学会了把每天自习课黑板上乱七八糟的作业布置用九宫格清晰规划，之前几乎每门学科都标注"晚三交"，现在是不同学科有不同的上交时间；学会拿个小本找学科老师提意见，咨询建议……学习委员的一丝不苟让同学们在完成作业时不敢懈怠，一旦被批也不会有抱怨。

## 三、每位同学都有班级责任

日常的学习生活中，难免有犯错的，如何惩罚也是让人头疼的问题，一旦处理不好容易造成师生矛盾。我发现换一种方式他们更能接受。比如经常迟到的王卓伦，在被我抓住迟到让他写了一次课表之后，竟然不吭声担起了每天早上在黑板上写课表的任务（而我过了一个月才发现），并且一学期没有一天间断，迟到的毛病竟然不治自愈了。板报、书柜、讲桌……这些虽然不起眼但很琐碎的工作现在都有了负责人，每天看到整齐的书柜、干净的讲桌、满当当的粉笔盒、每周更新的板报，他们乐在其中，而我则暗中窃喜。他们不再害怕承认错误，我也不用挖空心思用我的语言痛击他们的灵魂，更不用敷衍的检讨书来考验师生情谊。

在跟学生们沟通的时候，不管是什么情况什么问题，我都不会以“管理者”自居，有时候老师适当“示弱”可能会更好，这个示弱不是不作为，而是给学生们表达自己的机会，哪怕是惩戒，也要在尊重的基础之上才会有效。班级是学生们展示青春的舞台，而我是一个欣赏他们尽力成长的观众。也许这并不是独属于我的管理方法，但却让我感受到了带班的快乐和成就感。对于为“管”而焦虑的班主任们，不妨也试一下。

**班主任：王延航　高二 2 班**

## 第四节　用距离成就自律

从 2020 年起，我们就开始了与新型冠状病毒疫情相伴、相斗争的生活。随着新型冠状病毒疫情的蔓延，“网课”应运而生。对于班主任而言，伴随“网课”而来的课题便是如何进行远距离的班级管理。

2020 年第一次新型冠状病毒疫情来袭，从未经历过大规模网课的我们措手不及。班级管理方面更是让人头疼不已。学生抓住网课居家的空子，各种不自律的表现层出不穷。随着网课的进行，逐渐摸清学生居家学习的状态及可能出现的问题后，在当时技术条件有限的情况下，我们班采取了以下的管理措施。

### 一、对学生进行分组管理

将班级学生分成小组后，在“钉钉”内建立小组群，选择较为负责、能力较强的家长担任组长。学生每天早读时拍照打卡，每天晚上 10 点提交作业，都在小组群中进行。打卡结果由组长统计汇报给班主任，班主任整理汇总后在微信班级群中向所有家长汇报，以便家长掌握孩子的情况。

## 二、班主任的管理措施

（1）每天收到组长的早读汇报后，我会将小组群里的学生照片汇总制作成美篇，鼓励早起状态好的同学，提醒迟到的同学。每天收到组长的作业汇报后，我会观察学生的作业完成情况，了解经常完不成作业的学生的具体原因，并及时鼓励指导。

（2）每天整理信息在微信班级群里向家长汇报时，我会向家长细致分析学生的行为原因，提出一些可行的教育方法，提醒家长有效关注学生。并且每隔一段时间开一次线上家长会，梳理总结一段时间内的问题和解决方案。

（3）每天统计后台有关上课情况的信息，对个别学生进行针对性管理。

（4）与任课老师进行沟通，通过问卷星组织班级学科周测，及时摸底学生的学习情况。每周线上班会，借助周测成绩帮助学生发现问题、解决问题，给学生打气。

（5）对反映的问题较大的学生和家长，及时进行心理疏导。三个月以来，问题层出不穷，方法也不断涌现。热热闹闹、轰轰烈烈，在希望与失望中，第一次网课结束，期待开学考试能看到一些学生的进步，结果却并不如愿。班级整体状况与疫情前相比没有大幅度改善。

## 三、改进与提升的措施

2021 年夏天，新型冠状病毒第二波疫情来袭，本来计划的 8 月开学变成了未知数，只好继续网课上线。汲取上次的经验教训，我果断放弃了一些看起来有用、实际无效的管理方法，并对已有方法进行了改进。

### （一）对分组管理的改进

分组由学习委员结合大家的意愿完成，组长由组内成员选定，建组由组长完成。每天早读用一张照片完成打卡，每天晚上 10 点将自己的家校本截图，证明完成作业情况，组长将情况反馈给学习委员，学习委员反馈给我。同时，我也参与各小组群进行监督和信息收集。

### （二）与家长的沟通

经历了上次网课，作为一名小学生的家长，我深刻体会到家长的难处。人虽居家，工作在身，对孩子即使想多了解关注，但通常心有余而力不足。于是，就有了上面学生自主进行小组管理的方案。但是，为了方便家长了解学生情况，我会将每天的信息整理，在家长群中向大家汇报，并适当提出一些方案，鼓励家长帮助老师对学生进行鼓励、监督。

### （三）借助班委和学生的力量

在分组管理这件事上，学习委员给了我很大的帮助，我也经常和她沟通，了解班级的情况。是的，给予学生管理上的权利，我们能收获不少惊喜。接下来，我就通过班会和家长会的示范，指导班长进行班会的组织和每周的班级总结。我将班长在“钉钉”班级群中的身份设置成管理员，指导他查看后台统计信息，每周班会向大家汇报。学习委员和班长带头进行“我的理想大学”分享活动，学生录制视频，每周班会总结之后，为大家分享国内一所知名高校的情况。除此之外，我还选定了一名因睡过头而旷课的学生专职进行上课信息统计，在此之后，他再也没有迟到或旷课的情况了。

这次网课持续了6周左右，由于充分调动了学生的自主性，我的工作量减少了不少，更多的时间可以用来备课、上课。这样也减轻了家长的负担。开学考试，部分同学成绩有所进步，部分与新型冠状病毒疫情前的期末考试持平，但唯一不足的是，本来成绩较为落后的同学，受到新型冠状病毒疫情的影响更大，开学考试的成绩不够理想。

## 四、持续改进提升

由于新型冠状病毒疫情的影响，今年的高三一轮复习格外地艰难。本以为“一测”会迎来曙光，没有想到好不容易进入正轨的在校学习，在一测进行的第一天，戛然而止。带着疲惫、失望、迷茫，学生在1月4日晚上的大雪天里，回家准备开始第三次的网课。汲取前两次的经验，只有充分发动学生的内驱力，才能尽最大可能降低网课学习带来的损失。于是，在1月4日晚学生收拾物品的时间，我召集班长和学习委员商量网课的管理计划，最终形成新的小组管理方案：

（1）1 月 4 日当晚大家回家前完成分组、组长选定。

（2）班长、学习委员、各组组长商定小组学习计划。早读不再进行照片打卡。打卡形式各组自定，早读形式各组自定，学习方式各组自定。班主任不再参与小组群，只与班长和学习委员沟通，了解小组情况。

（3）每周班会各小组进行总结分享。在第一周小组总结之后，我能看到学生付出的努力，以及一些有效的方法，但最初回家的几天里，学生自主管理情况并不如期待一般。我又适当加入了监督和关注：一是每天 3 次打卡，6 点 35 分（早读），14 点 20 分，18 点（晚读）。打卡签到利用“钉钉”里的家校通知。确认通知时间晚于规定时间，立刻移出班级群停课一天。目前看来，虽不能完全杜绝迟到，但情况在逐渐好转，至少几乎没有重复迟到的学生。二是每周的小组总结内容，我会给予指导，帮助学生有的放矢解决问题。小组总结之后，我会以书信的方式，表达我的感受，提出我的意见、建议。

三轮网课，从学生到老师，从家庭到学校，从他律到自律，我们都遇到了不少的困难，也都运用自己的智慧解决了不少问题。也许接下来的网课中，我们还会遇到新的问题，但办法总比问题多。相信我们都会越来越好！

**班主任：陈楠　高三人工智能 4 班**

## 第五节　让学生成为班级管理的主人

2021 年是极不平凡的一年，习近平总书记明确指出了教师的准确定位：传递知识，教书育人，立德树人。教育部多次对“双减”工作进行部署。郑州市遭遇 7 月 20 日水灾和多轮新型冠状病毒疫情。在这特殊的背景下，对班主任工作提出了更高的要求：疫情防控，心理疏导，“双减”如何落地，学生的思想工作以及如何培养合格的人才，提升管理质量等。这就要求班主任付出更多的时间和精力，为此本学期做出一些改变，尝试使用参与式班级管理，把班级管理的主动权交给学生，让每个学生都感觉到自己是班级的主人，真正成为班级的管理者，班主任成为“引导者”。从目前来看，还是收到了很好的效果。

## 一、人人有事做，事事有人管

在班级纪律和卫生方面，班级实行个人负责制。根据教室、卫生区和寝室的状况，讨论制定出自己的承包区，班委采取民主集中制的原则把承包区安排给每个学生，生活委员做好记录后公布。班级承包区的范围、内容和职责都分得很细和具体明确。比如，前门、后门、座位表、值日表、天花板分成3块，由3个同学承包；教室玻璃窗分成10扇，由10个同学承包；教室桌椅及桌面摆设分成4组，由4个同学承包；走廊外天花板、走廊外瓷砖、整理教室内可回收垃圾、整理报纸、班级纪律、两操、英语和语文早晚读、宿舍的纪律、宿舍卫生、宿舍考勤等都由同学承包；清洁区及教室打扫实行组长负责制，由组长带领组员完成各自的责任区，学生每天上课前自觉完成自己的承包区。每天由劳动委员负责检查，目标瞄准每一周的卫生流动红旗，监督并记录在本班教室日志上，由班主任随时检查，同时把学生存在的问题或工作中碰到的问题及时向班主任汇报，以便班主任采取相应措施解决问题。

自从实行了“人人有事做，事事有人管”以后，我们班的教室面貌大有改观，脏、乱、差的现象再也没有了。老师走进教室上课时，看到的是教室明亮的玻璃、干净的地面、整洁的桌面以及洁净的讲台，教师可以随意把书放在讲台上，而不用先吹掉讲台上的粉笔灰再小心翼翼地把书放在上面，也不会在上完一节课后，担心衣服被弄脏。这让所有的任课老师都感到心情舒畅，从而更愉快地投入教学中去。

## 二、分组学习，互相竞争，共同进步

高二是高考的分水岭，学习是主旋律，一切活动的中心都围绕学习展开。在这个学期中，我们班以小组为单位分为六个小组，学习中的各项数据均以小组为考核对象进行考评，这样有利于激发学生学习的积极性。同时，大力提倡互帮互学、取长补短，学习方法相互交流。利用班会这个平台有效地提升了学习效率，优化了班级学习氛围。及时确定每周的学习主题，用好板报这个宣传阵地进行展示、推广，形成了比学赶帮、互学互帮的良好文化氛围，有效提升了班级的整体凝聚力和学习质量。

## 三、民主管理，奖罚明确，凸显班级学生操行量化考核的作用

学生通过讨论，自己制定班级操行量化表中的纪律、日常行为和学习方面的考核内容；考核采取加分和扣分的赋分形式，由各组长考核记录并根据本组同学情况参照班规给本组同学赋分。学习方面主要考查本组同学各科测试以及月考、期考成绩。以组为单位，组平均分 80 分以上，该组成员各加 2 分，个人上 90 分以上加 2 分，100 分加 4 分。纪律方面主要是考查学生的考勤情况、课堂纪律、考试纪律以及日常行为等。卫生方面主要考查值日生是否认真履行职责，清洁区是否按时按量完成，是否有扣分现象，打扫清洁区无扣分现象，则该组成员每人加 2 分。给校广播站投稿被录用者，每次每篇加 2 分。另外，好人好事根据情形也给予相应加分。班级学生操行量化表统计时间为每周一小计，每月一大计，期末总计，最后评出班级“操行量化总分优秀奖”15 名和“学习之星”( 主要是参照学生的考试加分合计 )10 名并给予奖励。

## 四、成立专班，专项负责

一是防疫防控专班，负责人高天硕，全面负责测温、消毒、开窗通风、请假记录。二是安全教育专班，负责人代苏桐，专门负责班级安全工作，具体做好每天的关门关窗、安全教育平台作业的督促检查以及各项安全责任书的收发、上交、存档。三是体育锻炼专班，负责人王凯京，具体做好两操评比和各项体育运动。

## 五、做好家校合作工作，形成教育合力，帮助学困生及情绪不稳定学生转化

学困生和情绪不稳定学生的生活、学习、纪律、情绪以及心理疏导是本学期的最艰巨的工作，班主任为此付出了大量的精力和时间，心理疏导、学

法指导、亲子矛盾化解等成为常态，成效显著，累并快乐着。

班主任工作永远值得探究，值得尝试。

**班主任：张彦明　高二人工智能1班**

## 第六节　班级管理中家长的有效参与

良好的育人环境和氛围，离不开家庭、社会的共同努力；良好班风、学风的形成，离不开家长的支持和配合。班主任良好的沟通和协调能力可以引导家长积极配合班级开展教学工作，推进家校共育，积极争取家庭、社会共同参与学生的成长过程。

学生进入高中阶段之后，很多家长开始感觉在教育引导孩子成长方面“力不从心”。一方面学生学业难度加大，很多家长已经不能辅导孩子的功课，缺少了共同话题；另一方面随着孩子年龄的增加，孩子对家长的说教式教育开始产生厌倦，不再“言听计从”。这就把学生教育的所有重担几乎都压在了高中教师特别是高中班主任身上。但是，高中班主任也面临着班额大、学生差异大、教学时间过长（早6点20分至晚10点30分）等难题。如何能够调动家长的积极性，科学指导家长在高中教育阶段继续发挥作用成为我在2020届高三创新2班管理过程中不断思考的问题，也进行了一些有效的尝试。

刚毕业的这一届学生在高二刚分班的时候表现很普通，班级男学生多，比较活跃，大错没有，小错不断；而女学生表现出的则是过于文静，听话有余，灵气不足。整个高二一年在很多常规管理上让我费尽了心思，班级状况一直平淡无奇，直到高二暑假和高三上学期，我动员家长配合我完成了两个尝试，又重新激起了这个班级的斗志。

### 一、动员家长在微信群里晒孩子作业

动员家长暑假期间按照放假前我和学生约定好的学习进度，每日坚持在微信群里晒作业。刚开始只有三分之一的家长响应，我就积极地在群里给这

些孩子的作业进行点评，表扬做得比较好的学生和家长，更多的是点出这些孩子的进步，让所有的家长都能看到这个做法的效果：同学之间有了无声的督促，大家虽然在家自学，但都能看到同学的努力和进步。后来，加入的家长逐渐增多，他们不仅晒作业，还互相点评讲解，整个暑假绝大部分孩子都在充实的学习中度过。高三开学考试就有了比较明显的提高，学生信心大增，更重要的是为高三一轮复习打下了良好的基础。

## 二、邀请家长参加每周的班会课

进入高三后我在班会课上启动了“我心仪的大学”演讲活动，从班干部开始轮流介绍自己理想的大学，谈自己高三的学习计划和将通过怎样的转变和努力来实现自己的梦想。为了增加这个活动的效果，我邀请演讲的学生家长一起参加班会活动，并提前和他们约定无论孩子的理想大学是什么，家长都要对孩子进行鼓励和支持；同时，要对班级所有的孩子进行鼓励，用家长的心里话、家常话来温暖、激励所有学生。之后，我又动员班级家委会在参加班会的时候，给班级所有的孩子每人带一份小礼物，有水果、小蛋糕、糖果、酸奶、营养坚果等，小礼物代表着大关爱，班级的每一个学生都感受着多重的关心和呵护。再后来，每周除了演讲学生的家长之外，还会有一两个家长主动参加。每一周都有着小惊喜和小期待，让所有的孩子在高三艰苦的学习过程中不孤单，让他们在全班同学面前接受家长的鼓励和殷切期望，心里也多了一份沉甸甸的责任，这份责任也成为他们高三不断进步的动力源泉。这个活动一直持续到高考前一个月，即使新型冠状病毒疫情防控期间也没有间断。

2020 年 4 月复课之后，由于新型冠状病毒疫情防控需要学校采用集中供餐的形式，每天饭菜都比较单一，学生学习压力又比较大，个别学生情绪出现波动，甚至有学生申请回家自学。我和家委会商议后决定重新启动家长关爱行动，家委会负责组织联络家长每周三和周五轮流把新鲜的时令水果送到学校门口，家长就像传递接力棒一样传递着对全班孩子们的关爱，有几个家长代表还通过“钉钉”录制了鼓励孩子的视频，学生们在午餐后吃着水果看着家长给他们录的视频，在充满着关爱和鼓励的大氛围里度过了紧张的高三冲刺阶段，高考成绩也实现了较大的突破。

我相信所有参与到其中的每一个孩子和家长都感受到了什么是“博爱”，什么是“坚持”，什么是“拼尽全力”。好的教育一定是不孤单的，一定是有温度的，一定是有思考的。用送给高三毕业生的话勉励自己——“努力到无能为力，拼搏到感动自己”，我愿意为学生的成长尝试一切可以尝试的方法，在教育的道路上不断探索。

**班主任：吴鹏起　高一 创新5班**

## 第七节　浅谈足球实验班管理

2021年又送走了一届高三毕业生。十年没有干班主任了，望着一届又一届的学生走进大学，总感觉缺少点什么，终于义无反顾地又干起了班主任，而且是足球实验班班主任。

一提到体育特长生，很多人都会皱眉头。因为大多数体育特长生学习习惯差，遇事易冲动，运动场上龙腾虎跃，课堂上昏昏欲睡；竞赛场上勇于拼搏、永不认输，文化课考试一筹莫展；教练眼中的骄子，老师眼中的懒虫，班主任掌心的刺，特别是大学招生的改革，对文化课要求更高了，所以感觉班级管理带来更大的挑战。然而，通过多年的工作经验，我认为只要从学生实际出发，掌握科学的工作方法，理解、信任和尊重学生，就能培养出优秀的体育特长生。特别是郑州二高的足球生，是二高的一张名片，每年球队都会在大赛拿奖，也给国家输送了很多优秀人才，很多孩子通过学校、教练、老师、自己的努力考进名牌大学。因此，感觉到了自己肩上的担子更重。

本来开学前的军训、开学后的社会实践、秋季运动会等集体活动是培养孩子团结协作、开拓创新、提升学习能力和学习习惯最好的形式，但随着新型冠状病毒疫情的到来一切取消，这也为以后的管理不可避免地带来一定的难度。

一学期经历了两次新型冠状病毒疫情，在校虽然只有短短几个月，但通过几个月的朝夕相处、几个月的教育教学，我也总结了一点经验。

## 一、充分发挥教育合力的作用

对于体育特长生而言，父母、教练、任课老师、班级、足球队都会对其道德品质的形成产生深刻影响。因此，要努力促成教育合力的统一，充分调动和利用各种教育因素。

（1）班主任要营造温暖和谐的集体氛围。保证体育特长生不会游离在班集体之外，让他们充分感受到班集体的温暖；32个人每个人都是班干部，每个人都有自己的职责，每个人的行为都是代表班级的，这样给大家形成了强烈的集体感。因新型冠状病毒疫情的影响不能及时掌握学生的情况，我就通过网上视频的形式对每一个学生进行家访，及时了解学生的家庭情况、学习习惯、文化课薄弱科目，找教练了解每一个学生的专业情况、发展潜力。

（2）密切关注体育特长生自发形成的非正式团体，对其加以正确引导，发挥其积极正面的作用。

（3）以积极诚恳的态度，赢得其他任课教师的支持和配合，共同强化体育特长生的学习动机、纪律意识和集体意识，激发他们的上进心，引导他们朝着健康的方向发展。

## 二、充分理解，积极期望

体育特长生既要上好文化课，又要参加体育训练，相对其他学生而言，他们要付出更多体力和精力，而长期训练和比赛又大量占用了本应该学习文化课的时间。这些客观原因造成大多数体育特长生基础知识较薄弱，学习习惯不良，甚至在课堂上出现过度疲劳乃至睡觉的现象。遇到这种情况，首先要对其处境给予理解，并针对其学习上的困难给予有效的支持和援助。例如，帮助他们学会科学管理自己有限的业余时间，在完成正常学习任务的同时，争取更多的休息时间，恢复自己的精力和体力。根据他们的训练时间调整吃饭时间和自习课时间，做到时间碎片化科学管理。让他们感受到班主任对自己的理解和帮助。及时跟任课老师沟通，不能持有偏见，遇到问题尽量不发火，更不能讽刺挖苦。大多数足球特长生直爽、讲义气，要对此加以巧妙利用，鼓励他们将运动场上顽强拼搏的精神迁移到学习上来，指导他们树立合理的目标，循序渐进。因为过高过严的要求容易导致他们出现焦虑、失望、挫败感等负面情绪，所以只有适度的要求和目标，才有利于学生的自信心不断强化。

## 三、制度的约束

制定一套高效的管理制度，适应训练学习的要求，要从特长班的特点出发，起到一定的告诫和约束作用，以求达到教育管理的目的。我在制定班规时，结合本地、本班的特点，注意“死”规则与“活”规则的结合运用。所谓“死”规则就是必须让学生遵守的、不能违反的常规要求，这是最基本的，也是底线，对于这些规则一旦违反，在处理上一定要严格，无规矩不成方圆。但对于特长班来说，更要针对他们的实际，对一些规则的运用不能太死板、太教条，否则会抹杀他们的性格；对一些他们不可能达到的不去强求，怎么样把握这一尺度，也是挑战。

## 四、加强体育特长生的思想教育

随着教育教学的深入，学生对环境的熟悉了解，他们的不良行为习惯就逐渐凸显出来，我觉得造成这些不良行为习惯的因素是多方面的：一是因为兴趣和爱好，只坚持锻炼，不重视文化成绩；二是目的不明确，信心不足，不能持之以恒；三是社会风气的不良影响；四是家庭的影响。针对这种情况我采取了以下举措。

（1）抓住他们的苗头性、倾向性问题，防患于未然，教育于萌芽，及时发现问题，解决问题。对不良行为习惯的学生，老师及时批评、指正，特别严重的要上报学校，并通知家长，要求家长积极主动配合学校老师的教学管理。对学生的教育要娓娓道来，倾注爱心。

（2）平等的爱使学生如沐春风。人格上师生平等，心理上才能相容。学生不是接受知识的“容器”，更不是承纳辱骂的工具，而是未来文明的创造者。夸美纽斯曾说过：教师应该是全世界的太阳，站在高处，均匀地照向每一个人。平等对待每一个学生，他们才能开放自我，实现自尊、自爱、自强、自信。我们不仅要“传道、授业、解惑”，更重要的是教会学生如何做人。特长生的不良行为习惯还具有反复性、多变性、复杂性等特点。因此，我们必须一如既往地长期抓这方面的工作。一个人，只有把体力、智力、情绪、伦理、道德各方面的因素综合起来，才能成为一个完善的人。所以，我们既要教书，也要育人。

**班主任：孙继昌　高一足球实验班**

## 第八节　盯在“钉钉”　爱在心中

2021 年 1 月 4 日，突如其来的新型冠状病毒疫情打破了高三师生正在进行的一测考试，对我们来说是一场灾难，也是一次考验，更是一次挑战。看着黑板上写着高考倒计只剩 156 天，同学们整理着复习资料，几分欢喜几分忧愁离开了教室，开启了新一轮的网课。

正常上课期间，教师可以关注到教室里的一切动静，从容驾驭课堂；班主任也可以时不时到班级查看一下，及时了解班级情况。在钉钉课堂上学生难免会借手机、电脑学习之机做与学习无关的事情。这怎么办？“盯”这个字立刻显现在我的脑海里面。于是，在整个网课期间以“盯”为主导，精心来管理，耐心去引导，爱心做教育！

### 一、建立小组群，精心管理

学校要求早上 6 点 30 分和下午第四节课、晚上分别上早读、自习、晚自习，为了保证自习课的真实高效，防止学生“只签到、不出工”的现象发生，于是天天陪伴学生，为了便于查岗，我以小组为单位建立了 8 个组，分阶段实施循序渐进的管理。

第一阶段查岗。要求学生开摄像头，必须离床学习，以防有学生在群中打个卯再去睡觉。做好记录，及时在家长群、“钉钉”群公布学生表现情况。

第二阶段查质。有质量的自习课表现为坐姿端正、手中拿笔、精神专注，尤其是早读大声读书。于是，由组长带头，以组间竞争的方式，促使了良好氛围的形成。

第三阶段查精气神。“精气神”是人的三宝，也是评价一个学生内外兼修的重要指标。在新型冠状病毒疫情防控期间，由于缺乏体育运动，很多学生变得懒散，所以振奋精神，唤起学生应有的斗志非常必要。通过给学生展示在学校早读的视频、问老师问题时的照片、周测时奋笔疾书的样子，学生们慢慢穿得利索了，坐得端正了，精气神逐渐起来了。

第四阶段评优秀小组。评比有利于激发学生的争先意识，一个个小组好了，整个班集体的网课状态自然而然就好了。通过班会课展示优秀小组，并播放本周学生学习的视频，为他们再加油鼓劲！

## 二、查询网课数据，用心专注

网课最易造成两极分化，自制力强的学生利用网络学习更多的知识，目标不强的学生因痴迷网络就会贻误学习。为防止不自觉的学生偷懒，我及时下载或者旁听每个学科的听课数据，对丢课超过10分钟的学生电话了解情况，对于懒散拖沓给予正确引导、鼓励，对课堂积极与老师互动的学生、私下问问题多的学生给予表扬，以弘扬正气。

## 三、借助“钉钉”，关注作业

老师们及时将优秀的作业公布到群里，对不合格的作业直接打回并督促学生更正，大家都能通过“钉钉”看到并借鉴学习。这样作业被盯得紧、催得急，不给学生拖沓懒散的机会。对于交作业次数比较少的学生，晚自习多盯、多提醒、多督促。

## 四、线上考试，暖心鼓励

高三需要更多的测试来巩固知识点，锻炼做题技巧，掌握做题时间。年级安排周天下午3点40分至5点40分数学周测，周六上午理综考试。为了引起学生的高度重视，在考试前通过视频会议给学生强调练习的重要性、考试的规矩，努力真实地展示自己的实力。在考试中紧盯学生，有效监督；考试后及时鼓励提醒，对进步生广泛表扬，对优秀生分享考试经验等。

新的教学方式对教师提出新的要求，新的要求赋予了老师新的能力，新的能力才能保证更好的教学效果，教师需要与学生一起学习成长。

班主任：樊洁　高三 4 班

## 第九节　拔河比赛失败后

学校要举办一次年级拔河比赛，这是进入高二后的第一次集体活动。我和学生们非常重视，尤其是作为理科重点班，男生多，力气大，所以我们都铆足了劲儿，志在第一。

结果，第一轮初赛，我班一败涂地；第二轮比赛，我班再次败北，而隔壁的理科重点班一路高歌猛进拿得冠军。我的心里五味杂陈，颇不是滋味。

我先找两名班长了解情况。我问裴焱松：“上周我不是交代你回家搜拔河的视频和拔河技巧，给全班培训吗？咱班培训了没？”裴焱松尴尬地笑了笑：“老师，我给忘了。”“那咱班体育课上练习了没有？”陈鑫忍不住了：“老师，大家都不练。连上场的人数都不够，还是我强硬指定他们上场他们才去的。尤其是男生，找谁谁不去，我找到孙昊禛，他居然跟我说手指甲劈了没法拔。体育课上体育老师想带着我们练练，结果他们都跑了，根本凑不齐人，而人家 2 班体育课上练了整整一节课。”我大吃一惊。陈鑫接着说道：“咱班同学拔河的时候，其他同学要么拿着书在墙边站着，要么拿着东西站在一边吃，给咱班加油的还是其他班的，一点儿都不团结。”

我的内心受到了极大的震撼。原来在所谓班级学习氛围浓厚、遵守纪律的表象下，有着这样巨大的隐患，而我这一个月来居然都没发现，我这个班主任严重失职了。

我开始了自我反思。反思之后，我决定利用晚自习的时间召开一次班会课，跟同学们认真沟通这个问题。让我没想到的是，这次班会课整整开了三节课。

“同学们，咱这次拔河比赛输得很惨啊，第一轮败在了文科班的手下，第二轮居然也败了，我心里特别不是滋味。尤其比赛完后，我看到有几个女生的手心红彤彤的，甚至有的都破皮了，让我特别感动的是张璟睿同学，她在拔河的时候把脚给崴了，我让她下来换人上，她跟我说没事，坚持着比赛完。我还看到白津琦，一直在提醒其他同学注意站位，注意下蹲，把嗓子都给喊沙哑了。在他们身上，我看到了团结和集体荣誉感，他们在为班级的胜利而努力、呐喊，我非常感动。同时，也有个别同学充当了旁观者的角色，在一旁看自己的书、吃自己的东西，把自己当成了‘看客’。我一直在思考，他们为什么觉得班集体的荣誉与自己无关呢？我们这个刚刚成立一个月的班集体究竟出现什么问题了呢？这节课同学们就把作业搁到一边，我们一起来反思一下，问题究竟出现在哪里了呢？”

“老师，我先说！”张朝阳直接站了起来，“我发现大家不像是一个班，而像是几个班的集合，平时说话的、一起玩的都还是原来高一同一个班的同学，完全不搭理其他人。”白津琦也站了起来：“咱是一个班集体，集体拔河我们都愿意出力，可是既然选出了我们拔河，我们就好好练，拿个成绩回来，而不是在那应付了事。”马彬俞不好意思地站了起来：“老师，是我在那喝酸奶，我很不好意思，向大家道歉，我不应该只顾着自己而不关心集体活动。”

同学们一个个站起来反馈班级出现的问题，也不断反思自己身上出现的问题。到了最后，演变成了“说出心里话”活动，张硕回顾了自己的初中生活，讲述了自己的成长经历，李佳楠分享了自己高中以来的成长变化，徐铭浩分享了家长经常拿自己跟表姐弟对比而带来的压力……

“老师，我们能不能再比一场？”“再比一场？”“对，就跟二班，再拔一次，这次我们一定赢！”“就是……”“就是……”

“2 班是拔河冠军啊，要是再拔一次，咱们确定能拔赢？”

“能！”全班同学一起响亮地答道。

“行，那我这就找 2 班班主任约战！”

就这样，1 班和 2 班进行了第二次拔河比赛。

……

不管是高一还是高二，在班级新成立时，总是会出现各种各样的问题，有些问题是显性的，有些问题则是隐形的，但作为班主任，首先不能怕出问题，其次一定要善于通过蛛丝马迹去发现问题所在，然后再去解决问题，而在解决问题时，真诚和用心，一定无往而不利！

**班主任：蔡雪芹　高二 1 班**

## 第十节　用初心和使命守护祖国的花朵

今年是我进入郑州二高工作的第 14 个年头，也是我担任班主任工作的第 12 个年头，回过头看看这十多年走过的路，感慨颇多，收获也颇多，总结起来，当老师是一件痛并快乐的事，有看到学生进步或成功的喜悦，也有为他们的叛逆而生气抓狂。每年带的学生几百人，各种性格的都有，遇到的问题也很多，而遇到这些问题找到合适的切入点，利用恰当的方式化解这些矛盾可能会有效促进班级的管理，甚至让班级管理更上一个台阶。我印象最为深刻的有这么一个案例。

### 一、背景

2010 年，我所带班级是理科相对靠后的一个班级，班级男生人数较多，入学成绩相对落后，学生年龄小，思想尚未成熟，三观还处于形成时期，对于很多未经历的事物缺乏理性的认识与思考，班级内部小集体比较多。我也是第二年带班主任，虽然积累了一些经验，但对于这些问题也很伤脑筋，如何加强班级团结迫在眉睫。2011 年下半年，学校组织的一场篮球赛为化解这些矛盾提供了良好机会。

### 二、事件

在学校组织的篮球赛上，最后争夺冠军的是我们班和另外一个成绩最好的班级，队员都憋着一股劲，信心高涨，力争夺冠。比赛时所有同学都到场观赛，本来是领先的，但到了下半场，我们一名前锋上篮时被对方队员恶意犯规拉了下来，摔倒在地上，当时就没站起来。我有些激动，一下冲到场上，怒吼那名队员，其他男同学也一下子冲到场上去，两个班级顿时剑拔弩张，好在当时其他班主任和裁判员及时制止了两拨同学，稳定住局面，比赛继续进行下去。我们班由于主力受伤，情绪也受到影响，最终输掉了比赛。

## 三、化解

比赛结束同学们回到班里，情绪既有愤怒又很低落，我找到班长立即组织召开班会。班长也是主力队员，他请每一位上场的同学站起来作点评，鼓励他们是好样的，每一位队员及同学愤怒的情绪得到了缓解，并说我们的老师平常对我们很严厉，批评人不留一点面子，觉得我们的班主任很无情，今天他虽然看似很冲动的行为却深深触动了我们，看到我们的同学受伤，老师不顾一切冲了上去，这是真爱，以后我不允许任何人再说我们老师一个不字。等他说完这句话全班同学眼睛都噙满了泪水，有的已经泣不成声。

## 四、效果

经过这次班会，班级凝聚力得到大幅度提升，各项制度推行行之有效，成绩遥遥领先，我在学生已经大学毕业两年后对这次班会还是记忆犹新。

我写过很多文章，写过很多感想，这个案例是我最满意的作品，我的孩子今年三岁半，从他出生到现在，我很少去管他，连抱他的机会都不多，现在想抱，不让了，用行动向我宣布：他长大了。作为老师的我们，放下了自己的孩子，放不下的是心里边装的几百个别人家的孩子。记得2012年时父亲因为脑梗住院，妹妹把他送进医院然后通知我，我仅仅在住进医院第三天晚上去医院看了一次，第二天早上就坐最早的火车返回郑州，给父亲的解释是上午第二节还有课，虽然父亲也一再劝我早点回去，说没事，我知道这是作为一个父亲的本能和良苦用心，关上病房门，我泪如雨下，都说久病床前无孝子，没想到我也是这样的儿女。我不敢说自己多高尚，像这样的事情有很多，我只能用“放不下”三个字来总结我的想法，因为“放不下”所以带病上课，因为“放不下”所以早出晚归……

想想自己的孩子还很小，不久的将来，他和学生们一样会长大，也会淘气，也会犯错，但也是祖国的花朵，会成为国之栋梁。幼吾幼以及人之幼，我会像爱自己的孩子一样爱所有的学生，用博大的爱去温暖每一位学生，做到爱而不宠、严而有道，这种爱是稳固的、深厚的，能超越一切。这是我的教子之方，亦是我的育人之道。

**班主任：徐建伟　高一实验 2 班**

## 第十一节　当对抗无效

总忘不了在网上看过的一则视频：一位老师，在上课前要推门走进教室时，先迅速调整了一下面部表情，让自己本来疲惫的脸上挂上了笑容，这才放心地进入教室。这一幕被走廊上的监控记录了下来，传播到网上后，让我非常感动。它鼓励我、提醒我：每天走进教室时，你是什么样的表情？

岁末年初，对将近三年的班主任工作进行盘点，其中让自己感到欣慰的有一点，那便是对自己的情绪有了更好的管理能力。高一时，面对难以管理的、身上有“问题”的学生，我总是忍不住“炸毛”，很多次无法心平气和地与他们交流，如果学生再有顶嘴现象，我的声音就会一下子高上去，似乎只有斥责，才能宣示我的师者“尊严”，才能渗透进学生的耳朵和心里。可接着，他们行为上的我行我素、眼神里的轻蔑挑衅，甚至开始多次请假、不来学校的刻意逃避，都在证明着一件事——你的愤怒只是换来了对抗，而且这种对抗对解决问题并无效果。

在我并不成熟的时光里，我曾怒斥过学生“不知道你生活的意义是什么”，也曾声泪俱下地诉说过自己的付出得不到回报，在学生或短暂或长久的沉默中，我已经从空气中弥漫的氛围里清晰地觉察到：我失败了。这种无力感，我从一些家长那里也能感受到。只不过作为家长，他们的无力中更多了焦虑。

从我的失败中，我觉察出了自己有限的修养，不仅是性格上的缺陷，更是知识上的匮乏。我开始有目的地在一些心理学著作中获得启示，如唐全腾的《教师不可不知的心理学》、李松蔚的《难道一切都是我的错吗？重构你的家庭亲密关系》、孙瑞雪的《完整的成长》。这些书首先教我平静下来，如果再遇到充满着对抗的师生关系，我开始跳出“引导者”的身份，尝试着接纳眼前那个愤怒的、抗拒的甚至是无助的孩子。我开始思考出现的“问题”，其实是孩子在长大，父母和老师习惯的百依百顺已不复存在了而已。而开始从这种角度理解学生，我不会再一厢情愿地盼望“问题”被彻底解决，他们也许还有“网瘾”，也许还存在“厌学”，可是我已不再拒绝认识他们、理解他们。我只能先把“问题”作为确定的事实接受下来，然后明确地告诉学生和家长唯一的出路，是我们一起向前走。不是学生自己要改变，而是家长和老师的思维、行动都要变。

我改变了我的语言表达。与学生的沟通，我不再以“你”开始：“你”自己怎么想的？你有没有想过你的未来？而是尝试着以“我”开头的：“我”作为你的老师，对你的行为有点担心，但“我”理解你，你愿意跟我谈谈吗？如果必要，我还会和他讲故事，讲自己上学、求职、工作中的挫折和弯路，讲以前学生的故事。我欣喜地发现，很多学生愿意开始敞开心扉了。他们甚至愿意告诉我：他们想要的改变就是可以在家里可以按自己的意愿，自由地安排时间做些喜欢的事，比如玩游戏。我知道，他们的很多想法，老师和父母当然是不同意的，我们有很多担心。但是，要解决这些担心，不能再像以前一样简单地说声“不可以”就行，必须采取新的沟通方式——成年人对成年人的沟通，那必须是一套完全不同的沟通方式。理想状况下，学生有了更独立的想法，我们也应该相应升级我们的智慧：如何巧妙地设定行为的边界？哪些事必须坚持？哪些事可以由学生说了算？谈不拢的地方如何处理？面对自以为是的学生，除了下命令，还有哪些管理的技巧……要做到这些，我们得选择温柔，用温柔包容暂时的困惑和迷茫，即使他们的困惑在我们眼中“小事一桩”，“总会过去”；我们得选择相信，相信他们变得更好的愿望和承诺，即使他们的承诺需要更多的诚实和坚持。

我坚信，比判断更重要的，是之前的聆听；比指导更重要的，是之前的接纳。因为，在教育里，你是什么人比你怎么做重要。知识可以不丰厚，但心必须真诚；技巧也许待完善，但眼里要有光。只有这样，才不至于使自己失望；只有这样，才能更好地给别人方向。

**班主任：赵业　高三理科实验 1 班**

## 第十二节　一同成长

相逢是缘，师生一场也是缘。2018 届的时候，有那么一个女学生，她说遇到我是她的幸运，是我温暖了她的高中岁月。高二文理分班后初识她，她扎着高高的马尾辫，看着干净而利落，双眼灵动有神，看着舒心而踏实。通过日常生活的学习上的接触，我发现她认真负责，细致入微，兼顾大局；说话轻声细语，却有着让人无法拒绝的坚定。她偶尔几次的周日下午未正常返校，让我觉察到这个女孩背后有一个需要她守护的家，她得像个成年人一样背负着家里的重担，但她不说我也不问，这是一种默契。

而这默契在高考前的两个月被打破了，她红着双眼，跟我说："我不能考大学了，我得在妈妈和妹妹中间作选择，选择照顾哪一个？妈妈身体不好，妹妹年幼即将上小学，我不能自私地只顾自己上学……"看着处在崩溃边缘的她，一时间我不知道该怎么宽慰她，我知道她必然是无助到极点才来找我的。我能怎么办？我轻轻张开双手抱着她，感受她因抽泣而不住抖动的双肩，我不想破坏这对她来说难得的宣泄，直到她情绪稳定下来。我给她分析：对家庭而言，因为她未满 18 岁且没有学历，不可能找到合适的工作，给不了妈妈或妹妹她想给的生活；对个人而言，自己在高三这个关键时期，错过了实在可惜，不如好好备考，考上理想的大学，可以勤工俭学，可以带着妈妈上大学，不要有后顾之忧，学费我来给她解决；对班级而言，班长的中途离开就像行军途中少了扛旗的队友，老师和同学都会觉得很可惜，我们都希望可以携手共进、博望未来……我希望她还能一如既往跟同学们一起走完这剩下的两个月，或许会有惊喜。我们的谈话结束后，我看到她眼中闪着光，笃定而坚毅。

两个月后，她如愿考上了理想的大学，她给我写了一封长长的信，信里说：每次快坚持不住的时候，都会告诉自己：再学一会儿吧，不辜负老师辛苦备的课；再做一点儿吧，不辜负老师多花出的心思；再走一步吧，不辜负老师专门放柔的语调和放在肩上有力的手掌；再坚持一下吧，不辜负老师不分昼夜地陪伴。她说她没有老师学习厉害，教师这个职业太伟大，她怕做不好，她想换个方式像老师守护学生一样，去守护更多的人，于是她报考了中国人民公安大学，并在新中国成立70周年大阅兵时承担了执勤任务。而我想说：又何尝不是跟你一样追求上进的学生们给我力量，让我坚信班主任的工作是有价值的，不仅仅要给学生“锦上添花”，还要给出现问题的学生“雪中送炭”。

一个班级里一个学生取得成功不算什么，一个优秀的班级应该是每个学生都取得自身的成功和进步；一个合格的班主任就是应该引领着学生昂扬向上，不断拥有向阳生长的力量。高中阶段只是学生成长路上的一段历程，让学生在学校得到最佳的发展，真正做到自主发展，健康成长。

2020年悄然已过，经历过新型冠状病毒疫情的新时代的高中生，2021届的我们班的学生，我希望你们能学好科学文化知识，能健康、博爱、有为发展，拥有守护我们要守护的人的本领，像袁隆平、钟南山等英雄一样在各自的领域发光发热，成为对社会对国家有用之人。2021届的学生，请站上属于你们的舞台，加油！

**班主任：李利敏　高三人工智能2班**

## 第十三节　别让情绪化成为孩子进步的障碍

接手高二的文科普通班，面临的压力比高一时又增大了许多。班级的学生在日常行为习惯和学习态度上存在较多的问题。尽管有一年的经验作为铺垫，但面临班级管理难度的直线上升，我还是感到了莫名的压力。

开学之初，我要解决的就是班级定位问题。通过和前辈的交流，此类的班级必须要强调规则意识，树立起班级管理的制度，让学生在规矩的框架内学习和生活。因此，在进行一系列的班级活动之后，班级也算是慢慢走上正轨。但随着班级各种事情的发生，让我发现一个问题亟须解决——情绪化。

第一个就是学生的情绪化。文科学生情感丰富，面对一些冲突往往容易情绪化，尤其是女学生，内心更加细腻敏感。开学不久，由女学生 A 牵引出的情绪化问题便让我头疼不已。

在一节地理课上，女学生 A 的一句话让女学生 B 产生了误解，加之二人在之前有些许不和，导致二人下课从语言冲突上升到了肢体冲突，造成了不好的影响。得知此事后，我先是找了周边同学了解一些情况，再找了当事人询问冲突原因，差不多就找到了症结——因为没有表达清楚的语言导致情绪激化。在跟两位学生的谈话过程中，我让她们假设当时能够克制情绪时，会有什么后果？显然，当学生冷静下来思考之后，便会发现当时的冲突是可以避免的。最后的结果就是双方各打二十大板，握手言和。

第二个就是父母的情绪化。此事过后不久，女学生 C 找到了我，说她在开学之初丢的钱包在女学生 A 的床垫下面发现了，当时我以无证据无法确定是谁为由，对 C 进行了劝说，让她也不要再去询问 A。可是第二天我便得知，前夜 C 去询问 A 钱包的情况，虽然没有产生冲突，却也导致 A 认为自己受到了针对，情绪再度失控。当时对双方进行疏导之后，本以为事情告一段落，哪知又为后来做了铺垫。

期中测试以后，按惯例要召开家长会，召开家长会的前一天，女学生 A 和女学生 C 再次产生了矛盾，女学生 C 和朋友 D 诉说后，D 说了“小偷”一词，使得这件事情再次扩大了 。当天下午，A 的妈妈便给我打来电话，在电话中语气激动地向我表达了对 C 和 D 的不满。刚开始的时候，我认为毕竟身为父母，刚得知这种事情言辞激烈也能理解，但在接听长达 20 分钟的电话发泄后，我便意识到不能任由家长情绪化地表达。于是，我有意识地试图舒缓家长情绪，但用处不大。直到最后我大声地质问家长是要吵架还是要解决事情，家长才慢慢平静了下来。挂掉家长的电话后，我和另外两位家长取得联系，问询了学生后，便有了初步的处理想法，于是约定第二天家长会时，大家一块来协商一下。最后，也是梳理事情经过，各领责任，和平处理。

通过这些事情的处理，我意识到在与学生和家长的沟通中，必须重视情绪的表达，因为情绪化的行为和语言并不能协助解决问题，只会带来矛盾的激化，甚至会影响到孩子的成长和进步。可能也是巧合，家长会前在设计内容时，我就想和家长谈一谈情绪化的问题。

父母和孩子沟通时，往往是一种居高临下的位置，以呵护孩子为大旗，干预孩子的行为。当时，高中阶段的孩子独立性强，和父母的认知常常会有分歧，这就使得父母先入为主地要训斥孩子。这样一来，由对内容的分歧就转化为情绪的对立，而不管最后的结果是谁占据上风，父母都是必输的结果：或者教育的权威受打击，或者损伤了亲子关系。同时，这也给孩子的教育和成长带来不好的影响。

对于学生的情绪化，本质也是因为双方之间的认可度较低，因此增强班级的团结力和凝聚力就显得尤为重要。在家长会后，我借助学校的周主题，利用班会课又对学生进行了团结教育以及情绪化危害的举例。在日常班级生活中，学生情绪化的例子较多，除了冲突外，自身情绪的变化也常常影响到学生的发展，加之现如今学生应对挫折、处理事情的能力尚不成熟，因此，除了行为管理外，对于他们的情绪监测也要尤为重视。

**班主任：张鑫淼　高二 7 班**

## 第十四节　在路上，且行且思

我首先是一名语文教师，担任两个班的语文教学工作，然后是一名班主任。随着教育改革的不断深入，在学校大力推行培养优秀班主任、实施“有效教学”的背景下，班主任的专业素养的提高、自我培养的进步成为我的成长目标。

### 一、规则是底线，自主管理是关键

2020 年 9 月，高二学生经历文理分科，组织了新的班级。我担任了高二理科创新 4 班的班主任。班级 53 人来自高一的 10 个班级，学生之前经历的管理模式各不相同，体现出明显的个性化色彩。在这样的背景下，当务之急就是组织一支积极向上、敢为人先的班委队伍，带领全班同学制定行之有效的班级公约。

在报到之前，我拿着学生名单逐一向原班主任了解他们的基本情况。报到的当天下午，我鼓励同学们在班里作一个具体的自我介绍，以便于同学们之间、师生之间有个初步了解，而我则细致观察每一位同学的特点，接着我就结合学生的现场表现和之前在老师那里了解的情况，锁定了几位有潜力的班委人选。晚自习的时候，我引导同学们写自己的远大志向和近期目标，以及愿意担任班委的意向。很快，班委的事情就明朗了，并且趁热打铁，我们全班师生共同制定了班级公约。当天晚上就开始执行，不给学生放任自己的机会。

接下来，我们很快就走上正轨，一日常规自然而然地水到渠成。踏实勤奋的班委同学每天坚持不懈地引领同学们，既是班级管理者，又是学习带头人。我觉得一个班级的良好班风和学风要靠学生的自主管理来实现，大多数情况下，学生的良好学习习惯、耐心和勤奋的品质也需外部权威的规则才能获得。虽然教育的动力是学生的求知欲，而不是教师的权威，但不能说教育在每一阶段都应该是宽容和令人愉快的。同学们在外在规则的底线面前，学会约束自我，养成自律的良好习惯，才会产生内在驱动力，达到自主管理的目的，把精力放在学习上，才能学有所获。

## 二、以教学为阵地，德育引领发展

我走上教育工作岗位之初，我的一位良师益友就告诉我，我们语文教师应该有教育理想追求，语文在德育方面有得天独厚的优势，能起到春风化雨、润物无声的教化作用。对此，我铭记在心并深信不疑。如今，教育的根本任务是立德树人，学生的德育在学生发展的过程中起到很重要的作用，能提升学生的综合素养。而语文教学中的情感、态度、价值观可以贯穿到班主任工作中，我时刻注意运用语文教学资源适时地教育学生，管理班级，搭建师生交流的平台。比如，唐诗宋词中大量的爱国诗词、不同时代背景下诗人的情感主旋律感染着我，也感染着学生将爱国情怀深植于心；小说《老人与海》

中，桑迪亚哥与鲨鱼搏斗，鱼叉被鲨鱼带走了，他把小刀绑在桨把上乱扎；刀子折断了，他用短棍；短棍也丢掉了，他用舵把来打。人不是为了失败而生的，一个人可以被毁灭，但不能被打败——主人公充满信心、锲而不舍的精神，被我借来培养学生战胜挫折的优秀品质。借助于语文教学，有效解决学生心理问题：学生小张有两次考试不是很理想，就没有信心，整天垂头丧气，认为自己一无是处，我和她一起读林语堂的《苏东坡传》，她很快走出阴霾，并以极大的热情投入学习中，取得了不小的进步。我庆幸，我的课堂不仅让学生获取了知识，更能够帮助学生形成正确的世界观、人生观、价值观，汲取正能量，形成具有积极向上的生活态度。

教师的学习是终身的，天资愚钝的我注定是一名“学习型班主任”，要发展，要成长，最关键的还是必须靠勤奋的努力付出。我认真研读班主任管理理论知识和案例分析，积极参与学校组织的各项培训学习，虚心地向有经验的班主任请教。耐得住寂寞，吃得了苦，要有板凳甘坐十年冷的精神；也要善于反思，发现自己的不足，这样才有利于自己的进步。在教育之路上，且行且思！

**班主任：王臻　　高二理科创新 4 班**

# 第八章　副班主任教育叙事

## 第一节　时政微谈

本学期结束，我深刻审视了学期工作，作为一名副班主任，自感着实惭愧：在班级事务管理方面，我仅仅做了一些常规的工作；同时，这部分工作也还亟待提高。所幸，我在学生思想引领方面还有一些微小的经验。

### 一、“时政微谈”的缘起

在2020—2021学年上学期的管理故事中，我就以《用爱国引领思想，用理性战胜谎言》为题，粗浅地探讨了学生思想引领方面的问题。在那篇文章中，我主要从历史学科的角度谈及了一些具体的做法——这些做法局限于历史课或思政课，其形式和内容都不够灵活。在梳理工作的时候，我将这学期新的形式总结命名为“时政微谈”：利用小时间，以教师讲解为主要形式，与学生交流世界形势、时政热点等问题。“时政微谈”大约一周举行一次，既无固定时间场合，也无固定主题内容；有时是有备而来，有时是结合课堂，有时是临时谈起；语言通俗易懂，轻松诙谐。下面，我就结合这半学期的实践，谈谈自己的心得体会。

### 二、“时政微谈”的意义

先谈谈我发现的问题吧：学生们了解世界和社会的机会太少了。一年过去，国内外形势（如世界新型冠状病毒疫情的传播与防控）发生了诸多变化，我们越来越深刻地体会到了“百年未有之大变局”的含义。本着历史联系现实的原则，我用一些国内外的时政热点作为课堂引入，本想能引起学生的共鸣，但看着学生们迷茫的表情，我发现学生对此知之甚少，无法与我产生共鸣。而在相对闭塞的校园环境，教师就是学生们了解世界的重要窗口。

## 三、“时政微谈”的话题

新型冠状病毒疫情传播与国内外的新型冠状病毒疫情防控是我最常谈及的问题。首先是新型冠状病毒疫情防控方面。我不仅给学生讲解国内外新型冠状病毒疫情防控的一些措施与效果，更会分析新型冠状病毒疫情防控背后的政治、经济、文化问题，如印度的联邦制，英美等西方国家的防疫问题政治化，美国两党制、三权分立体制、民粹主义、政治正确、社会撕裂等问题对本国新型冠状病毒疫情防控的影响。通过对这些问题的探讨，学生们对民主、人权、自由等常见概念有了更深刻的认识，对东西方政治体制的优劣有了更直观的了解。

所谓“科学、理性”认识世界，首先要讲证据，用科学知识、科学方法分析问题。因此，有时候我也会用到一些自己并不熟悉的知识。比如，讲疫情防控，就要涉及疫情的罪魁祸首——新型冠状病毒。我也自己了解了一些关于病毒、疫苗、防疫等方面的知识。在奥密克戎变体病毒刚刚在西方国家流行时，国内疫情防控形势还非常好，有许多学生已经习惯于摘下口罩。我就寻机简短地讲解了奥密克戎变体病毒与前一代德尔塔毒株的巨大区别，以及可能对新型冠状病毒疫情防控带来的挑战。在此基础上，提醒学生们做好个人防护。在我讲解过程中，就有不少学生自觉戴上了口罩。

除了“高大上”的时政问题，与学生息息相关的“双减”等问题也是曾经涉及的内容。曾有学生对我抱怨：“既然已经‘双减’了，为什么学习还是那么累？”借一次辅导课上维持纪律的机会，我将“双减”政策具体为减负而增质地高效学习：树立自我优化意识与能力，让学习更加高效，如课堂听课效率、自习课作业效率、反思整理、师生交流等。我在维持课堂纪律的同时，也借“双减”政策讲述了自习课不允许讨论的深层因素：自习课讨论导致作业效率低下，这不仅是纪律问题，也是效率优化问题。我们要以“双减”为契机，优化学习，提升效率，才能真正实现“减负”的目标。这既让国家政策有了贴近学生实际的解读，又能够帮助学生理解学校规章制度的重要意义，从而潜移默化地对学生产生内在影响。

## 四、“时政微谈”的方式

话题有很多，这里不一一举例说明了。我用“漫谈”的方式讲“世界”，灵感来源于一档谈话类节目——《观棋有语》。几位来自观察者网和环球时报的媒体人对一些国内外时政问题进行漫谈式的分析，语言轻松幽默，内容通俗易懂、意义深刻，深受我等年轻网民的喜爱。世界是复杂的，道理是深刻的。我认为，要想通过自己的一次次短暂的讲述帮助学生正确认识世界，也要讲学生听得懂的话，如鲜活的事例、“滚烫”的热点、生动的数据、幽默的语言、辛辣的讽刺……要想做到这些并不容易。

## 五、“时政微谈”的创作

### （一）意识要到位

要有寻找恰当机会或平台对学生思想进行引领的意识和敏感性。在此基础上，我们才能有意识地搜集素材，有针对性地学习本学科知识或跨学科知识，有针对性地提出话题与学生共同讨论。

### （二）学习要跟上

习近平总书记指出：思政课教学对教师综合素质要求很高。国内外形势、党和国家工作任务发展变化较快，思政课教学内容要跟上时代，只有不断备课、常讲常新，才能取得较好教学效果。从形式上说“时政微谈”远没有思政课那般正式，但其内容与目的却与思政课一脉相承：通过教师的引领，帮助学生树立正确的世界观、人生观、价值观、国家观、民族观、历史观、文化观与宗教观。因此，也需要教师时时更新知识，提升思维。

### （三）用理性的思维方式分析问题

通俗地说，理性就是用科学的内容和科学的方法分析事物，拥有独立思考、辨别是非的意识与能力，“不说没根据的话，不信没有根据的事，不传播没有根据的信息”。我们常说的“谣言止于智者”，其内涵就在于此。“口罩铁丝窃取个人信息，5G基站传播新冠病毒，政治正确取代科学防疫……”反智主义言论在今日的西方甚嚣尘上。这从反面说明了科学精神的重要性。时政微谈的核心价值，就在于引导学生坚定民族自信与个人自信而不妄自菲薄，掌握科学知识与科学方法而不愚昧迷信，正确认识问题差距而不盲目自大。我认为，这是未来相当长一段时间我国面对世界的态度，因此也应该是“主宰”中国甚至世界未来的当代中国青少年的态度。

我也欣喜地发现，我们班学生中，也有一些喜爱了解时政、分析时政的学生；与他们的私下交谈中，我也能时常发现一些新奇而有益的观点。

### （四）自己的展望

学生完全可以加入到“微谈”的队伍中来，在教师的引导下发现问题、选定问题、研究问题、分享成果，用研究性学习与项目式学习的方法进行深度学习，进而走上讲台，发表见解。这对提升学生多方面素养无疑是一件益事。

**副班主任：祝浩然　高一创新2班**

## 第二节　做好学生发展指导工作

不知不觉2021年已经过去，我是高二创新1班的副班主任，协助班主任吴鹏起老师工作。回顾半年的副班主任工作，我平时常常深入班级，了解学生的情况，同学生建立良好的师生关系；帮助完善学生各方面的发展，尤其是学生日常行为习惯的养成教育，我能及时地进行针对性谈话，采取适当方法，和学生交流想法，尽快妥善地解决问题，为建立良好的班风学风尽自己的一份力。此时，一些美好的瞬间浮现，记录一二。

## 一、认识自我才能改变自我

中午午读时去班里，发现有部分同学经常在睡觉，要等到老师走到跟前叫起来，并且醒了之后迷瞪较长时间不知所措，不能尽快投入读书的状态中。看到他们的状态又气又好笑。我会笑着把他们叫起来，询问如此之困的原因是什么。学生：睡得晚，不够睡，需要有人叫。如果睡到上课才醒你有什么感觉？学生：偶尔觉得庆幸，次数多了会觉得很遗憾、后悔。为什么会感到后悔和遗憾？学生：也想像别人一样好好背书，错过了这个时间。我说看来你也挺重视学习的（学生笑：那当然），你现在知道自己为什么困了吗？学生：主要就是觉得自己学习没劲头，容易懒散提不起精神。你什么时候觉得学习有劲头有精神愿意学？学生：学会了，考出好成绩了，我觉得我可以。我说其实你想拥有的是一种成就感，想拥有被人认可和赞美，其实这种认可和赞美不来自外界，而是来自你自己的内心，只有你自己认可自己，才是最自在的，否则想通过成绩、成就寻求外界认可和赞美，你会常感到很挫败，反而丧失学习积极性，不要跟别人比，只跟自己比就可以了。在耐心的引导中让学生自己通过一件小事发现自己内心深处需要的到底是什么，哪些生活习惯需要改变、学习态度需要提高，自己去找改变的方法，并猜测可能出现的困难，是否需要老师和同学们的帮助。

## 二、自我反思是成长的原动力

每次考试成绩出来，总会有人高兴有人沮丧。我会根据试卷难易程度找一部分同学进行考试分析，前提是学生自己先写个反思。我会先分享一到两篇我自己每天写的反思日记，让学生了解反思的模板和反思的内容是向内看。学生看了我的反思日记很受触动，很多同学写出的考试反思直抵心灵。我会根据他们的反思日记，逐字逐句地带着他们去分析，带着他们认识每个想法和行为后面隐藏的更深处的自己，看见自己求认可求赞美的需求，看见自己内心的不自信，看见自己对自己深深的评判，看见自己的虚荣心，看见自己对别人的依赖……告诉他们要学会爱自己、认可自己。学生说，经常出现这种情况怎么办？我说，没关系，这是我们十几年的习惯，不会一下子改变，做好长期注意的打算，而且看见即是改变的开始，你只需要看见自己的模式，看见自己的念头和思维就可以了，其他不用管。用自己的经验坚定地告诉学生，让学生解放心灵轻松上阵。同时，也告诉学生我永远是他们的支持者和陪伴者，什么时候需要老师随时可以。慢慢发现主动找我帮助分析自己、认识自己的学生越来越多。

一个班级需要规章制度的约束，没有纪律约束的班级是一盘散沙，也无法保证学习的正常进行。纪律保障的同时，我和班主任工作的重心是如何激发学生积极、刻苦、拼搏、坚持、自信的精神……最终在高考中取得优异的成绩，考上理想的大学，实现人生的完善、挑战和超越。

我深深地感受到班主任工作的重要性，我也要更加紧密地团结在班主任的身边，与班主任共同抓好学生的发展工作，为了学生的全面发展，为了学校高质量发展，做好自己该做的事！

**副班主任：史艳芳　高二创新 1 班**

## 第三节　立德树人，书写新篇章

时光飞驰，转眼间我担任高一年级创新 7 班副班主任已经一个学期了。这是我从学生时代进入社会的第一份正式工作，因为教师岗位的特殊性，我总对该职业致以崇高的敬意。

非常感谢学校能信任我，在我初出茅庐之时委任以副班主任的重任，让我在锻炼中学习、飞快成长；非常感谢我们创新 7 班的班主任饶克老师，他是我在班级组织管理方面的师父，教会我与学生亲近、沟通，成为我们班 55 个学生的良师益友；非常感谢学生和家长，配合班级学校的各项工作，使学生们身体健康、快乐成长。

在执行学校工作计划的同时，我配合饶克班主任以班集体建设为中心，对班级进行科学化管理，在让学生学习专业科学知识的同时，逐步引导学生思考如何成为一个“完善”的人。这一学期的工作和学习是学生们刚步入高中的新篇章，也是我作为老师、作为副班主任的新篇章。

## 一、对学生进行思想品德教育

充分利用班会和晚自习的课间，对学生进行思想素质教育，如文明礼貌教育、心理素质教育、学习态度教育和学习目的教育；利用课余时间跟成绩有退步或者心理压力大的学生进行谈心，讲道理，使学生信任教师，建立了师生感情，从而方便了教育工作的开展。

## 二、积极参与班集体建设

刚刚进入高中阶段时，班里出现过学生集体荣誉感较差、凝聚力不够、对班上的事务不关心的状况。我配合班主任花了大量的时间和精力，进一步调动学生的积极性，让大家都来为这个班献计献策。

### （一）继续深入贯彻各项班规

以操行分为奖励依据，经常与学生接触交谈，了解学生情况，发现和培养班内的积极分子；经常召开班委会，了解班干部的工作表现和工作上的困难，有什么不足之处就给予指导，通过一系列措施，班干部的威信在班内逐渐得以树立起来了。

### （二）在班内确立正确的集体舆论

大力表扬好人好事或学习勤奋的学生，不断发掘学生的闪光点，以此作为其他同学学习的榜样；批评抵制错误的思想行为和歪风邪气。

### （三）开展各种活动提高学生的积极性

对学生进行心理教育，减少同学之间的矛盾。鼓励学生用写日记、周记，甚至用写小纸条的方式与老师谈心，内容不限，很大程度上拉近了教师和学生之间的距离，可以更清楚地了解到他们的内心世界，为进一步的教育工作奠定了基础。我印象最深刻的是 2022 年的班级元旦联欢会，在此次表演中，我班学生积极参与，展现了不一样的自己，提升了学生的自信心，像一个大家庭，促进了班级的凝聚力和集体建设。

### 三、指导学生学习，提高学习效率和学习成绩

对于学生来说，学习是最为重要的，但很多学生由于没有掌握正确的学习方法，导致自己在学习的道路上走入了盲区，进而产生了厌学的态度。针对这一情况，在教学中，我尽自己的所能传授学生一些恰当的方法和技巧。同时，也鼓励学生多向教师们请教，使自己的学习能够事半功倍。通过一个学期的努力，效果很显著，我班大部分学生在考试中成绩不断提高。

回顾这一阶段的工作，跟其他教师相比，我发现自己在领班工作方面还欠缺很多，还须继续努力，书写新的篇章。

**副班主任：王晨　高一创新 7 班**

## 第四节　助力学生健康成长

在一个灿烂的季节，与一群灿烂的生命相遇。承担班级的班主任工作，就要对学生的教育、成长负责任，这是我对班主任工作的理解。一学期马上结束了，这个不平凡的一学期，我从班主任袁老师和孩子们的身上学到了很多的东西。

### 一、不寻常的新学年

开学之初就注定这一学期是一个不同寻常的学期，作为国家级“双新”实施示范校，郑州二高的每一位老师都在为“双新”教学工作做好准备，暑假的教研学习和探讨还在如火如荼地进行中，却被“洪灾和疫情”按下了暂停键。在这个过程中最着急的就是班主任老师：还没有和学生见面就要面临网上教学的准备，对班级学生还没有深入了解，就要通过摄像头去教导学生，班级如何管理、班干部如何组建等一系列问题都摆在面前。我虽然只是班级的副班主任老师，但面对这些问题，自己也在换位思考：如果自己现在是班主任，该如何做好班级的管理工作呢？从组织教材和学生领书这件事情中，让我看到了每一位班主任老师的坚持和不易，为了学生能够早一些拿到新教

材，发挥自己的积极性，建言献策，将学生领书的工作安排得井井有条。也是从这一事情上让我更加肯定，班级中班主任角色很重要，他们是班级发展的领头雁，有他们在，班级工作就一定能开展好。

## 二、向班主任学习班级管理

正常开学伊始，我担任了高一年级创新3班的副班主任，和袁僖老师搭档管理班级。自己作为一个新人，真的是非常忐忑，可能有些理论和想法，但面对还不熟悉的学生，如何做好班主任的副手真的是无处下手。袁老师给了我很大鼓励，班级的事务性工作她都承担下来，让我多参与和学习。也是通过这一个适应性的阶段，我自己更加理解班主任工作的职责和不易，自己也很快参与到班级日常的管理中。从每一次的升旗到课间跑操、参加班会等班级活动，我看到的都是班主任老师默默地付出和坚持，就是这样的日复一日地付出，形成了学生们积极快乐的班级氛围，虽然可能会辛苦，但我看到的更多的是班主任老师看到学生成长的快乐与欣慰。

## 三、班主任班级育人的实践经验

曾经有学生把班主任和学生之间的关系比作“猫和老鼠”的关系，使得班主任和学生处在一种对立的状态，不利于班级工作的开展，也不利于学生积极性的调动、能力的培养。作为经验丰富的班主任老师，袁老师在班级管理中的方法让我收获颇多。她在学生中建立威信的基础上，与他们平等相处，建立起了和谐的师生关系；把学生当作一个平等的主体来对待，尊重学生的人格尊严，彼此无高低、尊卑之分。在组建好班干部序列后，她就放手让班干部大胆地管理和组织班级的日常工作，如早读读书、上课课堂纪律、课间跑操、午间休息和自习、午读、眼保健操、晚读和晚自习等日常管理工作，她也经常作为参与者参与其中，观察、纠正和指导班干部尽快地完成角色转换，并利用短会和班会，通过对班级和学生当前突发的问题及时地解决，建立起积极、团结和快乐的班级文化。

### 四、我在班主任引领下的教育感悟

从袁僖老师快速建设班级文化的工作中，我学习到很多宝贵的经验。美国心理学家罗杰斯说过：学生只有在亲密、融洽的师生关系中，才能产生安全感，并能真实地表现自己，充分地表现自己的个性，创造性地发挥自己的潜力。营造一种肯定和赞扬的积极氛围，创设赏识每一个学生的情境。学生渴望受到肯定，但不只是渴望受到老师一个人的肯定或认可，他们想到的是一个集体的认可。如果仅仅依靠教师“孤军作战”，是不容易奏效的，也不可能长久。这就需要以教师为主导，营造集体认可和赞扬的良好氛围，发挥班级的集体作用，才能收到事半功倍的教育效果。

对于一个刚刚开始副班主任工作的老师来说，自己所能做的就是不断学习、不断积累、不断创新，在做好班主任副手中持续提升班主任专业水平，尽快成长为一名成熟的班主任，为促进学生健康成长、做好学生发展指导工作发挥出自己的光和热。

**副班主任：陈耀飞　高一创新 3 班**

## 第五节　班级文化建设与管理

高三这一学年的上学期即将结束，在寒假开始之前，我思绪万千，感慨颇多。高三这一学期可谓一波三折、艰难重重。郑州市 2021 年 7 月 20 日遭遇特大洪灾，大灾之后又有新型冠状病毒疫情。8 月 1 日本是我们高三学生开学的第一天，但新型冠状病毒的卷土重来阻碍了高三学子们归校的脚步。从 8 月 1 日到 9 月 15 日整整一个半月的时间，我们高三师生与时间赛跑，与病毒战斗，争分夺秒地在线上教与学。开学后仅一个半月之余，11 月郑州市又出现了新型冠状病毒感染的确诊病例，师生们众志成城又挺了过去。遗憾的是，2022 年 1 月 4 日，郑州市的新型冠状病毒疫情又严重起来，当晚全体师生被迫停止线下教学，匆忙离开学校，于 5 日清晨正式启动新一年的第一次线上教与学。回顾高三这一学期的教学过程，是和新型冠状病毒疫情战斗的过程，是两个多月线上教学的过程。那么，新型冠状病毒疫情背景下是如何做好班级教育管理、为学生的成长保驾护航呢？我从我们高三（2）班线上班级文化建设与管理的问题和挑战入手，谈一谈我们班所采取的一些方法措施，以及我的一些看法和思考。

## 一、班级文化建设为魂

### （一）以制度建设为根

我们高三（2）班班级建设注重制度与精神文化的引领。在符合法律法规、青少年心理的前提下，我协助班主任王延航老师号召全班同学参与讨论，制定符合班级情况、符合防疫形势的相应的居家学习制度。从 8 月 1 日开始，我们班已召开 23 次主题班会，坚持着眼班情实际，着眼疏解学生焦虑、恐惧心理，着眼解决不能及时到课、不按时交作业、缺少运动等实际问题，不断完善居家学习制度，最终把大制度细化为时间制度、听课制度、作业制度、体育与健康制度、展示制度等五个管理维度。

### （二）以励志文化启程

一是结合开学，通过主题班会，激励同学们自我修养、积蓄力量，为迎接高考做准备。二是结合新型冠状病毒疫情，明确责任担当文化。班级通过观看抗疫英雄事迹、撰写观后感、绘制手抄报、讲述抗疫英雄故事等形式，汲取模范力量，引导学生树立信心，坚定在抗疫中书写青春华章的信念。

### （三）以学习文化奋进

首先，我们俩结合新型冠状病毒疫情定时召开学习主题班会，从疫情阶段进展看科学技术攻关与科研担当的重要性，从生物保护与疫情发生谈学习综合知识的重要性，从高考时间紧迫性看学习奋进的重要性。其次，定期监督、反馈、公开学习行为，利用班级群记录学生学习过程，利用钉钉作业、群报、美篇、视频等展示优秀学生的课堂笔记、作业、实践作品、线上考卷等，在群里表扬先进，私下里鞭策后进，激励学生追求进步。

## 二、课堂管理为术

### （一）榜样引领

学生的榜样示范胜过教师、家长的说教。因此，除在各学科挖掘课堂积极发言分子、优秀作业分子外，我还协助班主任在家长微信群、学生钉钉群、年级群等积极表彰参与者及获奖者，增强参与学生的成就感，无形中也提升了其他同学的关注度与参与度，有利于形成你追我赶的班级氛围。

### （二）班干部协管

为了让线上学习与真实的班级接轨，教师管理与班干部管理不可偏废。我协助班主任定时召开班干部会议，听取同学的意见与建议。学习方面，为了让同学们养成按时上课的习惯，班长积极组织课前签到接龙考勤；语文、英语科代表按计划每天定时组织早读；各科代表积极与任课教师沟通，负责转发作业、催收作业；纪律委员负责晚修点名。生活方面，班干部一方面协助我们落实班会任务，带头参与班会环节，并为活跃班会气氛积极建言献策。

### （三）时间规划

按照学校上课模式，考虑到学生的身体健康，我们把线上课堂的自然时间分为晨读、早读、上午四节必修课、下午三节必修课、体育锻炼及晚读和晚修，通过学科任课老师、班干部来落实到位。指导学生自主分配时间，制定个人居家作息表。

## 三、家校共育为桥

### （一）有效陪伴

新型冠状病毒疫情给同学们创造了一个漫长的假期，也给家长与学生提供了一个弥补以往沟通不足的机会。我们鼓励家长与学生共同参与线上听课，为学生拍照；参与班会，与学生共同学习防疫知识等。家长在参与班级活动的过程中，一方面有效降低学生的孤独感、危机感，另一方面提升了学生对班级事务的参与度与认真度，助力班级事务正常化、规范化。

### （二）尊重界限

尊重学生兴趣爱好，尊重学生的人格尊严，多鼓励，多表扬。对处理不了的问题，鼓励学生主动与我们沟通。我和班主任王老师从不以权威压制的方式命令与控制学生，避免以错误的方式刺痛学生的心灵。

新形势、新背景下，新型冠状病毒疫情给班级管理与建设带来新的挑战，线上学习也是一种重要的学习方式，相信我们坚持立德树人的宗旨，转变角色，创新思路，勇于实践，不断探索前行，创建全新的线上班级管理模式，一定能够助力学生健康成长。

**副班主任：曾红　高三（2）班**

## 第六节　特长班的班级管理

我作为一个体育特长班和艺术特长班的副班主任兼语文老师，通过三年和学生们的朝夕相处，通过两年对他们的语文教学，使得自己对特长生的特性以及特长班的特点有了或多或少的了解。

随着社会经济的发展进步，随着社会对体育、艺术等方面人才的需求，各地普通教育系统中特长班蓬勃兴起。我校也专门组建了体育和艺术特长班。这种纯粹是特长生的班级我以前并没有接触过，刚接这种班级，心里也是有抵触的。一方面是觉得不好带，无从管理；另一方面觉得让自己带这样的班级有点委屈。现在，与这些调皮活泼又暖心的学生相处了将近三年，而这三年有苦有甜，有时被气得眼眶含泪，有时也会被暖心的举动安慰。

### 一、特长生与文化生的差异

特长生与文化生有很大的不同，他们专业素质较好，但文化学习成绩普遍较差，这可能也是他们进特长班的原因。首先表现为学习方法不当。其次是学习能力相对偏低。他们在记忆，特别在理解、分析和比较方面的能力相对不如普通班学习。他们目标明确，但缺乏持之以恒的精神。这类学生在我班中占有相当比例，他们在长时间内形成了懒散、松懈、忍耐性差、易受外界影响的习惯。

他们的性格因为“特长生”的标签与别的学生有很大不同：自信又自卑，活泼却又敏感。他们在专业上或运动场上所向披靡，却在学习上垫底。他们很多人也知道自己文化课成绩不太好，总觉得其他老师和同学看不起他们。有一次印发专题资料，我说这几章的例题过于难，对咱们来说有点困难，我们换一些简单的例题来练习。当时，我并没有意识到这有什么不对，毕竟他们文化基础较差，分层教学也有助于学生理解掌握知识。结果听了我的话，有一些学生当时就不太开心，下课后有学生说：“老师，你觉得我们比不上其他班的学生吗？他们能学的为什么我们不能？”我当时没想到学生会这样认为，立刻认真解释这只是因为大家基础不扎实，我们从简单的开始，慢慢来，并不是把大家和其他学生区别对待。

## 二、多鼓励，多正面评价

自这以后，我意识到，这些学生内心其实是很敏感的，他们非常在意老师和其他同学对他们的评价。有学生在写作文的时候说，因为“特长生”在别人眼里都是成绩不好的差生，经常被人用有色眼镜看待。所以，我在班里会经常转述一些老师对他们的“好评”。新型冠状病毒疫情防控期间，学校实行分餐制，需要老师每顿去给学生打饭，办公室有年纪大的老师，打饭的时候因为太累，腰都直不起来，班里有男孩主动帮她为同学打饭。我听说了这件事后在班里说，别的老师都夸咱们情商高、很可爱，学生听了特别高兴。有时候会在学生来办公室的时候故意装作没看到他，继续对其他老师夸班里的学生，学生听到之后会在班里跟同学“报告”，学生们就会很开心，当天的表现就会好很多。我不知道自己的做法能有多大的改变，我只希望能让他们感受到来自老师的尊重与欣赏，而在回忆起这段高中岁月时感到温暖与美好。

## 三、目标引领，增强自信

特长生的考学压力很大，体育生每天训练量很大，他们身上经常会有大大小小的伤；艺术生经常到校外集训，他们四处奔波，练习到深夜。有时候他们信心满满，有时候又觉得自己成绩很差，就想破罐破摔，他们认为自己就算努力，考上大学的希望也很渺茫，甚至班里有段时间形成一种“嘲笑努力学习的同学”的不良风气。这让我既着急又心痛！每次考试结束后，我都会把他们的答题卡拿出来标上小分，写上可以从哪方面努力。在学习之余，我列了一张五年来特长生高考录取分数表，带他们讨论如果想要考到理想学校，每门学科应该考到多少分，该如何分配分值，定下一个阶段的小目标，向着它努力。现在，每次考试结束后，都会有学生主动找我分析得失，总结经验教训。我想这种改变不仅是成绩上多几分，更多的是让学生有目标，有踏实学习的态度，有努力就会有收获，有付出就会有希望的信心。

在特长生班级管理工作上，我也仅仅是一个不成熟的践行者。高中特长班的工作，任务艰巨，有挑战性。要想成功地做好这一工作，自己不仅要学习懂得相关体育、艺术知识和规律，还要熟练掌握和创造性地运用先进的实效的教育理念和技巧。都说特长生“成绩差、情商高”，他们能敏锐地感受到老师是否真正地关心他们，爱护他们。教师这份职业其实也是“以心换心”，学生只有亲其师，才能信其道，给学生更多的关心、关注、关怀，即使他们是被打上“差生”标签的特长生，也能成为一颗有潜力的“种子”。

**副班主任：张一凡　高三文科实验 1 班**

## 第七节　借力学科特色，促进班级文化建设

班级文化是学生在学习、交流等各项活动中形成的信念、价值取向、心理、思维方式等内化的群体精神文化。它对学生的学习行为有着重要的影响，表现为学生的内驱力、行动力、同化力、感染力等。语文学科的人文性与渗透性决定了它可以潜移默化地促进班级文化建设。作为班主任的助手，我深感语文学科与班级思想文化建设息息相关、一脉相承，在班级管理中借力语文学科，可以促进班级文化建设，甚至起到事半功倍的效果。

## 一、读书养心，借阅读之力创造班级文化氛围

莎士比亚说过：生活里没有书籍，就好像没有阳光；智慧里没有书籍，就好像鸟儿没有翅膀。读书可以陶冶情操、怡养心灵，借阅读文化经典之力，给学生的内心播下文化的种子，传递精神的力量。为了更好地创造班级文化氛围，我鼓励学生定期推荐阅读书目并在班级内设置阅读书架，每月定期更新文学类杂志，开展图书漂流活动。在阅读课上我主要通过摘抄好词、好句、好段以及谈感想、说收获、主题阅读、分享交流、观看经典等活动来激发学生的阅读兴趣，开阔学生的视野，把有限的教室空间拓宽到无限的社会空间。通过辩论、演讲等形式帮助学生树立正确的价值观，构建科学的认知体系，从而在班级内形成良好的文化风气。

## 二、活动激智，借文化之风增强团队集体意识

班级凝聚力是形成优良班风、学风、校风的前提。利用学习小组的合作探究活动为学生搭建彼此沟通、交流的桥梁，让学生利用课余时间走进社会，完成社会实践活动。在发挥个人优势的基础上，促进团队意识、合作意识的培养，从而增强集体荣誉感和集体凝聚力。比如，借助语文课的“家乡文化生活”的学习活动，引导学生分小组完成调研、访谈、实地考察、拍摄视频、PPT 汇报、海报制作和展示等文化探索活动，既实现了语文学科增进家乡文化认同的目标，又增强了学生的团队意识和集体意识，让学生明白“没有人是一座孤岛”，班级的每个人都是彼此相关、彼此影响的存在。

三、课堂育人，借课本之基渗透正确价值观念。

“才者，德之资也；德者，才之帅也。”人若才华横溢，再有德行加持，必能大放异彩，为更多的人创造幸福，在历史长河中留下自己的印记。语文学科本就是一门让学生浸润在汉语微言精义的氛围里，完成明辨是非、修身修行的德育任务的学科。它不仅含有大量的文学性元素，而且还具有较强的育人和德育功能。因此，利用课堂，将学生日常的行为规范、道德培养内容渗透到语文学科的讲述当中，既能够帮助学生从文章中得出哲理，同时也可以在哲理中实现思想的升华，让学生在情感上获得熏陶的过程中逐渐形成正确的价值观。比如，“青春”主题单元引导学生认识青春，思考自我和未来；

"劳动"主题单元鼓励学生尊重劳动、无私奉献、勇敢创造;"自然"主题单元启发学生热爱生命,从自然万物反观人生的意义……

语文课程资源是无处不在的,让文本的精彩内容在除课堂外的空间和时间里重现,不仅可以让学生巩固所学,也让班级环境更有文化气息,让学生在充满文化气息的环境中快乐地学习。

**副班主任:汤明珠　高一人工智能3班**

## 第八节　做好、做细、做实副班主任工作

担任了一个学期高一(7)班的副班主任,主要是协助班主任翟老师做一些班级日常管理工作,并在班级文化建设方面有了一些经验,和翟老师以及学生们都建立了深厚的感情。

### 一、做一个让学生喜爱、接纳和敬佩的好老师

学高为师,身正为范。一名让学生信服的好老师必须首先具备扎实丰富的学科知识,熟练掌握各类授课技巧,能够在课业上给予学生实打实的帮助和指导。要做到这一点,老师必须在熟练掌握已有知识的前提下,不断用新的知识武装充实自己。在信息时代,各种各样的信息铺天盖地,教师早已不再是学生获取知识的唯一途径,一知半解的老师很可能会被科技时代的新工具所取代。所以,要想在学生中树立威信,做一个有权威的副班主任,必须有真才实学;要想真正被学生认可和接纳,除了知识储备和教学能力外,副班主任还必须注重自身的道德修养和言行举止,做好学生为人处世的榜样。

### 二、强化日常行为习惯教育,营造良好的班级氛围

日常行为习惯的培养是建立良好班风、学风的基础,所以这也是我这学期工作的重点。我以课堂生活为主题,以常规训练为主线,加强了对学生课堂纪律、常规、礼貌、卫生和劳动等几方面基本行为准则的教育,培养学生

学习的责任感及自控能力。因为我比较年轻，和他们交流起来很容易，学生也愿意听我的意见。

## 三、工作要做到“实”，实在的实，踏实的实

虽然，比起我们劳心劳力的班主任翟老师，副班主任的工作任务算是很轻松的。但是，在忙碌地备课、批改作业、课后辅导的同时，要踏实做到副班主任工作职责是需要我们下定决心并持之以恒的。我想，既然决定要做了，就要“实在”地做，不能流于形式。十月野外拓展结束后学生们比较浮躁，在晚自习时，有些同事会善意地提醒我“你们7班很喧闹哦”。我就会很纳闷：“怎么会，我刚刚去看过啊，都在认真做作业呢，怎么会喧闹？”跑过去一看，果然很吵。有经验的班主任就会告诉我，不要让自己的出现“模式化”，学生会给你营造“很乖”的假象，让你发现不了问题。“猫捉老鼠”的游戏不得不玩一下，多去教室看看，才能更好地管理自习纪律。

## 四、把班级打造成一个有温度的集体

班级文化是什么？是整洁、温馨的教室环境，是美化我们心灵的育人环境，既建设了良好的班级形象，也可以用优美的环境陶冶人。心理学研究表明，自然环境、社会现实会对人的心理产生巨大影响。优美的教室环境能给学生增添生活和学习的乐趣，消除学习后的疲劳。

借方寸之墙展鸿鹄之志，布置班级文化墙，既优化了班级文化氛围，又展示了学生们心灵手巧、积极向上的风采，让墙壁“会说话”。这些精心布置不仅促进了班级文化的建设，又能在潜移默化中陶冶学生的情操、净化学生的心灵，滋润学生健康成长。眼到之处，即是教育，达到德育“润物细无声”的效果。更重要的是，优美的学习环境有助于激发学生热爱班级、热爱学校的情感，促进学生奋发向上，增强班级的凝聚力。

积极的生活即积极的教育。用积极的心态来面对我们的班主任工作，用仁者爱人和大气包容来对待我们的学生，用相信换一份信任，用投入换一份尊敬。这些是我的点滴体会，虽然我的工作还有许多不足的地方，但日后我会不断地在教学生活中去探索、研究和实践，不断地自我修正、自我提高。

路漫漫其修远兮，吾将上下而求索。我相信，副班主任工作是值得做的，我也努力把它做得更好。

**副班主任：靳小慧　高一（7）班**

## 第九节　教育是一场温馨的遇见

副班主任是一个班级的间接负责人、管理者、引导者，在德育方面配合班主任工作，与学生的接触时间长，对学生的影响大。我副班主任的生涯经历了大大小小无数的事，却有那么一件事，时常在我的脑海里浮现，深深地让我反思与促进。

### 一、过生日事件

这是由过生日引起的故事。星期天的一个晚上，突然接到班主任的信息，反映周六上课时，我们班里的一个学生过生日，邀请了同学去吃饭，然后又去K歌，直到晚上十一点多钟才陆续回家。一听到这个消息我立马赶到班级，怒气冲天，先找那个过生日的学生询问实情，先后确认无误后，准备第二天星期一班会课上进行训斥，给他们一个处分。第二天上课时，我特别留意那些参加过生日的学生，发现他们个个呵欠连连，于是突击检查他们的作业，果不其然，其中大部分学生都没完成作业，我沉不住气地在课上看着那些人，向同学们阐述周末的一些人一些事，最后板着脸孔说下午班会课再来好好整顿。看着那些学生，个个脸色惨白，低着头，抿着嘴，有些惊恐，有些垂头丧气，我心里的怒火多少下去了一些。

### 二、该如何处理

下课回家，中午接到一个家长的电话，意思是承认错误，因为孩子参加生日活动的事家长都知道，只是不知道后来会变了样。然后，家长跟我反馈，其实孩子们已经都认识到自己的错误，如果所有的领导包括班主任在内一人一遍地追究这件事，孩子们会被一棒子打垮，因为毕竟还是孩子；而且他们认错的态度还是比较诚恳的，也已经知道事情的严重性了……与家长通完电话，我细思很久，到底是继续我的教育使命，继续“革命”，杀鸡儆猴，还是以另外一种风格，和风细雨，润物细无声呢？

## 三、温馨地教育

经过打探，确实已经有好多位老师在班级就这件事进行了严肃的批评与警告。那个中午我久久不能入睡，后来我想明白了，我选择自己的第二个方案，和风细雨进行一次爱的洗礼。于是，在周一的班会课上我特意举办了一个特殊的主题班会——如何过生日。在这个班会中，我先阐述了我当时像他们这么大时跟同学朋友是怎么过生日的，然后让班会的同学都列举下自己过生日的情况，最后解释过生日的意义何在，目的是什么，应该采取哪种方式，应该在生日当天最感谢谁，应该跟谁一起过才最有意义……在进行班会的同时也对学生进行了一次爱的引导。孩子们再一次把头低下来了，但从他们的眼神当中我发现他们感悟了。我相信，这次他们低下的是悔悟的头。我很有成就感，换种教育方式，孩子们很乐意接受。

## 四、反思

人非圣贤，孰能无过。孩子犯错在所难免。你越是跟他们较劲，他们越不买你的账。所以，就要看老师能不能动之以情、晓之以理，帮助他们纠正错误。而此时正需要我们的爱心！面对学生犯错，考验的就是教师的耐心与包容，是狂风暴雨地给予一顿批评，还是静下心来与之交流。其实，毕竟还是孩子，而想想当我们还是孩子时，何尝不是如此呢？所以，当孩子表现不尽如人意时，我们要多想想我们还是孩子时，表现又如何呢？当我们抑制不住要对孩子发脾气时，我们要对自己说：“他们还是孩子。”当我们要动用教鞭教训孩子时，我们要对自己说：“他们还是孩子。”从这件事中我发觉，其实一件事情往往会产生出不同的结果，而对这些结果，要看每个老师是采取什么样的方法和方式了。

**副班主任：田华　国际部高二（1）班**

# 第十节　减压促学，合力治学

高三的班级管理工作有其有利的地方：学生身心发育更加成熟，学习习惯逐渐稳定，学习的积极性、主动性加强，班级管理保持了一种良好的惯性。但是，随着学生学习压力的增大和高考的临近，班级管理工作不仅更加复杂繁重，而且难度加大。经过与正班主任一学期的合作和努力，班级工作取得了一定的效果。对本学期的副班主任工作体会良多，主要有以下几个方面。

## 一、心理疏导是第一要务

进入高三后，随着学习压力越来越大，学生的心理问题也越来越突出。这一时期，学生容易产生急躁、压抑、苦闷、自卑、焦虑等不良情绪，这些情绪给学生造成的不良影响非常大，如果不能因势利导，及时排除学生心理上的暗礁，学生的成长和进步就会受到极大的阻遏。

有的同学会找老师、家长或其他同学倾诉，老师只需要适当开导加以解决；而有的同学则不善言语、郁郁寡欢、心不在焉，长期积累影响到学生的成绩和身心健康发展，这就要求班主任必须随时保持高度的职业敏感，及时捕捉学生心理上的一个个微小的不和谐音符，帮助他们把握学习与生活的旋律，正确地认识生活和自己，促使学生健康成长。

## 二、激励教育是关键

理想和志向对于一个人的成长至关重要。高三的学习生活犹如一场马拉松比赛，不仅是身体素质和技能的比拼，更是意志的较量。高三学生对成功的渴望极其迫切，反而使他们对挫折的承受能力愈加薄弱。学习中遇到一个小小的难题，一次考试没考好，都可能使他们放大挫折和痛苦。有一次考试，由于试卷难度极度拔高，很多同学的分数非常惨，于是痛哭流涕、意志消沉，甚至对前途失去希望。

我针对那些难以接受分数的同学，开展挫折教育，使学生认识到：挫折是生命的基本形态，人类便是在一次次的挫折中取得经验教训，走向成熟和成功的；挫折能够丰富我们的人生，锤炼我们的意志，从而激励学生正确地面对挫折，将挫折变成进步的台阶。经过鼓励，他们走出了消沉，继续努力，在后来的考试中拿到了不错的成绩。

## 三、方法指导是重要保证

现在高考虽有多门功课，但基本的学习方法是相通的。同时担任副班主任和化学老师的我，要求学生科学地处理学习上的各种复杂关系，如学科与学科、听课与复习、教材与习题之间的关系，防止学生严重偏科或者陷入习题的泥淖。帮助学生建立知识网络，逐步掌握学习方法和技巧，形成科学思维，提高科学素养。帮助学生把握学习的规律，科学制订复习计划，使学习在紧张有序的状态下进行。

作为化学任课老师，我会尽量在课堂上多给学生一些时间，尽量让学生动手、动脑。一直以来，我最头疼的问题是，讲过很多遍的知识点，学生的错误率还是很高，当和他们交流的时候，学生都会说，课堂上我听得非常明白，但真正自己做的时候，就没有思路了。其实，在课堂上学生只注重了听，而没有消化的过程。所以，后来每节课都要留些时间让学生自己回顾、归纳所学知识，对我的教学很有帮助，对学生的知识掌握也事半功倍。

## 四、各方协调，事半功倍

班级管理工作是一项系统工程，需要凝聚集体的智慧和力量。作为副班主任需要协调好班主任与任课教师之间、师生之间、学校与家庭之间的关系，为学生创造一个和谐的学习环境。尤其是进入高三以后，学生学习紧张，心理压力很大，而家长望子成龙心切，无意中又加大了学生的压力，家长和孩子的关系容易紧张，要积极进行协调工作，为家长和孩子搭建沟通的桥梁。同时，利用电话、短信和家长学校给家长以心理学方面的指导，帮助他们营造良好的家庭环境，正确看待孩子的成绩，多给孩子鼓励和赞扬，增强孩子的自信心，使孩子在健康的心态下复习备考。

**副班主任：岳曼丽　高三（4）班**

奋之余，不免有一些忐忑，害怕辜负学校的信任。而暑假“洪灾 + 疫情”更是让本次高一学生的开学工作经历史无前例的困难。开学进不了校园，在师生还素未谋面的情况下直接上网课，课堂上真可谓“兵不识将，将不识兵”。在如此情况下，我配合班主任马婧老师，按标准执行学校要求，和蔼而不失严肃地跟学生立规矩、调状态，面对家长的疑惑和困扰，我们积极应对，真诚相待，很快和家长形成合力，在“网课”这种具有极大不确定性的教学环境下，依然为我们高一实验 1 班的同学们开了一个好头。

## 一、送教材

首先是把教材送到学生手中。基于当时新型冠状病毒疫情的严峻形势，我们采取了分时错峰领取的方式，为了尽量减少家长领取教材所花费的时间，提高效率，减少聚集，我们所有的班主任、副班主任提前要把所有的书籍按学生打包，面对近千位同学近万本各科教材，我们三十多位教师分工协作，从搬运到分类，从核对到打包，从白天到晚上，终于是提前做好了准备。而这些辛苦是十分值得的，家长们有序高效领取教材，可以说对我们整个教师队伍都有了深刻而美好的印象，对今后的交流、工作的进行打下了良好的基础。

## 二、上网课

由于新型冠状病毒疫情，我们没有办法开展集中的军训工作，而军训对于高一学生快速熟悉环境、建立良好关系、树立纪律规范理念是十分重要的。面对困难，我们的选择是在日常管理中严格执行，可以说在网课期间，每一位同学的钉钉健康打卡、上课时长、作业完成都是及时反馈。有些家长工作繁忙，忽略了对孩子的要求，认为和以往网课一样，处于半休假状态，对有些家长我甚至一天内打三次电话联系，及时沟通孩子的健康和学习情况。正是这样的认真负责，使家长们深受感动，体会到了我们二高教师的爱与责任，主动与我们形成合力，为孩子们在家的健康和学习保驾护航。孩子们虽然还没到校，确实感受到了高中的崭新要求，为迅速适应高中的学习生活打下了良好的基础。

## 三、开班会

虽然学生们还没有进班，但班会工作一定要进行下去，在当前情况下，我们结合实际实情，通过网络开展以“青春梦想　使命担当”为主题的郑州二高 2021 年秋季“开学第一课”活动。我们在班会上首先致敬英雄，学习楷模：“2021 年的夏天，千年不遇的暴雨没有吓倒我们英勇的河南人民！请战、驰援、奋战、坚守、营救、无畏、团结、温暖、守护、鼓舞……这就是为什么河南一定行，我们一定行！千年不遇的暴雨之后，新型冠状病毒疫情又让郑州紧张起来。但是，英勇的郑州人民没有退缩！全民核酸检测井然有序，无数医务人员、志愿者、社区服务人员扛起了抗击疫情的大旗！他们是时代英雄！他们是我们学习的楷模！”有了榜样的力量，我们激励孩子们要志存高远：“为天地立心，为生民立命，为往圣继绝学，为万世开太平！”最后，提出在高中生活和学习中对大家的要求：“端正态度，提高修养；坚定意志，脚踏实地；注重方法，勤于思考；不负时光，严于律己。”同学们和家长们认真听讲，积极分享，可以说为今后的班级文化建设打下了坚实的基础。

正是有了这样的开端，我们很快与家长形成合力，在学生们进校前就端正了态度，确立了规矩，为在校时的常态化工作打下了良好的基础。哪怕期末时新型冠状病毒疫情又出现反复，我们不得不重新开启网课模式，同学们依然可以保持良好的学习状态。

经过这一学期的努力，我的副班主任工作虽然取得了一定的成绩，但也存在着不少问题，比如遇学生犯错误，有时比较急躁，和一部分学生沟通时间较少等等。对这些问题，我会在以后的工作中不断改进，以提高自己的班级管理水平。

**副班主任：朱雨　高一实验 1 班**

# 参考文献

（1）鲍成中．百年未有之大变局中的中国教育发展机遇 [EB/OL]. 中国社会科学网（2020-01-08）.

（2）陈宝生．建设高质量教育体系 [J]. 新华文摘，2021（3）：119-120.

（3）中华人民共和国国民经济和社会发展第十四个五年规划和 2035 年远景目标纲要 [EB/OL]. 新华网（2021-03-13）.

（4）陈宝生．建设高质量教育体系　加快建成教育强国 [EB/OL]. 人民网（2021-01-04）.

（5）周洪宇．建设高质量教育体系　迈向教育发展新征程 [EB/OL]. 光明网（2020-11-12）.

（6）林炊利．中小学班主任专业发展现状及研修策略 [J]. 江西教育科研，2006（8）：34-36.

（7）曾桂英．班主任专业发展政策保障的几点思考 [J]. 班主任，2007（6）：3-5.

（8）傅桂花．班主任专业发展评价指标体系的构建初探 [J]. 上海师范大学学报（基础教育版），2007（4）：38-40.

（9）张祥明．构建班主任专业发展的制度保障 [J]. 班主任之友，2008（1）：16-18.

（10）王亮，信涛．从“七种能力”要求看班主任能力提升 [J]. 河北教育（德育版），2020，58（11）：45-46.

（11）张沛霞．班主任专业发展的三个阶段 [J]. 教育视界，2017（19）:42-44.

（12）岳军祥 . 新课改背景下中小学班主任工作新理念 [J]. 新课程研究，2009（11）：106-108，113.

（13）朱益明 . 论普通高中育人方式改革 [J]. 教育家，2020（28）：6-8.

（14）方晓义 . 领会普通高中育人方式改革精神，把握学生发展指导的关键环节 [J]. 人民教育，2019（22）：20-21.

（15）石中英 . 推进新时代普通高中育人方式改革要处理好三个关系 [J]. 中国教育学刊，2019（9）：27-31.

（16）凌霄 . 构建班级生命共同体　促进学生健康发展——中学班级自主管理研究 [J]. 成才，2015（4）：35-36.

（17）唐玉佳 . 班级生命共同体建设路径研究 [J]. 中小学班主任，2021（23）：37-39.

（18）王学军 . 走向班级生命共同体：从传统班级管理向班级学生自主管理转变的研究——以竹园中学为个案 [D]. 上海：上海师范大学，2009.

（19）李春兰，李德生 . 完整班级——从班级管理走向班级治理 [J]. 教育科学论坛，2018（33）：31-34.

（20）陈才锜 . 普通高中全员导师制的研究 [J]. 当代教育科学，2013（24）：16-18.

（21）马剑 . 高中生全员导师制实践与创新 [J]. 合肥师范学院学报，2014（4）：16-18，21.

（22）李宏亮. 从“激情飞扬”走向“理性担当”——班主任共同体发展的实践与思考 [J]. 中小学德育，2013（9）：29-33.

（23）张润杰，齐成龙 . 实现全员全程全方位育人 [EB/OL].（2020-02-20）人 民网. https://baijiahao.baidu.com/s?id=1659002522705600332&wfr=spider&for=pc.

（24）郝永平，代江波 . 新时代家庭家教家风建设的根本遵循——学习《习近平关于注重家庭家教家风建设论述摘编》的体会 [EB/OL].（2021-04-28）国际在线 .https://baijiahao.baidu.com/s?id=1698260041922901419&wfr=spider&for=pc.

（25）程晓莉 . 专业自觉：班主任专业化的内部支持系统 [J]. 教育科学研

究，2017（10）：14-17，23.

（26）王建华 . 为青年班主任营造“生态”成长环境 [J]. 教书育人（校长参考），2020（20）：59-60.

（27）谢玉玲 . 班主任应走“专业化”之路 [J]. 班主任之友，2005（12）：4-6.

（28）张兰 . 浅谈主题班会在学生思想政治教育中的作用 [J]. 科教文汇，2014（22）：11-12.

（29）李娟，王旭 . 主题班会在大学生思想政治教育中的作用 [J]. 山西高等学校社会科学学报，2014（8）：60-61.

（30）林海峰 . 以主题班会构建平台引领学生成长成才 [J]. 青年时代，2018（34）：157-158.

（31）魏智渊 . 别让家校共育的小船说翻就翻 [N]. 中国教师报，2019-03-13（10）.

（32）郝洁 . 班主任发展支持系统建设的实践与探索 [J]. 北京教育（普教版），2019（12）：56-57.

（33）张绪忠 . 常态化开展班主任工作校本研修 [J]. 新班主任，2019（8）：70.

（34）张红 . 校本研修——班主任专业发展的有效途径 [J]. 班主任，2009（7）：7-9.

（35）周俊 . 案例研究：班主任研修的有效路径 [J]. 中国教师，2017（11）：5-9.

（36）黄正平 . 构建科学的班主任考核评价体系 [J]. 人民教育，2010（17）：33−35.